四川经济社会发展研究

四川省统计局　主编

四川大学出版社

SICHUAN UNIVERSITY PRESS

图书在版编目（CIP）数据

四川经济社会发展研究 / 四川省统计局主编.
成都：四川大学出版社，2024. 11. -- ISBN 978-7
-5690-7466-6

Ⅰ. F127.71

中国国家版本馆 CIP 数据核字第 2024EY4241 号

书　　名：四川经济社会发展研究
　　　　　Sichuan Jingji Shehui Fazhan Yanjiu
主　　编：四川省统计局

选题策划：徐　凯
责任编辑：徐　凯
责任校对：毛张琳
装帧设计：墨创文化
责任印制：李金兰

出版发行：四川大学出版社有限责任公司
　　　　　地址：成都市一环路南一段 24 号（610065）
　　　　　电话：（028）85408311（发行部）、85400276（总编室）
　　　　　电子邮箱：scupress@vip.163.com
　　　　　网址：https://press.scu.edu.cn
印前制作：四川胜翔数码印务设计有限公司
印刷装订：成都金阳印务有限责任公司

成品尺寸：185mm×260mm
印　　张：13.5
字　　数：293 千字

版　　次：2024 年 11 月 第 1 版
印　　次：2024 年 11 月 第 1 次印刷
定　　价：68.00 元

扫码获取数字资源

四川大学出版社
微信公众号

编 委 会

序　言

　　2023 年既是深入贯彻落实党的二十大精神的开局之年，又是以中国式现代化引领四川现代化建设的起步之年。为深入贯彻党的二十大和二十届二中全会精神，全面落实习近平总书记对四川工作系列重要指示精神和中央经济工作会议精神，扎实抓好省委十二届历次全会和省委经济工作会议各项决策部署落实，聚焦推动新时代新征程四川现代化建设开好局起好步，为各级党委政府科学决策提供参考依据和信息支撑，四川省统计局联合高等院校、科研院所开展"四川经济社会发展系列研究"，完成系列研究课题 20 项，并将其中的优秀成果汇编成书。

　　本系列课题研究得到了四川大学、西南财经大学、四川师范大学、四川省社会科学院、西华大学、成都信息工程大学、西昌学院、乐山师范学院、四川城市职业学院、四川省人口学会、成都百生市场调查有限公司等科研院所和研究机构专家给予的大力支持，在此表示衷心的感谢。

　　书中难免有疏漏，敬请批评指正。

编　者

2024 年 3 月

目　录

四川现代化经济强省建设路径研究

党的二十大报告深刻回答了事关党和国家长远发展的一系列重大理论和实践问题，强调以中国式现代化全面推进中华民族伟大复兴。四川省作为全国经济大省、人口大省、资源大省、科教大省，当前处于历史性窗口期和战略性机遇期，迫切需要进一步从全国大局把握自身的战略地位和战略使命，加快建设经济强省，推动新时代治蜀兴川再上新台阶，为加快推进中国式现代化做出四川贡献。本文着眼于四川省未来创新发展、转型发展、可持续发展，明确了现代化经济强省建设的内涵，深入分析了新时代由经济大省向经济强省跨越的基础条件、问题挑战，并在此基础上提出对策建议。

一、科学把握四川省现代化经济强省建设的内涵

现代化经济强省是一个综合性、相对性概念，其内涵涉及经济发展的各个方面，没有统一的衡量标准，特别是在推进全面建设社会主义现代化国家新征程中，经济强省的标准更高、内涵更丰富。就四川省而言，以习近平新时代中国特色社会主义思想为指导，建设现代化经济强省应该达到产业体系优、创新能力强、开放程度深、协调发展好、市场机制活、民生保障足等要求。

（一）实现产业结构不断高级化

产业是实体经济的重要支撑和坚实基础，推进产业结构高级化是建设现代化经济强省的核心要义。具体而言，主要表现在：第三产业增加值占比超过 60％，第三产业的就业人口比重超过 70％；制造业中先进制造业比重明显提高，服务业中研发设计、金融、物流、服务贸易等生产性服务业增加值比重持续上升，农业生产方式和组织方式现代化水平提高；产业质量和效益明显提升，重点产业链供应链韧性和安全性水平持续增强。

（二）创新是引领发展的第一动力

科学技术是推动经济社会发展的重要力量，拥有强大的创新能力是建设现代化

经济强省的关键所在。具体而言,主要表现在:创新链产业链深度融合,工业企业研究与试验发展(R&D)占国内生产总值(GDP)的比重达到发达国家平均水平,每万人口高价值发明专利拥有量持续提高,科技进步贡献率达到60%以上;高新技术产业营业收入和战略性新兴产业增加值占规模以上工业比重持续上升;创新型人才规模质量同步提升,各类人才创新活力充分激发。

(三)推动对外开放向纵深发展

从发达国家和新兴经济体的发展史看,高度开放是其成功经验的共同特征,对外开放是建设现代化经济强省的必由之路。具体而言,主要表现在:经济深度融入全球一体化,生产经营活动日趋全球化;开放平台能级不断提升,开放通道体系健全完善,形成与国际接轨的开放型经济新体制,商品、资金、技术、人员等跨境流动的自由化和便利化程度明显提高;内需和外需、进口和出口、引进外资和对外投资协调发展。

(四)促进区域经济协同共兴

区域发展差距过大弱化了经济发展的根基,导致发展动力不足,区域协同共兴是建设现代化经济强省的核心要义。具体而言,主要表现在:城乡各类要素自由流动,城乡基本公共服务实现均等化;城乡区域发展差距、城乡居民收入和生活水平差距持续缩小,低收入群体增收能力和社会福利水平明显提升,以中等收入群体为主体的橄榄型社会结构基本形成,全省居民生活品质迈上新台阶。区域优势得到充分发挥,区域分工协作水平明显提高,区域发展差距大幅度缩小。

(五)有效发挥市场机制的作用

市场是配置资源的有效方式,营造良好的内外部环境、促进市场机制充分发挥作用是建设现代化经济强省的迫切要求。具体而言,主要表现在:市场体系完备、统一,有效融入全国统一大市场,市场在资源配置中的决定性作用得到充分发挥,市场主体对价格反应及时灵敏,各类产权得到有效保护,公平竞争的市场机制基本形成,规则、规制、管理标准等制度性开放稳步扩大,各类市场主体活力有效激发。

(六)全民共享经济发展成果

经济发展的最终目的和落脚点在于实现人民日益增长的美好生活需要,民生福祉的全面增进是建设现代化经济强省的根本目的。具体而言,主要表现:更加注重扩大就业、社会和谐和改善人民生活;更加注重节约资源和保护生态环境、促进可持续发展,生产生活方式绿色转型全面推进,人与自然和谐共生;更加注重物质文明、政治文明、精神文明、社会文明、生态文明全面提升,更好满足人民群众品质化多样化的生活需求。

二、四川省推动现代化经济强省建设的有利条件

经过全省上下的共同努力，四川省经济社会发展取得了历史性成就，发生了历史性变革，为建设经济强省奠定了坚实的基础。

（一）经济综合实力显著增强

2022 年全省经济总量达到 5.67 万亿元，稳居全国第 6，人均地区生产总值超 6.5 万元，基本达到中等收入经济体水平。新能源汽车等大宗商品消费快速增长，网络交易大幅增长，2022 年社会消费品零售总额达 2.4 万亿元，是 2020 年的 1.5 倍。世界最大的水光互补项目柯拉光伏电站投产发电，成达万高铁等重大项目有序推进，2021—2022 年全社会固定资产投资年均增长 9.2%。战略性新兴产业发展壮大，成都生物医药、成都轨道交通装备、自贡节能环保等成功创建国家战略性新兴产业集群。现代服务业蓬勃发展，农业大省金字招牌不断擦亮，成功加入国家"东数西算"工程，数字经济规模突破 2 万亿元。

（二）创新第一动力持续彰显

成渝（兴隆湖）综合性科学中心启动建设，西部（成都）科学城"一核四区"空间功能布局更加完善，绵阳科技城建设国家科技创新先行区步伐加快。研发经费投入居中西部首位，高新技术企业达到 1.4 万家，挂牌设立西部第一个国家实验室，在川国家大科学装置达到 10 个、居全国第 3 位，建成国家级创新平台 195 个，歼 20、华龙一号、50 兆瓦重型燃气轮机等一大批国之重器在川问世。2022 年技术合同交易额达 1649.8 亿元，较 2020 年增加 32.1 亿元，高新技术企业达 1.47 万家，较 2020 年增长 76.8%，备案科技型中小企业 1.86 万家，较 2020 年增长 51.2%。启动科研经费"包干制 2.0""揭榜挂帅"等试点，出台"科创 10 条"等政策，获批国家科技人才评价改革综合试点省，国家级双创示范基地达 9 家，省级双创示范基地达 33 家。

（三）协调内生特点更加凸显

成都平原经济区"压舱石"作用持续发挥，经济总量占全省的比重达 61.1%，川南经济区一体化发展取得积极进展，临港经济和通道经济加快发展，川东北经济区振兴发展稳步推进，东向北向出川综合交通枢纽加快建设，攀西经济区转型发展迈出新步伐，川西北生态示范区绿色发展特色鲜明，生态经济不断壮大。成都经济总量突破 2 万亿元，常住人口突破 2000 万人，7 个区域中心城市经济总量全部超过 2000 亿元。成都市郫都区、泸州市江阳区等 5 个区入围全国百强区，全省百强区数量增至 13 个，居全国第 4；彭州市、射洪市等 7 个县（市）入围全国百强县。

经济总量超千亿元县域达 11 个，200 亿～1000 亿元县域达 83 个。革命老区、脱贫地区、民族地区、盆周山区立足资源禀赋特色竞相发展。

（四）绿色发展底色不断厚植

PM2.5 浓度和重度污染天数"双下降"；203 个国考断面水质优良率达 99.5％，创近 20 年来最好水平；县级及以上城市集中式饮用水水源地水质达标率 100％，农村集中式饮用水水源地水质达标率达到 90％以上；国家土壤污染防治先行区建设稳步推进，累计建成 40 个国家生态文明建设示范县和"绿水青山就是金山银山"实践创新基地。自然保护地总面积 11.65 万平方千米，占全省总面积的 24％，大熊猫野外监测年遇见数由 135 只上升至 178 只，完成营造林 1414 万亩，累计实施退化草原生态修复治理 1503 万亩，鱼类资源逐步上升。清洁能源装机占比提高到 85％以上，水电装机规模近 1 亿千瓦，天然气（页岩气）年产量居全国第 1 位，成为人均碳排放量最少的省份之一。

（五）对外开放之路越走越宽

进出川大通道总数达到 42 条，成都天府国际机场建成投用，与双流国际机场实现"两场一体"协同运营，成都国际航空枢纽累计开通国际（地区）航线 131 条，累计开行西部陆海新通道班列超 4700 列，中欧班列（成都）已联通 104 个境外城市，成都直通香港高铁列车正式开行。国家级经济开发区、综合保税区、跨境电商综合试验区分别增至 10 个、6 个、8 个，145 个开发区进出口总额占全省 80％以上。深化与"一带一路"沿线国家、区域全面经济伙伴关系协定（RCEP）成员国的经贸往来，在川世界 500 强企业达 381 家，国际友城和友好合作关系达 440 对，获批在川设立领事机构国家达 23 个，外商直接投资规模居中西部第 1 位，进出口规模突破万亿元台阶。

（六）共享发展旗帜更加鲜明

城乡居民人均可支配收入分别达 4.32 万元、1.87 万元，625 万建档立卡贫困人口全部脱贫，常住人口城镇化率达到 58.35％，群众就业更加充分、更高质量，2021—2022 年城镇累计新增就业 204.7 万人，年均农村劳动力转移就业 2600 余万人。城镇基本公共服务加快覆盖全部常住人口，城乡居民基础养老金最低标准提高到每人每月 110 元，439 万困难群众纳入城乡低保和特困人员供养保障。教育、医疗、托幼等各项民生事业长足发展，人均预期寿命达到 77.95 岁，建成全国战线最长、数量最多、服务最广的公共文化服务网络。

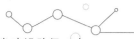
三、四川省推动现代化经济强省建设的制约因素

尽管四川省经济社会发展取得了巨大成就，但对标经济强省要求，还存在产业体系不优、市场机制不活、创新能力不强、协调发展不足、开放程度不深、民生保障不厚等方面的问题。这些问题反映了四川省经济领域深层次的体制机制弊端和影响建设经济强省的问题所在。

（一）产业体系不优

三次产业结构不尽合理，2022年全省农业增加值占比10.5%，高于全国3.2个百分点，服务业增加值占比52.20%，低于全国0.5个百分点。工业化进程尚未完成，工业化率2011年达到峰值40.9%，仅保持两年就持续下降，而广东和山东保持了20年以上，江苏和浙江保持了30多年，制造业增加值占地区生产总值的比重为23.5%，低于全国4.2个百分点，高技术制造业增加值占规模以上工业增加值的比重不到15%，拥有的国家先进制造业集群个数占比仅为1/15。数字化转型智能化升级不够，生产设备数字化率、关键工序数控化率低于全国平均水平。先进制造业和现代服务业融合水平不高，生产性服务业占服务业比重仅36%。

（二）市场机制不活

民营经济增加值增速低于地区生产总值增速1.7个百分点，占地区生产总值的比重为53.7%，比上年下降0.8个百分点，入围"中国民营企业500强"榜单的企业数量仅为9家，比中部的河北省少21家，比湖北省少10家，也少于西部的重庆市和陕西省。国有企业市场化水平和竞争力有待提升。管理体制和治理机制有待完善。营商环境尚需改善，在全国工商联"万家民营企业评营商环境"调查中居第7位，与东部发达地区仍有一定差距。优质市场主体培育不够，本土世界500强、中国500强企业偏少，国家级单项冠军企业（产品）和"专精特新"小巨人企业不多。

（三）创新能力不强

科技与经济联系不够紧密，科教资源优势没有充分发挥，科技成果就地就近转化水平不高，技术本地转化率仅20%左右，低于全国30%左右的平均水平。企业创新主体地位作用发挥不够，企业研发人员占全社会研发人员比重低于全国18个百分点，企业研发投入强度仅为1.18%，不到全国的三分之二。科技进步对经济增长的贡献率低于全国平均水平。

（四）协调发展不足

次级支撑不够，省域副中心城市和区域中心城市支撑带动不足，全省不足1000亿元的市（州）还有5个，仅绵阳和宜宾经济总量超过3000亿元，而中部的河南省有8个市超过3000亿元、湖南省有3个市超过4000亿元，西部的陕西省榆林市超过6000亿元、贵州省遵义市超过4000亿元。城乡居民可支配收入比为2.32，大于浙江（1.9）、江苏（2.11）等省份；欠发达地区短板突出，"四类地区"发展基础薄弱、历史欠账较多。县域经济整体实力不强，经济总量200亿元以下的占比近50%。城乡融合发展滞后，农村在资源要素配置、公共服务供给等方面与城镇还有较大差距。

（五）开放程度不深

进出川大通道优势发挥不明显，开放平台尚处在发展起步阶段，"经济通道"还没有有效转化为"通道经济"；开放平台能级急需提升，正式开放口岸仅1个，综合保税区实力不强，10个国家级经济开发区外商直接投资占比不到10%。外资外贸新动能培育不够，带动力强的重大外资项目不多，锂电材料、新能源汽车、太阳能电池等"新三样"产品外贸规模较小。外贸主体集中在富士康、英特尔等少数几家电子信息行业跨国公司，装备制造、能源化工、先进材料等特色优势产业外向度不高，本地"走出去"企业仅1000余家，除成都外其余市（州）进出口总额仅占全省的17.2%。

（六）民生保障不厚

交通内联外畅水平有待提高，铁路出川大通道建设尚需加快，公路路网布局不健全，水运航道等级偏低。能源设施建设亟待加力，电源电网工程需提速建设。骨干水网建设滞后，跨区域、跨流域水资源调配能力不足。新型基础设施规模化程度不高，地下管网等城市基础设施存在短板。公共服务供给与满足人民群众美好生活需要还有差距，基础教育、公共卫生、养老服务、住房保障等领域基本公共服务供给水平不高，优质医疗、婴幼儿照护等领域普惠性非基本公共服务供给不足。脱贫攻坚成果亟待巩固拓展，脱贫群众持续增收面临较大压力。

四、统筹四川省现代化经济强省建设的几对关系

现代化经济强省建设是一个系统工程，需要经过较长时间的努力，这就必须抓住主要矛盾和矛盾的主要方面，正确处理好区域发展和国家战略、经济发展质效和数量、先发和后发地区共富、有效市场和有为政府等方面的关系，更好把准现代化经济强省建设方向。

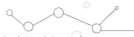

（一）处理好国家战略和区域发展的关系

坚持系统观念、把握好全局和局部的关系是新时代中国特色社会主义思想的方法论要求。习近平总书记指出"不谋全局者，不足谋一域"，在全面建设社会主义现代化的征程上，需要把握好全局和一域的关系，做到从全局谋划一域，以一域之光为全局添彩。从全国看，我省是成渝地区双城经济圈建设的主战场，经济规模、人口规模分别居全国第 6 位、第 5 位，多项国家重大战略交汇叠加，诸多国之重器布局建设，有条件、有必要以建设现代化经济强省为目标，推动实现更高水平、更高质量的发展，在服务全国发展大局中谱写治蜀兴川新篇章。推动现代化经济强省建设，要立足全局、着眼全国、心中装着大局，把四川发展放在国家发展的大格局、大战略中去谋划，加快重大国家战略实施、重大项目建设；要找准自身优势和全局工作的结合点，争取更多国家重大平台项目落地、重大生产力布局、重大改革试点示范，促进区域经济结构更加优化、功能体系更加完善，实现一域发展和全局发展的同频共振。

（二）处理好经济发展质效和数量的关系

辩证认识和科学统筹经济发展质和量的关系，是我们党领导经济工作的重要经验。习近平总书记强调，新时代新阶段的发展必须是高质量发展，要推动经济实现质的有效提升和量的合理增长。从中长期看，经济没有"质"就不会有"量"，离开了"量"也谈不上"质"。当前，四川省发展正处于工业化中后期、城镇化加速期、经济转型升级关键期，经济发展面临需求收缩、供给冲击、预期转弱三重压力，人均地区生产总值、居民人均可支配收入低于全国平均水平，必须统筹好质与量的关系，不断塑造新的竞争优势，转换新的增长动力，支撑经济平稳健康发展，为现代化经济强省建设奠定坚实基础。推动现代化经济强省建设，既要更加注重以质取胜，不断优化经济结构，促进腾笼换鸟，提高全要素生产率，推动有效需求和有效供给、消费和投资、内需和外需实现良性互动和高水平动态平衡；也要坚持稳字当头、稳中求进的工作总基调，保持经济运行在合理区间，实现经济发展质和量有机统一、协同并进。

（三）处理好先发和后发地区共富的关系

共同富裕是中国特色社会主义的本质要求。习近平总书记指出，中国式现代化是全体人民共同富裕的现代化，推进共同富裕就是要允许一部分人先富起来，同时要强调先富带后富、帮后富。从实践看，通过集聚有限资源，让先发地区走在经济发展前列，辐射带动欠发达地区追赶跨越，形成区域整体竞争优势，是区域经济发展的必然选择。四川区域发展不平衡、不充分的现象明显，成都在省内辐射带动功能持续增强，但在全国范围内的高端要素集聚运筹能力还有待提升，省域经济副中心正在建设培育，欠发达地区则短板突出、弱项较多。推动现代化经济强省建设，既要进一步增强成都平原经济区引领带动作用，加强现代化成都都市圈，加快培育壮大省域经济副中心，推动优势地区更好发展；也要紧扣"五区共兴"目标，建立结对共富机制，通过先进技术、管理经验和资本等关键生产要素辐射带动，增强欠发达地区"造血"功能和内生动力，推动后发地区加快追赶跨越。

（四）处理好有效市场和有为政府的关系

构建高水平社会主义市场经济体制离不开有效市场和有为政府的共同支撑。习近平总书记强调，我国经济发展获得巨大成功的一个关键因素，就是我们既发挥了市场经济的长处，又发挥了社会主义制度的优越性。有效市场能够更为充分地发挥市场在资源配置中的决定性作用，是经济发展的运转基础与动力机制；有为政府旨在维护市场秩序、弥补市场失灵，管好那些市场管不了或管不好的事是构成有效市场的前提条件。近年来，四川营商环境持续优化，连续三年处于全国第一方阵，但对标国家要求和先进地区，仍存在政务服务标准化规范化便利化水平不高、系统对接"通而不畅"、数据资源共享利用不充分等问题。推动现代化经济强省建设，既要始终坚持"两个毫不动摇"，加快融入并参与建设全国统一大市场，通过市场竞争使各种要素价格能够反映资源的稀缺性，引导企业的产业和技术选择，进一步优化资源配置；也要持续深化政府职能转变，厘清政府与市场边界，最大限度减少政府对市场的管制、对市场活动的直接干预，激发市场主体活力。

五、推动四川省现代化经济强省建设的政策建议

坚持以习近平新时代中国特色社会主义思想为指导，全面贯彻党的二十大精神和习近平总书记对四川工作系列重要指示精神，认真落实省第十二次党代会和省委十二届二次、三次全会部署要求，牢牢把握高质量发展首要任务，把贯彻新发展理念、构建新发展格局、促进共同富裕贯穿经济社会发展全过程各方面，全力推动四川向经济强省迈进。

（一）推动新一轮战略大后方建设

四川是全国重要的战略大后方，在新时代被赋予打造带动全国高质量发展的重要增长极和新的动力源的历史使命，要坚决扛起维护国家安全与社会稳定的政治责任，形成更高水平的科技创新实力、更为可靠的战略产品供给、更加顺畅的军民融合渠道，以新安全格局保障新发展格局。

聚焦堵点断点卡点补短板，加快建设生物医药等 3 个国家战略性新兴产业集群和高端能源装备等 3 个先进制造业集群，抢抓国家优化重大生产力布局机遇，争取新型显示、集成电路、新能源汽车等领域重大项目落地，加快形成国家重要产业备

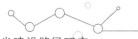

份，更好服务国家产业链供应链安全稳定。

聚焦保障国家粮食、能源、矿产等战略资源安全需要，落实粮食安全保障任务，统筹开发水电、光伏和风电，加强钒钛、稀土、石油、天然气、锂等战略资源勘探和开发，提升粮食生产现代化水平和能源资源开采利用水平，打造支撑国家安全的国家战略资源基地。

聚焦军民设施共建、产业发展互融、资源要素共享，加快推动军民融合体制机制创新，依靠创新驱动塑造发展优势，打造国家军民融合创新示范基地。

（二）做大做优做强先进制造业

先进制造业是经济高质量发展的根基，更是构建现代化经济体系、建设经济强省的重要支撑，要把经济高质量发展的着力点放在先进制造业上，强化基础再造和重大技术装备攻关，推动传统产业转型升级和新兴产业做优做强，加快建设先进制造业强省。

推进高端化提升，实施电子信息、装备制造、先进材料、能源化工、食品轻纺、医药健康等特色优势产业倍增计划，提升产品研发和技术创新能力，打造具有全国乃至全球影响力的产业高地，继续拓展产业新赛道，前瞻布局人工智能、生物工程、核技术应用、精准医疗等未来产业，积极开发商业化应用场景，培育形成一批新的增长点。

促进智能化变革，把握"东数西算"工程建设机遇，高水平建设全国一体化算力网络成渝国家枢纽节点（四川）、成渝地区工业互联网一体化发展示范区，做优做强国家级数据中心集群。发挥制造业龙头企业带动作用，加大重要产品和关键核心技术攻关力度，发展智能化生产、网络化协同、个性化定制、服务化延伸等新模式。推动工业互联网赋能升级，提升传统企业数字技术应用、软件应用、数据管理等数字化能力，打造一批智能制造示范工厂，塑造发展新动能。

加快绿色化转型，将绿色低碳理念贯穿产业链供应链全过程，深入推进绿色低碳转型战略，加强能源消耗总量与强度"双控"，支持产业企业开展节能、降碳及资源综合利用等绿色化改造，推动能源消费低碳化、资源利用循环化、生产过程清洁化、产品供给绿色化和生产方式数字化转型，培育发展绿色工厂、绿色园区、绿色设计和绿色供应链，提升产业链整体绿色发展水平。

（三）建设新时代更高水平天府粮仓

乡村振兴战略是习近平总书记谋划、部署、推动的一项重大决策部署，是新时代推进四川经济强省建设的重要基础，要加快乡村振兴建设步伐，建设好更高水平的"天府粮仓"，为保障粮食安全、端牢"中国饭碗"和维护社会稳定做出四川贡献。

严守耕地保护"红线"和粮食安全"底线"，坚持良田粮用大原则，深入落实藏粮于地、藏粮于技战略，大力整治耕地撂荒，统筹实施高标准农田新建和改造提升，加强农田水利基础设施建设管理，推动安宁河流域建设"天府第二粮仓"。加快推动粮食生产规模化集约化，大力推进现代农业园区和集群建设，积极培育专业合作社、家庭农场、种粮大户等新型种粮主体，创新粮食生产全托管、半托管、菜单托管等社会化服务模式，促进小农户与现代农业发展有机衔接。全力调优天府农业产业布局，做大做优做强"川字号"特色产业，提高产地初加工和精深加工水平，着力构建以粮为主、粮经统筹、农牧并重、种养循环、绿色生态、高质高效的现代农业体系。持续推进美丽乡村建设，加强乡村公共基础设施建设，实施农村人居环境整治提升五年行动，提升乡村基本公共服务，加强和创新乡村社会治理，提升新时代农村社会文明程度。

（四）提升营商环境国际化水平

营商环境是一个地区的重要软实力，优化营商环境就是解放和发展生产力，就是提升综合实力，要把优化营商环境作为补短板、提信心、激发新动能的关键环节，实现我省民营经济由短期之"困"变长远之"基"。打造公平竞争的市场环境，积极推动高标准市场体系建设，实施统一的市场准入负面清单制度，探索推行商事主体登记确认制，继续深化"证照分离""一照多址"改革，加大反垄断和反不正当竞争执法力度，构建更加完善的要素市场化配置体制机制。营造公平正义的法治环境，提高地方立法质效，严格规范执法，推进包容审慎监管，建立以信用为基础的分级分类精准监管机制，加强市场主体合法权益保护，探索建立企业合法权益补偿救济机制，完善政府失信责任追究制度。缔造开放透明的国际环境，健全外商服务体系，用好"开放10条"政策，不断提升贸易和投资便利化水平，保护外商投资合法权益，加快西部陆海新通道西线主通道、中国（四川）自由贸易试验区等高能级开放平台建设，实施天府国际机场国家级临空经济示范区等一批国际营商环境示范工程。

（五）推进共同富裕试验区建设

四川区域差距、城乡差距、收入分配差距明显，要悟透以人民为中心的发展思想，加强基础性、普惠性、兜底性民生保障建设，促进民生社会事业全面进步，努力推动共同富裕取得更为明显的实质性进展。高质量发展建设攀枝花共同富裕试验区，实施好区域共同富裕、强村富民、"消底、提低、扩中"、公共服务提质、精神文化提升、高效能市域社会治理六大行动，打造八大市域样本，为全省实现共同富裕探索路径、创造经验、提供样本。启动实施中等收入群体递增计划，统筹推进重点群体就业，完善最低工资标准与经济增长、社会平均工资增长联动机制，全面拓宽增加居民增收渠道，探索构建初次分配、再分配、三次分配协调配套的制度安排，推动更多低收入人群迈入中等收入行列。大力推进公共服务优质共享，围绕

"一老一幼"、教育、文化、医疗等领域加大优质公共服务供给，加强普惠性、基础性、兜底性民生建设，努力实现幼有善育、学有优教、劳有厚得、病有良医、老有颐养、住有宜居、弱有众扶。

负责人：王　强（四川大学）

成　员：李太后（四川省经济和社会发展研究院）

　　　　战　松（四川大学）

　　　　兰　想（四川省统计局）

四川与"四省一市"经济发展现代化对比分析研究

为更好地明晰四川经济现代化发展所处的相对方位和未来方向，本文以构建中国式省域经济现代化理论标准为指引，选取经济总量与四川相近的浙江、河南、湖北、福建，以及成渝地区双城经济圈建设战略中的重庆（以下简称"四省一市"）进行对比分析，针对四川经济现代化发展在要素保障、产业赋能、外贸结构、区域协调等四个方面的短板，提出对策建议。

一、四川经济现代化发展存在的主要短板

（一）要素保障不强

1. 科技创新的投入整体薄弱，制约了四川科技成果转化效率

一是全社会研发投入相对偏低。2022年四川研究与试验发展（R&D）经费投入强度为2.14%，远低于浙江的3.11%。二是人才创新支撑力较弱。根据《中国创新人才指数2022》，评价分数在60分以上的城市榜单中，四川仅有成都1市上榜，低于浙江（7市）与福建（3市）；人才培养和人才效能方面偏弱，成都的人均普通高等学校教育经费支出排名第九，人才产生的科技、经济效益排名第十。[①] 三是创新平台能级相对不高。截至2022年，四川建成国家级高新区8个，低于河南（9个）、湖北（12个）；国家级高新区数量与浙江相当，但排名却靠后，四川入围的前四名均落后于浙江的前四名。[②]

2. "蜀道难"仍是制约四川经济现代化发展的重要因素

一是铁路运能分布不平衡，货运效率不够高。截至2021年年底，全省仅东南

---

① 资料来源：《中国创新人才指数2022》。
② 资料来源：科技部火炬中心《关于通报国家高新区综合评价结果的通知》。

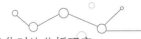

向部分干线运能利用率超过80%，而西线线路利用率较低，特别是支线运能平均利用率仅41.7%。2022年四川铁路货物周转量远低于河南、湖北，相同通道能力的铁路仅能承担63%的高速公路货运量，部分路线铁路运输价格高于公路。成都货运铁路速度为38.4千米/小时，仅为全国平均水平的九成，中时、停时等作业效率指标和正点率等指标也均低于全国平均水平。二是水运潜力有待释放。2020年四川四级以上航道里程288千米，仅占通航里程的2.7%，远低于湖北（23%）和浙江（17%）；2022年"四省一市"中，除河南外的水运货物周转量占比均超50%，而四川水运货物周转量绝对值和占比均为最低。

3. 能源供给结构单一不利于四川经济现代化稳步发展

一是水力发电占比较高。2021年四川水力发电占比高达81.6%，过高的水电占比使四川发电量随气候变化而波动，"弃电""弃水"以及极端天气下"电荒"时有发生，2020年四川弃水电量约202亿千瓦·时（全国主要流域"弃水"电量约301亿千瓦·时），2022年遭遇极端干旱天气，致使出现"电荒"。二是电网建设不足制约电力资源输出。电网建设进度赶不上电力发展速度，攀枝花和甘孜等地区丰富的水电、光伏电力输出比较困难。

（二）产业赋能不足

1. 新型工业化主导力尚未显现，经济发展新动能不够强劲

一是第二产业增速较低。2022年四川第二产业占比、第二产业固定资产投资总额增速均低于"四省一市"，规模以上企业增加值增速、工业固定资产投资总额增速仅高于重庆。二是工业企业研发投入偏低。2021年四川规模以上工业企业研究与试验发展（R&D）经费投入强度仅有0.89%，第二产业从业人员占比为23.5%，均低于"四省一市"；2022年四川高技术制造业增加值增长11.4%，在"四省一市"中仅高于重庆。三是数字经济发展有待强化。全省数字化发展综合水平较低，在四省一市"中，仅四川与河南未进入全国前十[①]；2022年四川数字经济核心产业增加值为4324.1亿元，远低于浙江（8977亿元）。

2. 农业现代化水平较低

2021年四川农业机械总动力仅4833.9万千瓦，不及河南的一半；农业机械专业合作社数和人员数低于湖北、河南，农业机械原值100万元以上的机构数仅约为

---

① 资料来源：中央网络安全和信息化委员会办公室《数字中国发展报告2022》。该报告对全国31个省（市、区）数字化综合水平进行了评估，其中前十位中，浙江第一名、福建第六名、重庆第九名、湖北第十名，四川、河南均未进入前十。

河南的 1/6。

3. 现代服务业尚存短板

2022 年四川第三产业占比为 52.2%，低于重庆（53%）和浙江（54.3%）。生产性服务业占比偏低，2022 年四川软件信息、国际贸易、现代物流与金融等生产性服务业占服务业比重仅为 36%，浙江则超过 60%；2021 年四川金融业增加值占比仅为 6.7%，仅高于河南；物流服务企业能级较低，四川仅有 10 家企业入选"2022 年全国商贸物流重点联系企业"，低于浙江（14 家）、湖北（13 家）、重庆（13 家）；文化产业发展尚不充分，在全国各省综合排名中仅排第八，低于浙江（第三）和福建（第七），在文化产业生产力方面弱于浙江、福建与河南，在文化产业经济与社会效益方面低于浙江与河南。

（三）外贸结构不优

1. 国际技术交流和技术转让仍有提升空间

2020 年四川新建国际科技合作基地 20 家，低于浙江（32 家）与湖北（35家）。2020 年科技部评估国家国际科技合作基地的报告中，四川仅有 1 个技术转移中心被评为良好，而浙江拥有 1 个优秀与 2 个合格。[①]

2. 贸易方式有待升级，外资规模仍需提升

2022 年四川一般贸易进出口额占四川外贸的比重为 32.2%，低于"四省一市"；加工贸易占比为 48.7%，产能和市场需求已接近极限。2022 年，四川外商直接投资规模 35.3 亿美元，低于浙江（193 亿美元）和福建（49 亿美元）。

（四）区域发展不协调

1. 城乡居民收入差距较大

与"四省一市"比，2022 年四川城乡居民人均可支配收入比为 2.32，仅低于重庆。

2. 省域副中心城市建设任重道远

除重庆外，与"四省"相比，四川尚无省会外经济总量超 4000 亿元的地级市；2022 年成都经济总量占全省比重为 36.7%，高于"四省"省会城市经济总量占全

---

① 资料来源：科技部国际合作司《通报国际科技合作基地 2020 年度评估结果及有关情况》，由于 2022 年仅复评了 2020 年的评估结果且只评价了是否合格，因此本文沿用 2020 年的评议结果。

省的比重。

3. 县域经济根基不牢

根据赛迪发布的《2023 中国县域经济百强研究》，四川 7 个县（市）上榜，低于浙江（16 个），且上榜县（市）在全国排名均较靠后。

二、补齐四川经济现代化发展短板的建议

（一）全面补齐要素保障不强短板

1. 加大科技创新投入，强化科技成果转化力度

以投入激励和转化动力双驱动，系统提升四川科技创新能力。一是以产业链引领创新链深度融合。构建科技与产业融合的新质生产力发展模式，促进产学研用四位一体深度融合，形成以企业为创新主体、科研院所和政府协同配套的创新要素投入体系。二是增加知识价值导向的分配。推广"赛马制"等人才选用模式，加强财政资金引导作用，扩大科研机构和高校分配收入的自主权以提高科研人员成果转化所得收入。三是加强创新领军人才和创新企业、平台的梯度培育。着力培育和吸引高端创新技术人才、管理人才队伍，建立高效、有序的人才引入和技术移民制度。依托国家高新区扩容升级，对各能级创新型企业、项目和平台实施阶梯式奖励措施。

2. 优化铁路货运，释放水运潜力

以铁路和水运为突破口，加速提升四川综合交通能力。一是提升铁路调度管理能力。强化铁路交通主干道战略支撑，补齐铁路交通网络、综合交通衔接两个短板，加大数字智能技术在铁路交通中的应用力度。二是全面恢复水运航道效能。畅通岷江、嘉陵江、沱江等航道，协同建设三峡第二航道，支持宜宾港、泸州港等枢纽港口发展，规划培育成都、凉山等港口新建。三是畅联陆海联运对外大通道。高质量发展中欧班列，推动国际铁路港、水港和空港协同发展，整合打造"成都口岸核心引领—全川多港口节点联通"的港口枢纽群。

3. 拓展清洁能源来源，构建多元互补能源供给体系

一是拓展清洁能源。加快城乡太阳能应用布局，择机布局核能发电，前瞻性研发氢能技术，优化开发利用油气资源和生物质资源。二是加快多能互补的供电建设和电网提档升级。稳妥推进增量"风光水（储）一体化"，论证利用风光电力消纳近区水电，统筹各类电源规划、建造、运营。加快构建"5G＋清洁能源网"，保障

能源高效低价流通。三是推进源网荷储一体化。结合供暖、能源消纳等探究一体化运营方案，全方面调动区域、市级、园区级负荷侧调节响应能力。

(二) 重点补齐产业赋能不足短板

1. 提升新型工业化主导力

一是全面培育先进制造业集群国际竞争优势。打造电子信息、汽车、装备制造等成为世界级制造业集群，加快高性能动力电池、航空航天、生物医药等战略性新兴产业发展，促进制造业数字化智能化绿色化转型发展。二是提升工业企业信息化水平和资源共享能力。培育省市工业互联网联动平台，聚焦创新型、服务型、基础型、贸易型四类平台建设。三是聚焦共性技术。实施工业强基和产业基础再造工程，集中攻克制约发展的关键工艺及核心部件。

2. 加快赋能建设更高水平"天府粮仓"

一是促进农业科技创新。发挥农业大省的潜力，聚焦核心种源、关键农机装备等领域技术攻关，加大专项资金支持现代农业装备的推广，加快智慧农业的应用。二是激活现代化农业企业主体。壮大省市级国有农业龙头企业，发展大中型民营农业龙头企业，鼓励村集体组织成立农业企业。

3. 壮大发展现代服务业

一是弥补生产性服务业发展短板。加快培育软件信息、国际贸易、现代物流与金融等重点产业，引领兴城投资等国有服务业龙头企业改革增效，鼓励引导云计算、大数据供应链等新兴服务企业集聚发展。二是推动现代金融稳健发展。持续增强金融业服务实体经济的支撑力度，有序防范化解地方金融风险，推动四川银行、四川金控等本土金融机构完善改革，发展特色金融和普惠金融。三是升级发展商贸物流。以培育和提升全国商贸物流重点企业为引领，推动龙头企业兼并重组和综合化集团化发展，完善商贸物流"多式联运"衔接和网络化布局。四是壮大发展巴蜀特色的现代文化产业。推动文化产业繁荣发展，着重提升产业生产力和经济社会效益，推动巴蜀文化 IP 开发创作嵌入游戏、动漫等新场景，大力培育数字创意产业集群。

(三) 加快补齐外贸结构不优短板

1. 深化国际科学交流合作，促进国际技术转移转化

一是深化国际科技合作关系。健全内外联动的国际科技合作体系，拓展政府间国际科技合作，鼓励科研机构和企业签订国际科技合作协议，设立海外研发机构和

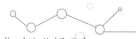

国际联合实验室。二是提升国际技术转移转化效能。加快建成"一带一路"国际技术转移中心，优化科技成果转化服务体系，设立技术转移转化"引进来"重点项目，推动国际优秀科技成果在四川的转化和产业化。

2. 加快贸易方式转型升级，提升吸引外资能力

一是优化贸易方式。支持一般贸易发展，推动加工贸易由劳动密集型向技术密集型升级。争取服务贸易龙头企业来川投资，培育服务外包示范园区和特色服务出口基地。二是通过补贴奖励和政策支持吸引外资。鼓励集成电路、高端医疗器械、新能源汽车等重点产业链外企投资。鼓励商业银行提供定制化金融服务，完善外企投资保护的法律法规，保障外商的平等机会和确权，全面优化营商环境。

（四）协同补齐区域发展不协调短板

一是推动成都辐射外溢及成都平原经济区一体化发展。促进成都非核心功能有序疏解，打造成都都市圈城市公共服务、文化和消费新联盟。二是借势成渝地区双城经济圈建设拓宽川东北、川南经济发展腹地。鼓励川东北、川南两翼腹地主动配套成渝双核，加快川渝毗邻地区"9＋1"个区域发展功能平台建设。三是以巩固脱贫不返贫工作为重点缩小区域发展差距。深化发达地区帮扶合作机制，以攀西经济区资源型城市转型和川西北生态价值转化为带动，持续巩固脱贫效能。四是建立跨区域协调机制。探索建立要素市场、公共服务、财税服务、企业监管等一体协同机制，探索建立"统计分算、财税分成"的跨区域利益分配和成本共担机制。

负责人：余川江（四川大学）

龚勤林（四川大学）

伏　虎（四川大学）

吴永超（四川大学）

高淮峰（四川大学）

兰　想（四川省统计局）

打造更高水平"天府粮仓"研究

2022 年 6 月 8 日，习近平总书记来川视察时强调，成都平原自古有"天府之国"的美称，要严守耕地红线，保护好这片产粮宝地，把粮食生产抓紧抓牢，在新时代打造更高水平的"天府粮仓"。这是继 2018 年总书记来川视察时提出"把四川农业大省这块金字招牌擦亮"之后，赋予四川的又一全新战略定位。2023 年 7 月 27 日，习近平总书记在四川考察时指出，要巩固脱贫攻坚成果，把乡村振兴摆在治蜀兴川的突出位置，更好扛起粮食、生猪、油料等重要农产品稳产保供责任。要抓住种子和耕地两个要害，加强良种和良田的配套，打造新时代更高水平的"天府粮仓"。作为全国 13 个粮食主产区之一，四川粮食产量常年位居全国前列。但近年来四川粮食产量在全国的地位明显下降，2022 年仅位居全国第九位，比 2016 年下降了四个位次。粮食产不足需，缺口巨大，常年"引粮入川"达 1800 万吨。打造新时代更高水平的"天府粮仓"，是擦亮农业大省金字招牌的首要任务，是应对国内外形势变化的必然选择，是推动农业农村现代化的重要举措。因此，无论从现实还是从长远看，打造新时代更高水平的"天府粮仓"，具有重要的理论价值和现实意义。

一、更高水平"天府粮仓"的理论内涵

从保障国家粮食安全战略需要和推动农业高质量发展的内在要求看，新时代更高水平的"天府粮仓"应具有以下几个主要内涵：

（一）更高水平的供给保障能力

不仅能够有效保障省内居民生活和产业发展对粮食等重要农产品的需求供给，而且能够实现常年净调出（含转化）一定规模的粮食等重要农产品，为全国重要农产品保供多做贡献。主要口粮完全自给，饲料、酿酒等转化用粮对外储存度不断降低，生猪、蔬菜生产和市场保持稳定。

（二）更高水平的基础设施条件

有效灌溉面积比重大幅提高，农田水利设施条件显著改善，基本解决靠天吃饭问题。高标准农田基本实现能建尽建，已建成高标准农田实现旱涝保收、稳产高产、能灌能排、宜机作业；不具备建设高标准农田条件的耕地全面完成提升改造，基本解决灌溉、排涝等问题。水资源配置能力显著提升，农业灌溉条件显著改善。

（三）更高水平的科技装备支撑

粮油作物种子（种苗）完全实现自主可控，供应绝对安全，良种繁育能力和覆盖率显著提升；生猪、蔬菜种源自主可控能力显著提升；粮食科技创新能力明显提升，粮食科技成果推广应用能力显著提高；农机装备能力和农业机械化水平显著提升，水稻、小麦、玉米等主要粮食作物基本实现全程机械化，小农生产和丘陵山区机械化作业困难基本解决，烘干、仓储、冷链物流设备水平明显提升、体系基本健全，信息化、智能化水平不断提高。

（四）更高水平的经营服务体系

全面形成粮食规模经营主体引领带动、社会化服务组织专业化服务、小农户多渠道融入现代农业生产方式的粮食生产经营服务体系。粮食适度规模经营主体数量明显增多，质量明显提升，适度规模经营面积占粮食总面积的比重明显提升，每个有条件的村、组都有粮食规模经营主体引领带动；粮食生产社会化服务体系全面形成，基本实现全面覆盖。

（五）更高水平的产业结构布局

粮食产业布局优化，区域特色优势充分发挥，形成粮经饲协调发展的作物结构、适应市场需求的品种结构、产购储加销协调发展的格局。川粮油供需结构性矛盾基本解决；粮油品质明显提升，优质粮油比例大幅提高，"天府粮仓""天府菜油"成为全国一线粮油公共品牌，形成一批具有全国影响力的粮油企业和产品品牌，"川粮油"品牌美誉度和影响力显著提升。

（六）更高水平的应急保障能力

粮食储备条件明显改善，地方储备规模、品种结构和区域布局科学合理，平急结合的储备管理体制机制不断健全，储备效能显著提升。应急网点体系建设更加完善，粮食应急储备、加工、配送、供应各环节有效衔接更加高效。通过加强粮食应急加工能力建设、粮食市场监测预警体系建设、现代化粮食仓储物流体系建设，快速响应能力明显提升，粮食应急保障能力全面提升。

从大食物观的角度出发，新时代更高水平的"天府粮仓"，不是狭义的粮食概

念，不仅包括粮食、油料，还包括生猪、蔬菜等重要农产品。

二、打造更高水平"天府粮仓"的基本现状

（一）粮食产量缓慢增长，但产需缺口较大

1983 年四川粮食总产量首次突破 3000 万吨，1999 年达到 3668.4 万吨的历史高点，之后粮食总产量开始大幅度下滑。2000—2022 年，粮食产量经历了"下降—上升—下降—上升"的变化过程，2006 年下降到 2859.8 万吨的最低点，之后缓慢回升。2022 年粮食产量为 3510.5 万吨，占全国的 5.11%。2006—2022 年，粮食产量年均增长 1.29%。但以饲料粮、工业用粮快速增长拉动的粮食总消费量的刚性增长，导致产需缺口较大，"引粮入川"数量逐年上升，2022 年达到 1943 万吨，比 2014 年增长 21.4%。

（二）生猪、蔬菜生产供给稳定，但市场波动较大

四川是全国生猪养殖第一大省，也是猪肉消费大省，除自身消费外，每年还要大量外调以支援外省。2000—2022 年，受猪周期以及非洲猪瘟的影响，生猪出栏头数、猪肉产量波动幅度较大。2022 年，四川生猪出栏 6548.4 万头，占全国的 9.36%；猪肉产量 477.99 万吨，占全国的 8.63%。据测算，四川年生猪需求量约 4400 万头，其余 2000 余万头为全国猪肉保供做了贡献。但长期以来受市场调节、动物疫情和政策周期等因素的影响，生猪生产及价格周期性大幅波动，"价高伤民、价贱伤农"情况交替发生。

四川是全国重要的蔬菜产区，是"南菜北运"和冬春蔬菜生产基地。经过多年的发展，蔬菜已成为我省种植业中栽培面积最广、产出量最大的经济作物，面积、产量均位居全国前列，不仅保障了全省人口蔬菜的基本需求，而且常年外销到全国各地，有效保障了全国蔬菜市场供给。2022 年，四川蔬菜（含食用菌）产量 5198.70 万吨，比 2000 年增长 124.80%；种植面积 154.20 万公顷，比 2000 年增长 79.60%。2022 年蔬菜种植面积、产量均居全国第 5 位。但由于蔬菜市场价格波动大，受信息不对称影响，时常发生不同区域同一种蔬菜价格的较大差异。

（三）油菜生产快速发展，但油菜产业大而不强形势未变

2017 年以来，四川油菜籽产量已连续 6 年位居全国第 1 位。2022 年，四川油菜种植面积 150.0 万公顷，比 2000 年增长 93.1%，在全国的占比达到 20.64%；油菜籽产量 354.1 万吨，比 2000 年增长 157.5%，占全国的比重达到 22.70%。自 2018 年"天府菜油"行动实施以来，经过五年建设，"天府菜油"连续 3 年上榜中国粮油影响力公共品牌，被评为十佳公共品牌，入选"新华社民族品牌工程"，油

菜产业被农业农村部列为全国唯一的油菜全产业重点链，入选 2022 年全国优势特色产业集群建设名单，川油产业综合产值突破 800 亿元。尽管"天府菜油"行动在促进农民增收、企业增效、产业发展上取得了显著成效，但油菜产业大而不强的整体形势还未根本改变。

（四）农林牧渔业快速发展，但农牧业发展差距扩大

2022 年，农业、林业、牧业、渔业产值分别为 5528.8 亿元、438.2 亿元、3281.7 亿元、343.1 亿元，分别比 2000 年增长了 604.97%、791.91%、436.44%、820.83%，农业、林业、渔业产值在农林牧渔业总产值中的占比分别为 56.07%、4.44%、3.48%，分别比 2000 年提高了 3.13、1.13、0.97 个百分点，而牧业产值占比为 33.28%，比 2000 年下降了 7.96 个百分点，农牧业差距逐步扩大。

二、打造更高水平"天府粮仓"的制约因素

（一）粮食生产的要素约束增强

1. 耕地资源约束加剧

一是耕地面积减少速度快且细碎化严重。2000 年，四川耕地面积为 434.61 万公顷，2013 年下降到 399.38 万公顷。2014 年耕地面积为 673.42 万公顷，较之前有较大幅度增加。但据第三次全国土地调查数据，2019 年年底，全省耕地面积为 7840.75 万亩（518.17 万公顷），较第二次全国土地调查数据（2009 年）减少了 2239.25 万亩（149.28 万公顷），减幅为 22.2%，减少量居全国第 1 位，而成都平原耕地面积更是减少了 40%。按常住人口计算的人均耕地面积仅有 0.94 亩，低于全国 1.36 亩的平均水平，且耕地分布零星破碎，近 60% 的耕地连片种植小于 5 亩，推行粮食适度规模经营的难度大。

二是耕地质量不容乐观。在全省耕地中，25 度以上陡坡耕地和河道、湖区、林区、牧区耕地及石漠化荒漠化耕地有 716.3 万亩，难以长期利用。耕地地力较差。中低产田占全省耕地面积的 61.8%，而且土壤重金属污染问题日益突出，粮食持续增产难度大。

三是适宜开发利用的后备耕地资源有限。全省其他草地、裸土地、沙地和裸岩石砾地等未利用地主要位于三州高海拔地区，可开垦为耕地的后备耕地资源非常有限。

四是农业面源污染长期存在。禽畜粪污处理任务重、压力大，种养业循环发展的基础设施薄弱，化肥农药持续减量空间有限。

2. 谁来种粮问题日益突出

一是种粮比较效益差，农民种粮缺乏积极性。由于人工和生产资料成本上涨较快，相比种植蔬菜、水果等经济作物，种粮效益差。虽然目前有种粮补贴，但力度较弱，且存在"不种粮者拿补贴，种粮者拿不到或拿到很少补贴"的弊端，不能有效发挥对粮食生产的促进作用。2021 年，四川水稻、小麦、玉米、油菜四大主要粮油作物的亩均总成本平均为 1394.08 元，同比上升 6.98%，亩均净收益平均为 −315.80 元，同比减少 3.83%。

二是劳动力老龄化严重。据第三次全国农业普查结果，我省农业生产经营人员中，55 岁及以上的人员占比为 38.1%，比全国高出 4.5 个百分点；初中以下学历的人员占比为 94.9%，比全国高出 3.1 个百分点，其中未上过学的占 9.0%，比全国高出 2.6 个百分点。农业劳动力老龄化趋势明显且受教育年限低和接受新技术的能力有限，种粮方式粗放，致使我省面临严峻的"谁来种地"困局。

三是粮食规模经营发展滞后。目前四川粮食种植仍以小农户经营为主，30 亩以上适度规模种粮大户经营面积仅占全省粮食播种面积的 3.92%，其中 80% 以上种植规模不足 100 亩，500 亩以上的仅占 2% 左右，而且主要集中在成都平原，区域发展极不平衡。

（二）粮食生产条件较为薄弱

1. 农田基础设施短板突出

一是有效灌溉面积覆盖率低。2022 年，四川实际耕地灌溉面积仅占耕地总面积的 56.86%，低于 13 个粮食主产区平均水平 6.4 个百分点。

二是农田基础设施薄弱。部分地区农田缺乏必要的机耕道和灌溉渠系，农业靠天吃饭的问题仍未解决。高标准农田建设投入不足、质量不高，不少已建成的高标准农田达不到标准。

三是农田水利设施"重建轻管"问题严重，相当一部分农田水利设施年久失修、带病运行。农田水利设施行业监管主体责任不明确，经费保障严重不足，渠系配套率低、效益发挥率低的问题非常突出。

2. 粮食生产机械化发展滞后

一是机械化水平低。2000—2021 年，四川农业机械总力从 1680.11 万千瓦增长到 4833.88 千瓦，其中，农用大中型拖拉机总动力从 74.59 万千瓦增长到 279.94 万千瓦，农用小型拖拉机总动力从 149.22 万千瓦增长到 209.37 万千瓦，但是，2021 年，全省主要农作物耕种收机械化水平为 65%，低于全国平均水平 7.03 个百分点，而且不同作物、不同区域、不同环节之间机械化水平差距较大、发展很不平衡。

二是无机可用问题突出。主要粮食作物播栽、管理、收获等环节缺乏适宜机具，适合丘陵、山区作业的小型通用机械缺乏。

三是农机作业条件差。农机化作业通行道路建设滞后，装备"下田难""有机不好用"等问题突出。

（三）粮油仓储物流保障能力不足

1. 粮食储备数量不足

四川人口占全国的 6.6%，粮食库存 952 万吨，仅占全国总库存的 1.4%，库存消费比为 17%，已触及联合国公布的粮食安全警戒线。其中企业商品库存 157 万吨，占总库存的 16.6%，企业存粮较少，难以在市场出现较大波动时发挥有效缓冲作用。城镇、农村家庭存粮较少，农户存粮约 800 万吨，近十年减少了 210 万吨，降幅达 20%。2022 年年末，四川常住人口 8374 万人，按照主粮消费 15 千克/月/人计算，口粮需要量约为 1500 万吨/年，根据国务院对地方储备粮"销区 6 个月的消费量，产区 3 个月的消费量"的规定，存在储备缺口 77.5 万吨。

2. 粮食仓储物流设施薄弱

西南地区气候高温高湿，储粮条件复杂，而现阶段绿色储粮、智能粮库等技术处于初级阶段，粮食物资仓储规模小、网点分散、储备设备使用效率不高。达州、巴中、南充、广安等一些地区仓容不足，立筒仓、铁路罩棚、仓间罩棚的体量较小，无法满足现代粮食物流、大宗粮食流通以及高效快速出入库的需求。阿坝藏族羌族自治州、甘孜藏族自治州和凉山彝族自治州三州自然条件特殊，粮食应急保供任务重，但粮食仓房老化、设备陈旧、仓房布局不合理，严重影响粮食的储存安全、质量安全，粮食应急保供有一定隐患。

3. 粮食物流体系不健全

四川是粮食调入大省，但物流渠道较为单一，粮食物流体系尚未健全。全省粮食通过铁路运输的比例超过 90%，但省内专用线和车站货位仓库不足，铁运集中到货，出货不及时，加上容易受各种自然灾害影响，导致铁路运能有限。物流设施配置不优，立筒库和浅圆仓仓容仅占总仓容的 1.2%，机械化程度低。物流服务功能缺失，尚未形成全省性粮食运输信息管理系统、公共信息交换和电子商务平台。同时，由于粮食入川为包装运输，流通速度低，劳动力成本高，作业效率差且浪费严重。

（四）粮食加工业发展和品牌培育明显滞后

1. 成品粮油加工发展不足

全省粮油加工业经济指标主要靠制酒业带动。2022年，入统的468家成品粮油加工企业产值合计不足500亿元，利润总额不足7亿元。企业规模化、集约化水平不高，缺乏核心竞争力，尤其是大米、食用植物油加工业受原料上涨、消费疲软双重冲击，行业景气指数有所下滑，企业停产破产，老旧产能过剩，亟待结构调整升级。

2. 粮油品牌影响力需提升

除"天府菜油"公共品牌在全国具有一定知名度外，在全国范围影响力大、市场占有率高、有健全营销终端的粮油企业品牌极少。缺少具有全国竞争力的畅销产品和优势品牌，产销量与品牌效益都有待提高。

3. 缺少科技和人才支撑

全省粮食行业研发投入仅占销售收入的0.4%，企业加工设施陈旧、生产效率低、产品更新慢，与智能工厂、数字化工厂差距较大。经营管理、科技研发等专业人才匮乏，一线员工年龄大，年轻人从事粮食行业意愿不强，或引进后留不住。

四、打造更高水平"天府粮仓"的对策建议

（一）实施粮食综合生产能力提升行动

1. 加强粮食生产基础设施建设

基础设施建设是实现粮食生产稳定增长的根本措施。今后应以优质粮食产业工程为重点，增加投资总量，突出投资重点，拓宽投资渠道，提高资金使用效益，着力加强粮食生产基础设施建设。

一是夯实"藏粮于地"战略的物质基础。以高标准农田建设为抓手，科学规划和实施产业园区、田园景区、新型社区"三区同建"，统筹推进产业发展、环境治理、生态环保、乡村旅游。加强高标准农田后期管护，确保农田良田、良田粮用。

二是加强农田水利设施建设。增加农田水利设施建设投入，加快以节水改造为中心的灌区续建配套步伐，完善灌排体系，提高农田水利设施服务功能，恢复和扩大有效灌溉面积。搞好病险水库的除险加固、中型水源的开发和中小河流域的治理，控制水资源利用潜力。开展田间排灌、小型灌区和非灌区抗旱水源、丘陵山区

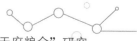

雨水集蓄利用等田间水利工程项目建设。鼓励农民投工投劳兴修农田水利和购买田间节水设备，引导产业化经营的龙头企业等社会力量参与农田水利建设。

三是做大做强"川粮优化工程"。重点抓好现有 90 个粮食生产重点县和 48 个产油大县的基础设施建设。增加投资规模，在粮食生产重点县实施优质粮食产业工程。充实工程建设内容，以优质专用粮种繁育、病虫害防控、高标准农田建设、现代农机装备推进、促进粮食加工转化等项目为重点，完善配套工程项目建设。

四是在稳定粮食产量的基础上，加快推进化肥、农药使用量零增长行动，提高化肥、农药使用效率，以避免农业面源污染的加剧。

2. 优化粮食生产区域布局

聚焦粮食产业高质量发展，打造粮食产业融合发展新格局。推动成都平原区、川东北和安宁河谷重点打造西部粮谷，川南片区重点打造通江达海粮油产业集聚区，川东北和川西重点打造绿色生态特色粮油基地，提高粮食产业核心竞争力。

3. 多渠道拓展食物来源

充分利用丰富的山地、林地和草原资源，生产木本食物和发展草食动物，发展生态草牧业，以增加肉蛋奶等产品供给。充分利用大量的淡水湖泊河流资源，大力发展水产养殖，全方位挖掘水生食物供给潜力，开辟"粮食"供给新途径。

（二）实施粮食生产科技装备提升行动

1. 加强粮食主导品种选育和品牌建设

依靠科技进步提高单产，是提高粮食综合生产能力的主攻方向。今后必须全面加强科技赋能，加快推进农业科研、成果转化和推广体系建设，积极构建粮食生产科技支撑的长效机制。聚焦水稻、小麦、玉米、油菜等主要粮油作物单产效益提升，强化需求导向，加快优质、高产、专用粮油品种的选育，加强粮油品牌建设，提高"川字号"粮油品牌的知名度。

2. 提高农业科技成果转化效率

运用市场机制促进农业科技成果转化。围绕粮食生产目标，确立主推技术、主导品种。通过引入市场机制，加快新品种、新技术等科技成果的集成、转化和提高，以项目带动方式引导资金、人才向重点作物和重点技术倾斜。鼓励农业科研单位、大专院校等应用研究人员投身粮食生产第一线，推进粮食生产科技成果产业化。原则上一乡推广 1～2 个、地县 3～5 个主导品种，集成推广配套的主推技术、主要模式。每个乡镇建成 1 个以上粮食生产示范基地，每个行政村培育 1 户以上粮食生产科技示范户，以示范引领全省粮食增产增效。

3. 提升农机装备水平

农业机械是建设现代农业的重要物质装备，发展农业机械化是实施农业现代化的重要手段。因地制宜，科学规划，有计划、有步骤、有重点地引进适合我省地理环境的新型农机具，分区域建立农机示范基地。鼓励有条件的乡镇争创农机示范乡镇。加强农机社会化服务体系建设，支持农机专业大户牵头成立跨区域的农机专业合作社。扶持发展农机维修业，扶持建设一批功能齐全，服务周到，管理水平高的农机维修中心。

4. 强化科技人才支撑

大力实施科技兴粮、人才兴粮。支持企业加大科技研发投入，加快新工艺、新技术、新装备、新产品研发和推广应用。更加有效开展科技成果、科研团队、科研机构与企业"三对接"以及人才供需对接等活动，加快科技成果转化和人才引进落地。

（三）实施粮食生产经营服务能力提升行动

1. 加大新型农业经营主体培育力度

粮食生产结构的调整优化和综合生产能力的提高不可能依靠日益老龄化的普通农户，主要要靠种粮大户、家庭农场、农业合作社、涉农龙头企业等新型粮食生产经营主体。但目前由于没有统一的各类新型农业经营主体的认定标准，现实中各主体间交叉存在的现象较为普遍，同时也缺乏扶持和培育对象。要全面实施家庭农场培育计划和农民合作社质量提升行动，重点扶持新增发展和提升壮大一批粮食生产经营主体。要在对各类新型农业经营主体进行明确认定的基础上，有重点和针对性地加大扶持力度，充分发挥各类新型农业经营主体的作用，推进粮食生产适度规模经营。加强农业经营主体的品牌建设工作，指导符合条件的专业合作社和家庭农场积极申报各级示范场社，并给予一定的奖励。

2. 积极探索和推行多元化土地经营模式

打破土地零星分散的传统农业经营格局，积极探索和推行股份合作制、家庭农场制、连片耕种制、农业共管制、委托代耕制、土地寄种制等农村土地经营模式，实现土地要素集聚和规模连片经营。深入推进农村产权交易市场建设及土地流转规范运行机制，强化网络交易平台，设立农村产权"一站式"服务窗口，扩大交易品种和交易量，助力农村经济发展。

3. 建设新型粮食产后服务体系

支持新型农业经营主体和粮食加工企业建设经营性粮食产后服务中心，健全运营机制,创新服务方式,提升为农服务水平,促进农民种粮增收。统筹规划粮食产后服务中心数量和布点,力争形成产粮大县全覆盖的服务能力。支持三州地区、革命老区等按需建设。引导粮食购销加工企业建立原料基地,坚持走"企业+科研+基地+农户"的产业化发展道路,打造全产业链经营,带动产业发展,辐射带动农户增产增收。

4. 改革现有的粮食补贴政策

加大补贴力度,完善补贴方式,提高补贴精准度。推动"优粮优价",引导优质粮食生产,加大政策性粮食收购力度,保护农民种粮积极性。近年来,粮食生产成本逐年增高,对农民种粮积极性造成不利影响,制约了粮食生产集约化、规模化发展。尽管国家对粮食生产实施了补贴政策,但随着粮食生产成本逐年增加,农民种粮收益十分有限。同时,现行补贴政策和方式还存在"不种粮者拿补贴,种粮者却拿不到或拿到很少补贴"的弊端,不能有效发挥对粮食生产的促进作用。建议在国家粮食补贴政策基础上,优化补贴方式,推进优粮优价,提高补贴精准性,以有效促进优质粮食生产。深入实施精品"优质稻米"行动。依托19个国家级、94个省级龙头企业,强化原料基地、品牌升级、产业联盟、产品营销等方面建设,整合形成粮油行业发展合力,推进粮食产业提档升级和高质量发展。

(四)实施粮食仓储流通保障能力提升行动

1. 实施粮食物流枢纽工程

围绕粮食供需流向和经济社会发展需要,优化区域物流网络布局,拓展现代物流通道,打造粮食大流通格局,畅通国内大循环。重点推进成都平原区、川南、川东、川北物流体系建设,加快建设成德绵乐城市带、沿江城市带和西部陆海新通道物流骨干网络,强化粮食物流通道支撑,打造综合性现代粮食物流基地。

2. 加大仓储设施建设力度

根据粮食产销分布和地方储备布局,进一步优化仓库布局、改善仓型结构、提升仓库功能,重点解决主产区和重点销区仓储设施不足和收纳库仓储设施陈旧、功能老化等问题,确保粮食敞开收购和安全储存需要。加快推进在建项目进度,采取有效措施对总体进度缓慢、自筹资金落实难的仓储项目进行协调、指导,确保早日建成投入使用。

3. 加大绿色储粮技术应用

围绕绿色储粮、智慧仓储、节能环保等方向,加强技术研究和应用推广,推动科技成果转化落地,发挥科技创新在粮食仓储行业转型升级、提质增效中的重要作用。加快低温储粮技术应用研究，尽快形成切实有效的储粮技术应用成果、低温库仓储管理相关制度、操作规程和地方标准，试点配套建设仓顶阳光工程，促进全省低温绿色储粮技术更加全面可持续应用和发展。以"数字化"涉粮数据为支撑、"智能化"仓储业务为主干、"可视化"远程监管为重点、"精准化"应急调控为手段，加快实现全省粮食行业信息化互联互通。实施技术设备改造升级，革新运用环保设施，充分利用科技手段解决粮食行业环境污染问题，突出粮食熏蒸和检化验作业、粮食收储作业、项目建设等环节的环境治理，推动行业高质量发展。

4. 优化粮食储备品种结构

根据粮食消费需求结构变化趋势，适当调整储备粮品种结构，侧重考虑本地区口粮、饲料粮与工业用粮所需粮食品种。建立专用饲料用粮地方储备，增加优质粮食以及饲料、酿酒等工业用粮的储备比例。建立成品粮和原粮浮动规模机制。探索建立政府储备和企业社会责任储备相结合的多元化粮食储备模式。坚持预防预备和应急处突相结合，科学合理确定并严格落实小包装成品粮油储备规模。

（五）实施应急加工能力提升行动

1. 提高粮食高效加工转化率

推进粮油加工企业进行技术升级改造，不断提升粮食加工转化综合生产能力，创新生产技术，强化各项加工质量检测。降低粮食加工环节的粮食损耗和浪费，提高粮食加工利用率，合理推进粮食加工深度和力度，深加工与初加工要协调，加强创新力度，既要保障好粮食的营养功能，也要保障好粮食的市场功能。

2. 完善布局粮油加工体系

扶持一批具有特色的粮油加工企业，打造一批现代化粮油加工企业，尤其是在产粮大县和重要的粮食生产种植地要配套好现代粮食加工设备和企业，高质量打造"成绵德广眉乐"粮食加工产业带，进一步推进川南地区以粮食为原材料的酿酒加工为主的粮油产业带。推动南充等粮食主产区进行初加工及适度深加工，同时推动粮食加工产业园区的建设。

3. 合理布局粮食应急加工点

依托国有粮食企业，加设应急加工点，根据人口和地理分布，每个地区应重点扶持一至两家骨干应急加工企业，承担社会责任，保障重大自然灾害、突发事件发生时的粮油应急保供能力。对完全没有加工能力的三州地区等，应加大政策扶持力度，布点建设应急加工点。

4. 建设粮食应急加工储备工程

四川粮食消费量和调入量大,同时,地形地貌以山区、丘陵为主,自然灾害频发多发,交通物流制约瓶颈较多。因此,建议以粮食应急体系一体化为基础,提升小包装成品粮应急加工能力,建立集米、面、方便食品等加工能力和粮油储存、物流配送能力于一体的综合性智能化应急加工储备中心,以应急加工储备中心为辐射,建立区域粮食应急加工储备副中心,在县域建立粮食应急加工储备点,从而建立"中心—副中心—加工点"的三级粮食应急加工储备工程,确保关键时刻成品粮油调得动、用得上。同时,针对大部分粮油企业规模较小的特点,统筹发展多层次粮食加工业,在培育发展大型粮食加工企业、产业向优势地域优势企业集群的同时,还要扶持发展中小型加工企业,注重区域平衡发展,构建优势互补、多层保障的粮食应急加工体系。

(六)实施生猪、蔬菜保供能力提升行动

1. 抓好"菜篮子"产品生产

积极引导种植大户、合作社等规模经营主体全力推动蔬菜产业规模化、产业化发展,以现代农业产业园区建设为抓手,加快打造形成点线面结合的规模化生产基地。积极开展互助合作、错峰采收,着力解决蔬菜生产用工难、用工贵问题。应急情况下,因地制宜大力发展设施蔬菜和"短、平、快"替代品种,大力发展工厂化育苗,缩短蔬菜生长周期。大中城市周边适当发展当季时令蔬菜、速生菜特别是叶类蔬菜等重要农产品的生产供应。

2. 实施生猪增养行动计划

严格落实稳定生猪生产促进转型升级的各项扶持政策,加快推进新建改建猪场建设,大力发展标准化规模养殖和积极带动中小养猪场(户)并重发展。建立市场预警及调控机制,开展生猪价格指数保险。支持畜禽养殖企业与屠宰加工企业按订单收购加工,及时有效补足市场供需缺口。进一步促进家禽和牛羊等草食家畜发展,加大肉类替代产品的生产与供应。支持畜牧产业转型升级,促进饲料企业上下游延伸、集团化经营。

(七)实施全链条节粮减损行动

1. 大力开展节粮减损行动

继续推进农户科学储粮工程,探索农户"小粮仓"等储粮设施建设的市场化运作方式,引导新型农业经营主体建设使用"大粮仓",促进粮食提质减损和农民持

续增收。大力推广运用低温、智能等储粮新技术新装备，实行粮食分品种分等分仓储存，减少储粮损耗。提高原粮"四散化"运输程度，大力发展多式联运，减少粮食流通损耗，提高流通效率。积极推广适度加工技术，防止过度加工造成粮食、营养和能源浪费。建立"厉行节约，反对浪费"长效机制，倡导绿色健康消费习惯，减少消费浪费。充分利用世界粮食日和全国粮食安全宣传周、科技活动周等主题活动，加强爱粮节粮、科学储粮、健康消费宣传教育，推进粮食流通全链条、多环节、系统化节粮减损，增加有效供给。发挥粮食安全宣传教育基地作用，营造爱粮节粮、反对浪费良好氛围。

2. 加强粮食文化建设

挖掘和整理传统优秀粮食文化，加强粮食博物馆、粮食史陈列馆、图书馆（室）、荣誉室等粮食文化载体建设，加强宣传教育，大力促进粮食文化的繁荣与传播。

负责人：汪希成（西南财经大学）

成　员：伍骏骞（西南财经大学）

范　丹（西南财经大学）

谢小蓉（西南财经大学）

雷宇杰（西南财经大学）

袁宇微（西南财经大学）

伏　雪（四川省统计局）

"双碳"目标下四川新型工业化建设的路径研究

一、研究意义

四川省委十二届三次全会指出，新型工业化是建设现代化产业体系的核心，是实现现代化的必由之路。深入推进新型工业化、加快建设现代化产业体系，是推动高质量发展、写好中国式现代化四川篇章的重大任务。资源消耗低、环境污染少是新型工业化的内在要求，而工业又是"用能大户"和"碳排放大户"，研究"双碳"目标下四川新型工业化建设的路径具有重大现实意义。

（一）"双碳"目标是国家基于可持续发展作出的重大决策部署

2020 年 9 月 22 日，习近平总书记在联合国大会上郑重宣布，我国二氧化碳排放力争于 2030 年前达到峰值，努力争取 2060 年前实现碳中和。2021 年 9 月，中共中央、国务院印发了《关于完整准确全面贯彻新发展理念做好碳达峰碳中和工作的意见》，明确了碳达峰碳中和的主要目标和实施方案。2021 年 10 月，国务院印发《2030 年前碳达峰行动方案》。碳达峰碳中和目标已从国家层面作出顶层设计和安排部署，正式进入实施阶段。党的二十大报告再次强调，要积极稳妥推进碳达峰碳中和，立足我国能源资源禀赋，坚持先立后破，有计划分步骤实施碳达峰行动。2022 年 8 月，科技部、国家发展改革委、工业和信息化部等 9 部门印发《科技支撑碳达峰碳中和实施方案》。

（二）新型工业化是四川现代化的必由之路

工业化是一个国家和地区人均收入提高，产业结构从农业主导向工业主导演进的过程，其实质是国民经济一系列重要的生产要素组合方式连续发生由低级到高级的突破性变化，进而推动经济增长的过程。工业化与现代化密不可分，现代化是人类社会从传统社会向现代社会的变迁过程，重要动力是经济增长和结构变革。也就是说，现代化是由工业化驱动的向现代社会变迁的过程。先发国家实现工业化的时间虽然不尽相同，但都通过工业化实现了现代化。因此，建设富强民主文明和谐美丽的社会主义现代化强国，必须完善现代化动力机制，积极推进新型工业化。

工业对四川经济发展的支撑作用、"挑大梁"作用明显，工业增加值占地区生产总值的比例长期在 30% 左右。然而，与经济大省相比，四川工业化进程较慢，目前还处于中期向后期加速转型期。从总量上位次下滑，四川地区生产总值居全国第 6 位，但工业增加值居第 8 位。其实，2013 年四川工业增加值总量居全国第 6 位，之后不仅位次下降，而且与经济大省的差距进一步拉大。从工业化率看，2022 年，四川工业化率只有 28.9%，低于全国平均水平 4.3 个百分点，居十个经济大省末位，也低于周边的陕西和重庆等省份。四川省委十二届三次全会《关于深入推进新型工业化加快建设现代化产业体系的决定》明确提出，锚定发展特色优势产业和战略性新兴产业这一主攻方向，实施优势产业提质倍增行动，聚焦聚力实体经济攻坚突破，加快形成现代化产业体系的主体支撑。

（三）绿色低碳发展是四川新型工业化建设的必然要求

新型工业化道路所追求的工业化，不是只讲工业增加值，而是要做到"科技含量高、经济效益好、资源消耗低、环境污染少、人力资源优势得到充分发挥"，并实现这几方面的兼顾和统一。也就是说，碳排放是新型工业化建设的重要指标。我国工业化开始于 20 世纪 50 年代，总体属于确保生存需要的快速工业化，是粗放型发展，一定程度上破坏了生态环境。随着工业化进程的不断深入和科技水平的不断进步，工业发展的质量和水平显著提升，但距离人民群众对美好生活的需要和优美生态环境的需要还有一定差距，因此，工业经济发展必须控制碳排放的总量和强度。工业经济增长与节能减排有紧密的联系，需要找准二者之间的平衡点。

"十三五"期间，四川单位工业增加值二氧化碳排放量累计下降 33.98%，规模以上工业单位增加值能耗累计下降 26.85%，均超额完成预期目标。四川省委十一届十次全会专题研究围绕实现碳达峰碳中和目标、发展绿色低碳优势产业，出台了《关于以实现碳达峰碳中和目标为引领推动绿色低碳优势产业高质量发展的决定》，制定了"一地三区"（全国重要的先进绿色低碳技术创新策源地、绿色低碳优势产业集中承载区、实现碳达峰碳中和目标战略支撑区、人与自然和谐共生绿色发展先行区）的发展目标和 2030 年确保实现碳达峰任务。四川工业还面临重化工行业占比较高，战略性新兴产业、高新技术产业尚未成为经济增长的主导力量的现实情况。在"双碳"目标下，积极探索符合四川发展阶段、能源结构、产业特点的绿色低碳发展之路，是四川新型工业化建设的现实需要。

二、四川新型工业化面临的短板弱项

新型工业化的概念最早出现在 2002 年 11 月党的十六大报告中。党的十六大报告指出，坚持以信息化带动工业化，以工业化促进信息化，走出一条科技含量高、经济效益好、资源消耗低、环境污染少、人力资源优势得到充分发挥的新型工业化路子。新型工业化属于发展经济学概念，主要区别于传统工业化，在不同发展时期的侧重有所区别。但总的来说，新型工业化既要有量的增长，又要有质的提升；既要科技含量高，又要人力资源充分发挥；既要资源消耗低，又要环境污染少。

（一）工业总量较低，与经济大省的地位不完全匹配

从全国各省份的经济结构可以看出，经济大省大多是工业大省，绝大多数省份的工业总量同经济总量位次保持一致。比如地区生产总值排前5位的粤、苏、鲁、浙、豫，其工业增加值总量也常年保持全国前5位。四川经济总量居全国第6位，但工业增加值排第8位，低于经济总量居第7位的湖北和第8位的福建，出现工业与地区生产总值排名错序并退位的现象。值得注意的是，四川工业增加值呈现出"标兵"渐远、"追兵"渐近的态势。21世纪以来，四川工业增加值与"标兵"河南的差距从2001年的不到1000亿元扩大到2022年的3181亿元。与地区生产总值最近的"追兵"湖北相比，自2011年四川省工业增加值被湖北反超以来，彼此差距呈不断扩大的趋势，最高时湖北的工业增加值比四川高出2500亿元左右。虽然2021年湖北省的工业增加值仅比四川省高200多亿元，但其制造业增加值为14053亿元，比四川省高1638亿元，居全国第七位。表1是2022年全国十个经济大省的工业增加值、地区生产总值和工业化率。

表1　2022年全国十个经济大省的工业增加值、地区生产总值和工业化率

地区	工业增加值（亿元）	地区生产总值（亿元）	工业化率（%）
广东	47723	129118.6	37.0
江苏	48593.6	122875.6	39.5
山东	28739	87435.1	32.9
浙江	28871.3	77715.4	37.2
河南	19592.8	61345.1	31.9
四川	16412.2	56749.8	28.9
湖北	17546.3	53734.9	32.7
福建	19628.8	53109.9	37.0
湖南	15025.3	48670.4	30.9
安徽	13792	45045	30.6
全国	401644.3	1210207.2	33.2

（二）工业化率下降过早过快，"未强先降"特征明显

2001—2022 年，四川工业化率出现"先增加后降低"的特征，大致呈现以 2010 年为顶点的抛物线趋势。2001—2010 年，四川工业化率由 2001 年的 29.6% 逐渐上升至 2010 年的 40.8%，2011 年开始逐渐降低至 2022 年的 28.9%，低于全国 4.3 个百分点，在十个经济大省中居末位（如图 1 所示）。

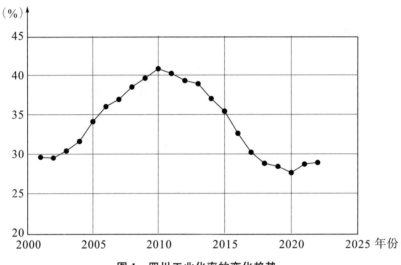

图 1　四川工业化率的变化趋势

一是四川工业化率达峰时间较晚、峰值较低。2001—2022 年，四川工业化率的峰值为 2010 年的 40.8%。达峰时间比广东、江苏、浙江、山东、河南等晚 4 年以上。峰值低于全国 1.2 个百分点，低于江苏、山东超过 9 个百分点，低于浙江、河南 8 个百分点以上。

二是维持 40% 以上较高工业化率的时期较短。2001—2022 年，四川工业化率只有 2010 年和 2012 年在 40% 以上，而广东、江苏、山东、浙江、河南、福建的工业化率均保持 10 年以上，全国工业化率都有 7 年在 40% 以上。

三是下降速度过快。达峰后 10 年内，四川工业化率下降 13.2 个百分点，快于全国 5.5 个百分点，在十个经济大省中仅次于河南，居第 2 位。

十个经济大省工业化率的达峰情况见表 2。

表 2　十个经济大省工业化率的达峰情况

地区	达峰时间（年）	峰值（%）	保持 40% 以上年份数量	达峰 10 年下降百分点
广东	2006	47.2	14	7.4
江苏	2006	50.9	15	11.3
山东	2006	49.9	13	13.0

地区	达峰时间（年）	峰值（%）	保持40%以上年份数量	达峰10年下降百分点
浙江	2007	48.8	13	10.5
河南	2008	49.0	13	14.3
四川	2010	40.8	2	13.2
湖北	2012	43.3	4	10.6
福建	2011	43.7	14	6.8
湖南	2011	39.8	0	9.3
安徽	2012	39.7	0	9.0
全国	2006	42.0	7	7.7

（三）企业主体实力不强，产业结构层次较低

一是工业企业综合实力有待提升。2021年，四川规模以上工业企业数量为16453个，居十个经济大省末位，不到广东的四分之一。大中型工业企业为1833个，在十个经济大省居第7位，仅占广东的22%，低于"标兵"河南和"追兵"福建800多个（见表3）。

表3　2021—2022年十个经济大省企业数量

地区	2021年规模以上工业企业数量（个）	2021年大中型企业数量（个）	2022年高新技术企业数量（家）
广东	66307	8354	6.9万
江苏	56281	5464	4.4万
山东	33057	3433	2.3万
浙江	53730	4599	35418
河南	21679	2681	10872
四川	16453	1833	14582
湖北	16792	1648	2万
福建	20105	2692	8941
湖南	19301	1682	13910
安徽	19880	1479	14900

二是制造业占比低、层次不高。2022年，四川制造业增加值为13308.44亿元，仅为广东的30%。从资产结构看，2021年四川制造业资产总计43194亿元，占规模以上工业企业总资产的比例为70.1%，在十个经济大省中居末位。而发挥保障作用的电力、热力、燃气及水生产和供应业部分的资产总计占比达22.2%，

在十个经济大省中居首位，高于全国 5.7 个百分点。据《中国制造业发展研究报告 2021》（2018 年数据），四川智能制造在全国排第 17 位。产业结构重型化，2022 年四川重工业增加值占全部工业增加值的比重由 10 年前的 66.8％上升到 68％。

三是产业链供应链韧性较弱。重点产业"两头"在外，容易形成"断点"。全省集成电路产业规模位列全国第一方阵，但主要集中在封装测试环节（营收占比达 93.8％），刻蚀机、清洗设备、测试设备等制造基本处于空白。

（四）科技创新投入不足，企业创新能力较弱

一是高新技术企业数量较少。2022 年，四川高新技术企业为 14582 家，在十个经济大省中居第 7 位，仅为广东的五分之一和江苏的三分之一（见表 4）。

二是研发投入较低。2021 年，四川规模以上工业企业 R&D 经费为 480.2 亿元，仅占广东的 16.5％、江苏的 17.7％；规模以上工业企业 R&D 人员全时当量为 95650 人年，仅为广东的 13.5％；规模以上工业企业新产品研发经费在十个经济大省中居末位，仅为广东的 12.3％（见表 4）。

三是发明专利数不多。2021 年，四川规模以上工业企业的有效专利为 48898 件，在十个经济大省居第 7 位，不到广东的 10％（见表 4）。

表 4　2021 年十个经济大省规模以上工业企业科技活动情况

地区	R&D 经费（亿元）	R&D 人员全时当量（人年）	新产品研发经费（亿元）	有效发明专利数（件）
广东	2902.2	709119	4637.0	511717
江苏	2716.6	612676	3357.4	242423
山东	156.5	349379	1747.5	103410
浙江	1591.7	482140	2325.1	120873
河南	764.0	162562	594.4	42849
四川	480.2	96650	572.1	48898
湖北	723.6	147504	932.5	61986
福建	771.7	186328	821.0	45695
湖南	766.1	143908	941.7	46937
安徽	739.1	170421	908.9	78480

三、"双碳"目标下四川新型工业化建设路径

四川历来是国家战略大后方，工业门类齐全，产业基础较好，科教人才富集，关键矿物等战略资源储量丰富，具备新型工业化建设的独特优势和机遇。"一带一路"、长江经济带发展、新时代西部大开发，特别是成渝地区双城经济圈建设等多

重国家战略交汇叠加，将为四川新型工业化建设注入强劲的创新策源力。四川新型工业化建设既要加快着力补齐工业经济总量不足的短板，又要加快提升发展质量和效益，更好统筹产业发展质量、规模和效益；既要锚定发展特色优势产业，又要大力发展战略性新兴产业；要突出创新驱动引领，一头抓国家战略科技力量建设，一头抓产业技术创新和全社会创新创造，提高产业链供应链韧性和安全水平，打造产业备份基地；突出能源、矿产等战略性资源科学开发利用，依托重点骨干企业培育特色优势产业，着力把资源优势转化为发展优势；突出产业开放合作，积极融入国内国际双循环，服务国家建设具有完整性、先进性、安全性的现代化产业体系。

（一）发挥清洁能源优势，优化工业能源消费结构

四川是全国最大的清洁能源基地，水电装机容量和年发电量稳居全国首位，页岩气资源量和可采资源量均居全国第一，天然气储量全国第一。

一是提高电力使用比例。四川电网清洁程度高，二氧化碳排放因子为全国第二低。然而，四川工业领域电力消耗仅占22％，在十个经济大省中居第8位。

二是积极争取提高电力、天然气（页岩气）的地方留成比例和价格优惠，特别是丰水期电量和新开采部分。

三是积极推动能源生产过程中的碳排放量计入消费地，即"谁消费、计入谁"原则。四川是"西气东输"和"西电东送"的主力军，天然气（页岩气）开采和电力开发过程中必然产生碳排放，要积极争取将开采过程中的碳排放计入最终消费地。

（二）壮大工业企业主体，加快补齐总量不足的短板

一是加大招商引资力度。招商引资是推动产业发展最有效、最直接的手段。国家之间、地区之间的项目招引竞争日趋激烈，从"区域＋要素"转变为"头部＋风投＋产业链＋科技"。从国际看，工业4.0时代的"制造＋智造"正吸引着具有一定技术含量的项目回流，严格限制高技术企业对外投资。发展中国家依靠低要素成本吸引劳动密集型企业、要素成本优势已不明显。从国内看，当前各地招商竞争激烈，京、沪、粤等省市首次在省市级层面出台综合性的产业项目招引和投资促进政策，甚至出现发达地区到欠发达地区"逆向"招商的情形。四川要利用好独特的资源优势，制定科学的招商体系，优化营商环境，增强企业投资吸引力。

二是适度扩大高载能产业规模。高载能产业是指能源成本在产品产值中所占比重较高的产业，或称为能源消耗密集型产业。能源与高载能产业之间既相互制约，又相互促进。能耗较高不等同于碳排放就较高。比如晶硅光伏、锂电材料、大数据、钒钛产业能耗较高，但如果这些产业主要使用的是清洁能源，就没有高碳排放。更为重要的是，这些产业有的具有国家战略属性，事关国家战略安全；有的能够发挥乘数效应，可以生产更多的清洁能源，显著提升减排降碳能力。中共中央、

国务院印发的《关于新时代推进西部大开发形成新格局的指导意见》明确提出，支持符合环保、能效等标准要求的高载能产业向西部清洁能源优势地区集中，发展这些产业符合国家政策导向。工业和信息化部、国家发展改革委、国务院国资委联合印发的《关于巩固回升向好趋势加力振作工业经济的通知》明确提出，支持符合生态环境分区管控要求和环保、能效、安全生产等标准要求的高载能行业向西部清洁能源优势地区集聚。四川要抢抓这一政策机遇，发挥清洁能源资源优势，适度放宽具有基础性支撑作用的高载能行业准入条件，推动有色金属、矿石冶炼、能源化工等行业扩大规模。鼓励加大工业投资，适当降低工业项目进入省、市重点项目的门槛。

三是强化企业培育。企业是工业经济发展的主体，没有企业强，就没有产业强。要增强现有国有制造企业、大企业大集团的发展能力，促进其延伸产业链。及时分析总结成都市"上规、上云、上市、上榜、上新、上楼"的经验，持续推进企业梯度培育，抓住国家培育专精特新"小巨人"企业的机遇，更大力度支持传统制造企业建设国家级"小巨人"、单项冠军企业，进一步扩大传统制造业中的省级专精特新小巨人企业培育数量，出台龙头企业、优质中小企业梯度培育实施方案，落实制造业"贡嘎培优"行动，打造更多单项冠军企业、独角兽企业、瞪羚企业和产业链关键环节企业。推动产业链上的大中小融通发展，形成大中小企业融通、上中下游企业协同、内外资企业共生共赢的发展格局。

（三）增强科技创新能力，加速科技成果转移转化

科技是国民经济发展的重要支撑，科技创新是增强经济竞争力的关键，战略高科技能力的提升和长久的发展具有极大的推动作用。科技创新是企业发展的根本，也是企业保持持续竞争力的关键所在。

一是构建以企业为主体的技术创新体系。企业是创新的主体，也是成果的最终应用者。要突出企业科技创新主体地位，用好市场机制、项目机制，推动高校、科研院所、企业等创新主体紧密联系、精准对接，切实增强科研项目的针对性、前瞻性、实用性。在抓重大科技攻关、科技成果转化过程中，同步推进科技管理体制改革和人才培养、科技金融、科技创新共同体建设。

二是打造科技创新体集群。与产业集群一样，科技创新也有明显的集群效应。创新资源越集聚，创新氛围越浓，创新效率越高。把增强工业的科技创新能力作为全省科技创新的主战场，以重大任务为牵引，加大创新平台建设，规划打造一批科技创新体集群。围绕清洁能源装备、轨道交通设备、新型显示和集成电路、新能源汽车等基础较好的产业，对照工信部集群标准，分别制定世界级制造业集群、国内先进制造业集群、特色制造业集群打造实施方案，通过决战上游、壮大中游、主攻下游等行动，争取有更多集群进入工信部先进制造业集群打造名单，打造具有竞争力影响力的产业链和产业集群。

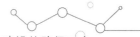

三是高度重视科技成果转移转化。四川有一些好的科技创新成果没在省内转化，而是到省外转化，存在"墙内开花墙外香"的现象。2021年，四川技术净输出124.9亿元，而广东技术净流入超过1300亿元，福建、河北、江苏、浙江均为技术净流入，即便重庆、贵州，技术净流入也超过300亿元。要进一步简化审批流程，搭建中试平台，建立全生命周期服务机制，优化成果转化环境。

（四）推动产业转型升级，提升产业发展质量效益

没有落后的产业，只有落后的技术。传统制造业是工业发展的基本力量，发达省市的传统制造业占比普遍还保持在60%左右。坚持不能把产业转型当成"低端产业"简单退出要求，加快推动传统产业技术改造、经营模式和业态创新，实现综合生产成本下降、产业链价值提升、产品结构优化、产品生命周期延长。当前，科技革命尤其是信息技术革命为传统制造业技术改造、经营模式和业态创新、综合生产成本下降、产业链价值提升、产品结构优化、产品生命周期延长等创造了有利条件。

一是积极推广新技术、新工艺、新装备、新材料的应用，分类推进轻工业、重化工业技术改造，为产业发展注入新的基因和活力。四川以白酒、调味品、肉制品、茶叶、中成药等为代表的农副产品加工业，以家具、服装、鞋帽为代表的轻工业，以通用机械、冶金、化工、建材为代表的传统制造业，既有较好的发展基础，也与四川的比较优势契合，应分类推进技术改造，注入新的发展基因，注重借助智能制造、大数据、工业互联网等新技术，抓紧时间补短板、强弱项，迅速推动这类产业朝着高端化、集群化、品牌化、国际化方向发展。

二是推动传统产业数字化、智能化、网络化发展。坚持"分业施策、一业一策"，研究制定重点行业数字化转型实施方案、路线图、评估评价体系，推动传统产业全方位、全链条数字化转型。深入推进新一代信息技术与制造业融合，注重借助大数据、工业互联网、人工智能等新技术，利用新一代信息技术赋能产业数字化转型。培育国家级跨行业跨领域工业互联网平台，打造一批制造业数字化转型促进中心。支持在产业集群、园区、企业等建立数字化转型促进中心，重点面向中小企业提供数字化转型诊断和低成本、轻量化、模块化的数字化解决方案。支持制造业企业与ICT（信息与通信技术）企业联合攻关，加快数字化低碳解决方案应用推广，推动大数据、人工智能、5G等新兴技术与绿色低碳产业深度融合。

三是实施数字经济典型应用场景"十百千"工程。打造综合展现四川特色和重要创新成果的"10＋"应用场景，壮大"100＋"重点数字化成长型企业，推广"1000＋"典型应用和试点示范项目。推进全社会、全域数字治理与各类应用场景建设，加强场景与制造业发展需求有机链接，带动"新制造"和"新产业"蓬勃发展。加快建设数字资产交易中心，推动数据交易供给侧和需求侧双向驱动改革。

（五）注重区域协同布局，促进产业集聚集群发展

产业协同既是现代化产业体系的必然要求，也是推动区域协同发展的实体内容和关键支撑。要以"五区协同"战略为指引，充分考虑各市州产业基础，优化工业总体布局，促进产业集聚集群发展。

一是坚持向工业发达地区集中、向资源优势区集中的原则，优化产业空间布局。以成渝主轴、两翼、腹地为主要承载地，打造成都都市圈先进制造业核心区。加快打造泸州—宜宾、南充—达州制造业组团，做强成德绵眉乐雅广西攀经济带、成遂南达经济带制造业。

二是推动形成以园区为载体的产业集群。园区是产业发展的重要载体。要围绕基础设施建设、产业链配套、先进要素供给、创新生态构建等功能，引导企业按行业类别向产业园区集中，进一步提升国家级和省级开发区、城市新城新区、新型工业化产业示范基地等现代产业园区的承载能力，打造一批主导产业突出的专业园区、特色园区。

三是深化五区工业协同。围绕"五区共兴"战略，充分发挥各经济区自身的特点，形成优势互补、协同发展的格局。推动成都平原经济区与其他经济区深度合作，深化"研发在成都、制造在周边"的分工，形成园区共建、链式配套、功能联动的共赢生态圈。

负责人：李海龙（四川省社会科学院）

成　员：安江丽（四川省统计局）

　　　　袁　鹏（西南财经大学）

　　　　苏茂林（四川省社会科学院）

　　　　陈诗琪（四川省社会科学院）

　　　　石　明（四川省社会科学院）

清洁能源转型背景下成眉乐
光伏产业协同发展研究

作为我国战略性新兴产业和四川省重点发展的特色优势产业，以光伏为代表的清洁能源产业已进入快速上行阶段。当前，在成都市加快发展绿色产业集群、眉山市突出发展新能源新材料绿色低碳产业、乐山市重点建设"中国绿色硅谷"的现实基础上，三地逐步形成基于行政区划发展的光伏产业经济走廊。面对新形势下四川省光伏产业高质量发展要求，探索区位优势互补的协同发展方式，寻找适宜协同发展的路径和方法尤为关键。

一、成眉乐光伏产业协同发展建设基础

经过多年沉淀式发展，成都、眉山、乐山（以下简称"三地"）光伏产业已具规模，从产能、布局、技术、生态、资源等方面均显现出明显优势，总体发展态势良好。

（一）产业规模较大

三地光伏产业均具有相当的光伏制造能力，具备协同发展所需的适配基础。成都以双流与金堂为光伏主承载区，凭借以通威、天合等为代表的光伏头部已形成15GW硅片、80GW光伏电池、36GW组件、75万吨组件盖板玻璃产能规模，产业规模接近200亿元；以龙泉驿地区新能源汽车制造为核心牵引，目前已有宁德时代、亿纬锂能、天齐锂业等知名储能和动力电池企业落户，规划产值接近1.5万亿元，规划建设以金堂、邛崃、彭州等为代表的生产基地9个（含氢能产业基地）。眉山以甘眉工业区、眉山天府新区为主承载区，形成以通威太阳能、琏升光伏、江苏美科、中创新航、天华时代等为代表的光伏产业集群，总投资超1400亿元，当前已形成32GW硅片、64GW光伏电池、1GW薄膜光伏组件产能规模。乐山吸引7家光伏龙头企业直接投资或间接参股落户，当前已具备20万吨工业硅、24万吨高纯多晶硅、45GW单晶拉棒切方及16GW硅片的制造能力，年产值达1000亿元。

（二）产业链条互补

三地光伏产业当前形成的"原材料—中间产品—终端产品"的布局结构，具备协同发展所需的互补基础。成都光伏产业着力构建以"硅片—电池—辅材—组件—系统—储能"为主链条的产业集群，在光伏组件新技术及智能制造环节技术优势明显，主要由一体化光伏组件和辅材覆盖产业链下游，较好地体现了光伏产业市场和应用导向的牵引作用。眉山主要以新能源新材料制造基地为建设目标，以"硅片—电池—储能材料"为覆盖产业链中下游的建设方向，体现产业技术迭代特质。乐山主要以"中国绿色硅谷"为覆盖产业链上游的建设方向，采取水电消纳示范进行硅料生产，已形成"工业硅—多晶硅—单晶硅—硅片"的光伏硅料产业集群，体现了产业清洁制造属性。

（三）政策环境较优

三地光伏产业协同发展是双碳目标在新的历史条件下的地区战略机遇，其外部环境具备协同发展所需的政策支持基础。《中共四川省委关于以实现碳达峰碳中和目标为引领推动绿色低碳优势产业高质量发展的决定》《成都平原经济区"十四五"一体化发展规划》《四川省工业"珠峰攀登"行动方案》等文件明确提出推动成都平原经济区一体化发展，提高经济集聚度、区域融合度和政策协同度，增强经济区创新力、竞争力、带动力，推动成乐眉晶硅光伏产业一体化发展，建设世界级晶硅光伏产业基地；同时三地政府部门在工作报告和产业政策中均不约而同提出协同发展，积极推动三地晶硅光伏产业一体化发展。

二、成眉乐光伏产业协同发展的必要性与战略内涵

三地光伏产业协同发展的提出离不开实现基础，其形成离不开高质量内涵。经过多年的发展，四川省结合国情和省情的变化对推进产业经济建设作出了富有成效的探索，特别是对光伏产业全面系统的认识，在逐步走向深化中形成了宝贵经验。经历了以示范推广、震荡穿越、回顾反思、重点扶持、创新发展、协同共融的几次升华，最终使得新形势下成眉乐光伏产业协同发展具备了实现基础并形成了战略内涵。

（一）协同发展的必要性

1. 重塑四川光伏制造高地，全力应对市场变化挑战

在当今世界经济增长低迷、复苏乏力、贸易冲突、不确定性与风险特征愈加显著的情形下，对四川三地光伏产业在统筹整合的视野下进行协同发展建设，通过整

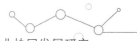

合资源、全面提高竞争力、推动区域经济发展和增强适应能力，既有助于实现产业的可持续发展，为区域经济带来更多机遇，也能够平衡地区间产业结构，降低单一地区面临的市场风险，增强产业链韧性和抗击风险能力。

2. 深入推动能源革命，加速建成光伏新能源基地

构建以光伏新能源为主体的能源体系是四川省从能源大省向能源强省建设的关键手段。三地光伏产业形成了从上游硅料生产、中游电池片制备以及下游光伏组件制造的完善的产业链，结合国家打造清洁能源大基地与分布式光伏整县推进实施，构建光伏新能源基地将最大限度地发挥四川省光伏制造业的强大优势，以三地光伏制造为基础，涵盖辐射雅砻江、"三州一市"集中光伏电站以及各市县分布式光伏建设，构建涵盖光伏开发建设、设备制造、技术研发、检测认证、配套服务的成熟产业融合链。能源消费方面，构建光伏新能源基地将促使四川省加快能源消费结构转变，从根本上减少一系列环境问题，极大地改善四川省生态环境质量，保障公众身体健康，推动四川省在 2035 年基本建成"美丽四川"目标。以消费侧为核心、以光伏发电为中心的综合能源服务体系还将大幅提高四川省终端用能效率，全面提升用户的用能体验。在市场机制方面，构建三地光伏产业协同发展经济带将改变目前各地传统的单向招商引资，妥善解决属地资源桎梏、要素流通受限、创新层级不高等一系列问题。一方面充分调动市场主体活力，还原实体项目的资本属性，并建立合理的成本分摊机制和利益共享机制；另一方面将大力推动以"中国绿色硅谷""新能源新材料制造基地""绿氢之都"为协同发展基础的三地光伏产业经济带建设，加强三地产业优势的耦合和衔接，提升三地产业协同发展的充分条件。

3. 驱动经济社会高质量发展，引领新型工业化

构建成眉乐光伏产业协同发展具备先进的引领效应，将促进四川省光伏产业建立高效的科技创新体系，提高光伏产业综合实力。创新发展是光伏产业进阶的第一生产力，当前不同地区间的产业竞争归根到底是创新的竞争。构建成眉乐光伏产业协同发展将加速四川省实现新型工业化，推动包括氢能、半导体、储能、新能源汽车、多能互补和智能电网等一批前瞻性技术的研发创新和推广应用，突破新材料、新设备、新工艺等领域的技术瓶颈，促进大数据、人工智能、区块链等新兴数字技术在光伏产业领域的深度融合，促使四川省引领新型工业化，抢占战略竞争的制高点，极大地提高四川省在实现高质量发展中的话语权和影响力。

4. 贡献"四川智慧"，助力落实可持续发展目标

构建成眉乐光伏产业协同发展将大力推动四川省发挥经多年沉淀所积累的技术优势，开展新一轮的产业技术创新，广泛培养本土具有全球竞争力的企业和建设高质量人才队伍，为解决发展不平衡问题提供四川方案，促进经济社会可持续发展。

通过协同发展提升产业整体实力能级，积极对接国内外市场与"一带一路"国家地区光伏产品、装备制造、电网建设等领域的跨境投资和产能合作，不仅可以拉动本省出口经济，还将促进国际经济绿色复苏，创造新的就业机会，为维护多边贸易体制、构建开放型世界经济做出积极贡献。通过构建光伏产业协同发展经济带，四川省光伏行业人才还将通过"人文交流"，在各类场合开展有关能源产业与经济发展等方面的交流，介绍四川在可持续发展领域和构建产业协同建设方面所取得的进展以及经验教训，为其余地区提供发展治理的新思路。

（二）协同发展的战略内涵

面对国内外环境的巨大变化，光伏产业必须走上生态共建之路，改变之前产业链上下游和主要龙头企业互相缺少配合、各自发展的现状，协同共进、利他共生，走向高质量、高水平发展的更高阶段。共构现代产业新体系，共塑科创协同新格局，共创产融对接新模式，共建低碳应用新样板。区域互补协作的发展模式有助于建立上下游开放协同创新新生态，在保持协同发展局部创新的基础上，保障协同发展总体的合理性。

构建成眉乐光伏产业协同发展是以三地光伏产业协调合作为基本前提，以满足产业发展能级提升为首要目标，以建立协同发展体系与机制为主线任务，以三地光伏产业布局为枢纽平台，以协同创新、政策创新、技术创新为基础保障的新时代光伏产业经济带建设，是四川省新型工业化的重要组成和实现经济高质量发展目标的关键载体。成眉乐光伏产业协同发展具备资源共享、分工协作、整合创新、风险可控四大基本特征，其中资源共享是基本前提，分工协作是核心目标，整合创新是重要支撑，风险可控是基础保障，共同构建了成眉乐光伏产业协同发展的"四位一体"框架体系（如图1所示）。

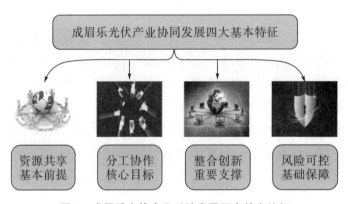

图1　成眉乐光伏产业系统发展四大基本特征

1. 资源共享是构建成眉乐光伏产业协同发展和高质量发展的基本前提

在构建三地光伏产业协同发展中，各类产业要素通过市场化拓展逐步向自由流通转变。实现资源最优配置仍是保障协同发展的"压舱石"、承担基础保障的"重担"。通过三地产业间的资源互助与合作，推动产业链高效协同发展，实现提效增质，利益共进等指标。

2. 分工协作是构建成眉乐光伏产业协同发展和避免产业同质化无序竞争的核心目标

在产业链内部，专业化的分工将逐步转变为结构主体和运行主体，原料、辅材、中间产品、设备、系统等多种产业生态协同互补发展，同质化环节占比下降的同时，在产业统筹高效协作的引领下，三地各光伏实体发挥各自优势，通过一体化设计与专业分工完成产业目标，实现降本增效，同时通过跨地域的产业合作优化资源及要素配置，实现优势互补。

3. 整合创新是构建成眉乐光伏产业协同发展和提升地区间产业整体竞争力的重要路径

通过专业化分工，光伏实体可以专注于自身优势领域进行创新；通过一体化产业带结构，光伏实体间可以适时对接创新成果，促进创新的快速共享，形成全新的产业协同效应；通过建立在良好的产业生态系统、政策环境和市场保障基础上的整合创新，地区间光伏产业各环节形成合力，共同提高整体竞争力与创新能力。

4. 风险可控是构建成眉乐光伏产业协同发展和防范化解产业系统性风险的基础保障

光伏产业作为一个复杂的产业链和供应链体系，光伏单体面临着各种内外部风险，如市场波动、技术变革、贸易壁垒等，三地光伏产业统筹考虑设计并协同发展，可以最大限度地凭借其形成的产业链一体化与专业分工、整合创新、资源共享等优势抵御冲击，同时通过三地产业内部建立健全风险管理体系，达到切实增强生态链韧性，使之在与产业链协同发展进阶的过程中提前防范化解系统性风险，并能够达到在行业周期中转变劣势的高阶目标。

三、成眉乐光伏产业协同发展面临的问题

从宏观层面看，成眉乐三地光伏产业是按照行政区划各自规划建设的，这既是产业投资方基于审慎论证的表现，也是属地政府基于自身产业基础进行招商的结果，但目前三地光伏产业协同发展总体态势不容乐观。从微观层面看，成眉乐三地

光伏产业外部布局符合协同生态建设要求，但在产业内部呈现无组织自发性的环节互通与优势互补，协同发展需求迫切。当前，成眉乐光伏产业协同发展主要面临以下问题。

（一）产业区域协同发展机制缺位

协同发展是支撑三地光伏产业后续高质量发展的必要条件。当前，三地尚无实质的光伏产业协同发展设计，关于区域产业战略统筹、市场一体化发展、区域合作互助等稳固长效的协同发展机制还未建立，市场在地区间资源配置的决定性作用还未充分发挥，无法将资源进行统筹使用，各地仍以行政区划为基础进行建设，其资源、创新及生态优势不能充分互补，对产业整体协同发展形成制约。

（二）产业发展规划同质化

三地光伏产业以自身区域资源禀赋为基础，均提出了强链补链延链、构建全产业链的发展规划，产业发展规划的同质化造成产业链同质化、供应链同质化、招商同质化等一系列同质化效应，这将使三地面临产业布局不合理、资源过度使用、趋同低效竞争等不良后果，导致生产要素流动不畅，无法形成具有竞争力的光伏产业集群。

（三）产业协同发展创新不足

创新是实现三地光伏产业高质量协同发展的必由之路，通过创新驱动产业发展方式变革、实现企业技术升级，对于构建现代化的成眉乐光伏产业体系具有重要意义。三地政府相关部门和企业在协同创新平台建设、产业创新项目孵化、资本投入等方面尚无明显成效。

（四）产业协同环境有待优化

当前，成眉乐千亿光伏产业经济走廊已成为四川省产业链最完整、龙头企业最集中、资源优势最突出、重大投资项目最多的制造业，让四川省跻身于中国光伏制造前三强。但由于行政区划阻隔，存在竞争博弈，成眉乐三地光伏产业在短期内实现一体化协同发展仍面临较大阻碍，影响了三地光伏产业协同发展的进程。

四、成眉乐光伏产业高质量协同发展建议

成眉乐光伏产业经济带应形成以成都为市场导向和应用导向的主体，以眉山中间产品和乐山原材料为制造支撑，依靠贯通式技术迭代和低碳属性优势加持的协同发展格局。依据以上思路，提出如下发展建议。

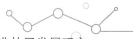

（一）加快产业协同发展顶层设计

1. 制定产业协同发展规划

组建省推进光伏产业协同发展领导小组，由省委、省政府主要负责同志任组长，加强对协同发展的统筹领导。以领导小组牵头，制定出台三地光伏产业协同发展的指导意见和专项规划，以新区和合作园区等为载体，探索经济区与行政区适度分离改革，确立跨区域产业集群协同发展的建设目标，落实三地政府领导和组织本地协同发展的主体责任。以产业集群为基础编制三地光伏整体产业地图，提出跨区域产业链协同合作的思路、方向、空间路径以及重点任务。

2. 建立完善协同发展体系及机制

以产业布局和产业结构的整体优化促进功能整体提升，通过分工协作形成上下游联动的光伏产业集群，加强三地光伏产业协作和创新，强化产业链协同体系建设。建立超越地方利益并具有调控能力的三地光伏产业领域制度规则和重大政策沟通协调机制，建立跨地区多部门信息沟通共享和协同推进机制。建立四川省光伏产业专家咨询委员会工作机制，完善部门定期会商机制，积极推进跨地区跨部门重要事项落地。推进建立成眉乐光伏产业一体化经济区标准化协作机制，健全标准研制与科技创新、产业融合发展机制。探索建立资金、项目、税收等环节的成本分担和利益共享机制，研究建立共建园区和项目的财税分配体制，建立区域互利共赢的税收利益分享机制。建立三地光伏产业考评机制，构建体现特色的可考核、能量化、动态性的先进光伏集群指标体系和综合评价体系，将产业协同发展纳入政府目标管理考核。

（二）优化地区产业空间功能布局

1. 积极构建光伏产业发展新格局

推动以成都及成渝双城经济圈为代表的终端泛市场形成产业导向的极核引领，以成都"世界级清洁能源供应地"、眉山"新能源新材料制造基地"、乐山"中国绿色硅谷"形成产业基地，加快形成多点支撑、多元发展的产业发展新格局。推动光伏重大项目向区域内重点光伏产业园区集中。对经济带内各区域光伏产业进行审慎有序的短板建设，同时积极引导各区域内产业环节重视长板建设，充分发挥环节优势进行互补互建互创，在产业政策与生态调控上进行错位协同发展。引导投资实体尽可能减少单纯扩大产能的项目，支持产业链主导企业以商招商，强化前沿技术合作和产业链上下游对接，推动企业横纵联合并与当地政府合力打造产业生态集群。

2. 着力推动产业功能互补联动

支持"链主"企业以垂直一体化方式和专业分工进行产业链环节整合，全面提升企业市场竞争力。推动跨区域"链长合作"和"链主合作"，突破产业链协调的行政边界，建立跨区域产业链对接合作平台载体、配套政策体系。加大成都组件及应用端市场导向比较优势，围绕终端价值体现匹配智能生产测试装备制造、光伏玻璃、功能胶膜和覆盖件、逆变器、有机聚合物、氢能、储能等重点应用环节进行招引建设，有序做好转化协同支撑优势。增强眉山电池端迭代优势，围绕主体匹配硅片及电池装置制造、低损耗切割耗材、高性能电池浆料、特种气体、功能金属等重点生态环节进行招引建设，有序做优技术协同支撑优势。发挥乐山硅料端引领优势，筹划将工业硅纳入硅料生产主链，依托基础化工园区深化产业绿色化循环融合，匹配硅料装备制造、热场材料、石英坩埚等重要支撑环节招引建设，有序做强基础规模协同支撑优势。

（三）厚植创新动能提升产业竞争力

1. 加快原有优势迭代升级

以先进技术引领产业转型升级，促进产业竞争力持续增强。从成都的组件端看，引导市场主体加大以多主栅、无主栅、柔性互联、大功率、无损高密度封装等先进组件技术为重点方向的投资。从眉山的硅片与电池端看，积极研究大型异形尺寸、低损耗、超薄片切割技术及设备耗材、在线缺陷分析等应用，重点研究隧穿氧化层钝化接触、异质结、钙钛矿叠层、导电浆料、靶材等新型电池技术，发挥技术迭代优势。从乐山的硅料端看，通过大力推广大炉型、高能效的工业硅生产工艺，支持低碳、低成本 N 型多晶硅生产，提升单晶炉投料量及攻关大尺寸单晶拉制工艺等实现优势升级；加强以半导体级超纯多晶硅、颗粒多晶硅、磁场连续拉晶技术等为代表的光伏先进核心技术攻关，扩大基础优势。

2. 做强特色化应用比较优势

引导投资实体提升光伏投资项目等级，支持企业建立配套研发中心，提升创新成果就地转化效率。引导硅料企业采用大数据平台实现智慧制造，电池与组件企业实施全流程自动化制造与检测的"灯塔工厂"；鼓励光伏企业打造光伏工业互联网应用平台，提高对光伏及配套企业的渗透率和覆盖率。促进光伏开发利用与乡村振兴融合发展，做好"光伏＋乡村振兴"系列文章；推动光伏新能源在工商业和建筑领域的应用，推动光伏与建筑深度融合发展，完善光伏建筑一体化应用技术体系。

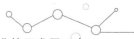

3. 做好创新融合动能培育

一是推动光储氢产业融合发展。以成都的充换电服务以及"绿氢之都"建设、眉山的锂电电池、乐山的正负极材料为基础逐步形成氢储能材料生产、设备制造、系统集成、多维应用中心等氢储能全产业链，以成都为极核的"绿色氢路"辐射带动三地光伏产业有序进行应用消纳和清洁能源替代。

二是推进硅化工产业融合发展。成都依托新材料产业化工园对有机硅衍生品的研发生产，建设打造细分领域中的硅化工产业。眉山依托化工新材料产业集群和优势集聚的铝合金生产基地，发展特种硅基材料及黏合剂和特种铝合金。乐山依靠盐磷化工及有机化工转型建设并壮大有机硅产业。

三是促进硅电子产业融合发展。乐山实施基于超高纯半导体级多晶硅制备、基于12英寸及以上单晶硅拉制等环节升级为半导体集成电路产业原材料制造；眉山接续基于电子级硅材料实施电子特气、硅基半导体晶圆切片和化合物半导体材料制造加工；成都由半导体材料实施集成电路设计、制造、封测和光伏逆变器、新能源汽车电子研发制造，进而达成三地光伏产业与电子信息产业规模化高质量融合发展目标。

（四）增强产业协同保障服务能力

1. 促进要素链与产业链深度融合

支持符合条件的金融机构提供绿色资产支持等创新方案，加大绿色债券、绿色信贷对新能源项目的支持力度，研究探索将光伏项目纳入基础设施不动产投资信托基金（REITs）试点支持范围。统筹产业协同发展合理空间需求，将项目用地集约化纳入产业项目先进性激励考核标准，同时深挖存量建设用地潜力。加强环境及能耗要素保障支撑，重点挖掘打造有资质和潜力的重大项目，积极向上申报国家重大项目，以进一步争取国家在能耗双控基础上预留的能耗单列指标。以重大项目为牵引优势，加强产业人才跨区域流动共用，鼓励和支持企业采取"项目＋团队"的方式精准引进人才，优化产业人才结构；深化人才培养基础，推动产学研深度融合，坚持协同育才，深化校企合作，加快光伏新能源产业人才梯队培养。

2. 加快产业载体高质量建设

提档升级淮州新城、双流航空经济区、甘眉工业区、眉山天府新区、五通桥经开区以及三地高新产业区，探索在光伏产业经济带围绕产业链试点建设一批产业社区，推广"研发＋制造＋应用＋物流＋金融＋办公＋居住"等功能混合型发展模式。加强数字基础设施建设，发挥成都国家级互联网骨干直联点作用，依托枢纽节点优势，协同建设成眉乐光伏产业群大数据中心集聚区，支持区域内先进光伏企业试点 L4 级智慧生产,打造数字光伏制造示范运营基地。搭建成眉乐光伏产业经济带建设发展魅力宣传、推介通道等实施载体,搭建行业前沿技术成果交流专场和产业合作平台,建立并夯实与行业协会等的重量级合作关系。

3. 持续打造更优营商环境

简化审批手续,实施简政放权,积极协助促进招商引资项目快速落地,切实减轻光伏企业的非技术成本。营造稳定公平、透明可预期的协同发展制度环境,防止腐败和垄断,激发光伏企业的市场活力和社会创造力。积极推动三地光伏产业链上下游企业之间的合作,促进产业协同发展,提高产业整体竞争力。强化督促落实,加强全程全链条全领域监管,制定项目准入负面清单和企业承诺事项清单,实施企业投资项目承诺制。

五、成眉乐光伏产业协同发展后续建设目标与战略定位

在国家对产业协同发展宏观指导政策的基础上,按照优化产业布局,发挥比较优势的原则,对三地产业链及布局生态进行协同拟合,以四川省及三地对光伏产业建设发展相关"十四五"规划设计要求为边界条件,提出成眉乐光伏产业协同发展后续建设目标与战略定位。

(一)后续建设目标

1. 规模目标

至"十四五"末,形成包含多晶硅、硅棒/硅片、晶硅电池、组件、光伏玻璃、逆变器、光伏产品生产用化学品、特种气体、有机原料、石英坩埚、胶膜、背板、接线盒、包材等光伏主辅产业中有代表性的相对完善的产业集群。产业链进一步完善,集群效应进一步凸显。光伏产业总产值达到 5000 亿元规模,高水平建设四川省光伏产业示范经济带,成为西南地区重要的光伏新能源制造基地。

2. 技术目标

至"十四五"末,进一步集聚专业型高校院所资源,发展多家省级以上企业技术中心;多晶硅产品质量达到电子一级,单晶硅产品攻克大规模采用颗粒硅与MCCZ技术稳定制造 12 英寸及以上高品质硅单晶,硅片产品实现稳定的大尺寸、薄片化与切割母材细线化,晶硅电池产业化效率达到 26% 以上,N 型高效电池实现规模化量产;光伏组件生产成本下降 20%,最终促使光伏发电系统建设成本降低 15% 左右。

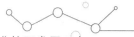

3. 企业目标

至"十四五"末，形成一批拥有自主知识产权和知名品牌、核心竞争力强、产品特色鲜明、行业领先的骨干企业；力争形成 10 家产值超过 100 亿元的领军型光伏企业，一批超 10 亿元的成长型光伏企业。

4. 应用目标

至"十四五"末，力争光伏发展分布式新建装机和光伏装机占电力装机比重具备一定规模；多样化光伏＋项目规模化发展，经济效益显著，并形成成熟可复制的商业模式；源网荷储一体化、风光水储一体化、整县分布式光伏等示范项目有效推进，助力三地高水平协同建设新能源制造综合示范区。

5. 环境目标

至"十四五"末，力争三地光伏产业综合协同的终端转化产能达到 150GW，按 60％在国内销售计算，年发电量约 1400 亿千瓦·时，折合约 4200 万吨标准煤；届时光伏发电年利用量相当于减少二氧化碳排放量约 1.3 亿吨，减少二氧化硫排放量约 67.2 万吨，减少氮氧化物排放量约 40 万吨，减少粉尘排放量约 542 万吨，年节约用水约 4.28 亿立方米，环境效益显著。

（二）战略定位

1. 国家重要的光伏新能源制造基地

形成西南地区规模较大的光伏产业链制造基地，面向全国的较大的光伏产品供应基地，产业智能化、信息化和网络化的智能制造水平，以及集约化、绿色化、低碳化的绿色制造水平位居全国前列。

2. 长江上游新旧动能转换发展示范经济带

为建设全省光伏产业经济带，成眉乐三地面临着发展总量合理增长与发展质量有效提升的双重任务，将强化光伏产业支撑作为转型发展的驱动力，深化亩产效益评价结果运用，分类施策，并采用市场化手段淘汰低端落后产能，实现光伏产业对传统产业的"腾笼换鸟"，重塑老工业基地产业带格局。以更广阔的胸襟、更宽广的视野，打造长江上游产业转型升级、新旧动能转换示范经济带。

3. 具有影响力的光伏产业集群

以推进供给侧结构性改革为主线，注重需求侧改革，培育形成在国内有影响力的光伏产业集群，推动产业发展迈向价值链中高端。加快建设产业创新平台，主动承接国家重大科技项目，提升产业基础能力和产业链水平，加强区域间产业分工和协调联动，实现城市经济发展转型升级和区域绿色低碳经济带建设，努力以光伏产业协同高质量发展为代表，走出一条生产发展、生活富裕、生态良好的绿色发展之路。

负责人：牛秀敏（乐山师范学院）

成　员：万　青（四川省统计局）

　　　　罗旭峰（乐山师范学院）

　　　　胡　育（乐山师范学院）

　　　　刘泰兴（四川省学校国有资产与教育装备中心）

　　　　罗富民（乐山师范学院）

基于网络大数据的云贵川旅游竞争力综合评价比较研究

近年来，云南、贵州和四川三省旅游业发展取得了显著成就，然而，随着旅游市场竞争的日益激烈，三省的旅游业面临一系列新的挑战和机遇。本文通过比较云贵川三省的旅游竞争力，聚焦四川旅游业短板，提出切实可行的对策建议，为提升四川旅游竞争力、推动旅游业持续健康发展提供参考。

一、引言

随着互联网和大数据技术的快速发展，旅游业进入了一个全新的发展阶段。旅游业作为重要的经济支柱产业，对云贵川三省的经济发展和社会繁荣具有重要意义。近年来，云南省、贵州省和四川省的旅游业均取得了显著的发展成就，各省不断加大对旅游业的投入和支持，推动了旅游资源的开发和旅游市场的拓展。当下，旅游市场竞争日益激烈，三省的旅游竞争力也面临一系列新的挑战和机遇。

为全面了解云贵川三省旅游业发展现状及竞争力，本文对三省旅游业的发展情况进行了深入的分析。首先对云贵川三省旅游业的发展现状进行调查；其次，构建云贵川三省旅游竞争力评价指标体系，从社会环境竞争力、旅游产业竞争力、旅游业绩竞争力以及游客评价满意度等多个维度进行评价和对比分析，深入揭示三省旅游竞争力的表现和优劣势；最后聚焦四川旅游业短板，针对四川省旅游竞争力的提升提出对策建议。

二、云贵川三省旅游业发展现状

（一）云南省旅游业发展现状

云南省作为我国西南地区的旅游热点，以其得天独厚的自然景观和悠久的历史文化闻名于世。近年来，云南省的旅游业得到了快速发展，成为云贵川三省旅游经济的增长引擎。2021年，云南省接待国内外游客超过64893.56万人次，旅游总收

入超 7474.6 亿元，其中国内游客占主要比例，近年来，云南省也吸引了越来越多的国际游客，尤其是东南亚和欧美地区的游客数量与日俱增。

1. 云南省旅游业的发展优势

（1）丰富多样的自然景观

云南省以其独特的地理位置和多样的地貌特征闻名。玉龙雪山、泸沽湖、丽江古城、石林等景点吸引了众多游客。玉龙雪山是云南省最高的山脉，以雄伟的山峰和冰川著名。泸沽湖是云南海拔最高的高山湖泊，以清澈的湖水和美丽的周边风光吸引了众多游客。丽江古城作为世界文化遗产，保留了古老的纳西族传统建筑和文化风俗，是让游客流连忘返的地方。石林以奇特的石灰岩地貌著称，每年吸引着大量的自然风光爱好者前来旅游。

（2）多民族文化体验

云南省是中国少数民族聚居最多的省份，拥有 25 个少数民族。这些民族保留了独特的语言、服饰、音乐、舞蹈和民俗习惯，为游客提供了丰富多彩的文化体验。游客可参观傣族水灯节、彝族火把节、白族三月街等传统节日，欣赏民族歌舞表演和手工艺品制作。

（3）丰富的历史文化遗产

云南省保存着许多历史文化遗产，如大理古城、昆明翠湖、玉溪红塔等。大理古城是中国历史文化名城之一，以古老的建筑风格和独特的文化传统吸引了众多游客。昆明翠湖是一处古代皇家园林，拥有美丽的湖泊和精美的建筑，吸引了众多游客和摄影爱好者。玉溪红塔是一座古老的佛塔，被誉为云南的象征之一，吸引了众多游客。

（4）特色旅游线路和生态旅游

云南省注重开发特色旅游线路，如滇池风景名胜区、香格里拉虎跳峡、西双版纳热带雨林等。这些特色线路以独特的自然风光和生态环境吸引了许多游客。云南省推行的生态旅游注重保护和可持续利用自然资源，致力于打造绿色、环保的旅游目的地。

（5）旅游基础设施完善

云南省在旅游基础设施方面进行了大力改善和投资，不断完善道路、酒店、旅游设施，提高服务水平，提升游客的旅游体验。例如，加快旅游交通网络建设，提供便捷的交通工具和路线；增加高品质的酒店和度假村供游客选择；培训旅游从业人员，提升服务质量和专业水平。

2. 存在的问题

首先，旅游资源的开发利用还不够充分，一些地区仍未得到合理开发和推广。例如，部分潜在的旅游资源如红河谷、怒江大峡谷等尚未充分挖掘其旅游潜力。

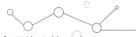

其次，偏远地区和少数民族聚居地的旅游基础设施建设亟待加强。

最后，过度商业化和大规模旅游活动可能对自然环境造成破坏，影响生态平衡和景区的可持续发展。随着旅游业规模的扩大，旅游安全问题也日益凸显。

（二）贵州省旅游业发展现状

贵州省位于我国西南地区，以独特的喀斯特地貌、特色乡村旅游闻名。近年来，贵州省的旅游业呈现出蓬勃发展的态势，吸引了越来越多的游客前来欣赏其独特的魅力。贵州省旅游业在经济增长和就业方面发挥了重要作用。据统计，2021年贵州省全年接待游客 6.44 亿人次，旅游总收入 6642.16 亿元，对贵州省的经济增长和扶贫工作具有重要意义。

1. 贵州省旅游业的发展优势

（1）独特的自然景观

贵州省拥有壮丽的喀斯特地貌景观，黄果树瀑布、荔波小七孔令人震撼、惊叹。喀斯特地貌是贵州旅游的一大特色，其独特的地质构造、奇特的自然景观吸引了大量游客。其中，黄果树瀑布作为中国最大的瀑布之一，每年吸引着数以百万计的游客前来观赏其壮丽景象。

（2）丰富多彩的民族文化

贵州省是中国少数民族聚居区之一，拥有多个民族，如苗族、侗族、布依族等。这些民族保留了丰富多样的传统文化和风俗习惯，如苗族的芦笙舞、侗族的鼓舞、布依族的锦绣节等。少数民族村寨的民俗风情和传统手工艺吸引了许多游客。在贵州省的凯里市和镇远县等地，游客可以体验苗族的芦笙舞和赛龙舟等传统文化活动。这些民族文化为贵州旅游赋予了独特的魅力，吸引了许多游客前来探索和体验。

（3）丰富的历史遗迹和古建筑

贵州省保存着许多历史遗迹和古建筑，如黔东南的凤凰古城、安顺的龙宫、遵义的红军山等。这些遗迹见证了贵州省的历史变迁和文化发展，吸引了历史爱好者和文化遗产爱好者的关注。

（4）特色旅游线路

贵州省积极开发特色旅游线路，如茶马古道旅游线路、黔东南苗族侗族风情旅游线路、贵阳乌当古镇旅游线路等。这些特色旅游线路通过挖掘和整合贵州省的自然、文化和历史资源，形成了独具特色的旅游产品，吸引了众多的游客。

（5）推动旅游与扶贫相结合

贵州省致力于将旅游业与扶贫工作相结合，通过发展特色农业旅游、乡村旅游等形式，如"村超""村 BA"等，有效促进了农村地区的经济发展和民众增收，不仅为贵州省的旅游业带来了新的发展机遇，也帮助改善了农村地区的基础设施和

民生条件。

（6）重视品牌宣传和推广

贵州省积极开展旅游品牌宣传和推广活动，通过各种媒体渠道展示贵州的自然景观、民族文化和旅游资源，提升贵州旅游的知名度和美誉度。

2. 存在的问题

首先，旅游基础设施建设滞后，交通、酒店、旅游设施等方面的配套设施还需要进一步完善。特别是在偏远地区和少数民族聚居地，基础设施的缺乏限制了旅游业的发展。

其次，旅游产品的开发和推广不够充分，一些潜在的旅游资源还未得到充分挖掘和利用。一些少数民族村寨的文化特色和生态环境尚未得到有效保护和利用。

最后，旅游服务水平和质量还有提升的空间，需要加强从业人员的素质培训，提升游客的满意度。

（三）四川省旅游业发展现状

四川省作为我国西南地区的重要旅游目的地，以其丰富多样的自然景观和独特的文化遗产享有盛誉。近年来，四川省旅游业持续发展，成为我国乃至世界旅游业的重要组成部分。据统计，近年来四川省旅游业持续增长，2021年全省实现国内旅游收入7352.76亿元，接待国内旅游人数48395.58万人次，旅游业成为四川省的支柱产业之一。

1. 四川省旅游业的发展优势

（1）壮丽的自然景观

峨眉山、九寨沟、稻城亚丁等以独特的地貌和自然景观吸引了大量游客。峨眉山作为四川省著名的佛教圣地，以险峻的山峰和古老的庙宇吸引了无数游客。九寨沟的彩色湖泊和瀑布景观闻名于世，每年吸引着大量的国内外游客。稻城亚丁被誉为"香格里拉的最后一片净土"，拥有原始的高山草甸和雄伟的雪山，是登山爱好者和自然风光爱好者的热门目的地。

（2）丰富的文化遗产

都江堰、大熊猫基地等是四川文化旅游的重要景点。都江堰作为世界遗产，展示了古代中国的水利工程智慧，吸引着众多历史和文化爱好者。大熊猫基地是世界上最大的大熊猫保护与繁育研究中心，吸引了众多游客前来近距离观赏熊猫。

（3）开发特色旅游线路

四川省不断打造以川西草原、川东红色旅游、川南民俗文化、川北生态旅游等为特色的旅游线路，丰富了旅游产品的种类和品质。四川省还举办了一系列丰富多彩的旅游节庆活动，如雅安熊猫文化旅游节、成都双流国际马拉松赛等，吸引了众

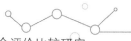

多游客的参与和关注。

（4）独特的民族文化体验

四川省是我国少数民族聚居较多的地区之一，拥有丰富多样的民族文化。如藏族、羌族、彝族等民族的传统服饰、民俗表演、音乐舞蹈等文化元素吸引了许多游客。四川省的民族文化旅游活动为游客提供了独特的体验，如参观藏族村落、品尝地道的少数民族美食、参与传统节日庆典等，使游客更深入地了解和感受当地的民族文化。

（5）世界级的热门景点

除了峨眉山、九寨沟和稻城亚丁等知名景点，四川省还拥有其他世界级的热门旅游目的地。如黄龙景区以丰富多样的自然景观和独特的生物多样性闻名于世。

此外，四川的古蜀文明遗址、红色旅游景点如红岩村和红军长征出发地等也吸引了众多历史爱好者和红色文化追随者的关注。

2. 存在的问题

首先，旅游资源的开发利用还不够充分。一些地区的旅游资源有待进一步挖掘和开发，如部分自然景观和少数民族文化特色尚未得到充分发掘。

其次，旅游基础设施建设需要加强，特别是偏远地区和高海拔地区，交通、酒店、旅游服务等仍需提升。

最后，文化传承面临商业化的挑战，一些传统文化和民俗习惯可能会被冲淡，遭受失真的风险。

综上所述，云贵川三省的旅游业都取得了显著的发展成果，各具优势和特色，在发展过程中也都面临着一些共同的问题，如基础设施建设不足、旅游产品缺乏创新等。

三、云贵川三省旅游竞争力指标体系的构建

（一）旅游竞争力指标体系的构建原则

指标体系的构建原则是确保评价旅游竞争力的全面性、科学性和可操作性。在构建旅游竞争力评价指标体系时，应遵循以下原则：

全面性：指标体系应综合考量各个方面的指标，包括旅游环境、旅游资源、旅游服务等，全面评估各省旅游竞争力。

科学性：指标体系的构建应基于科学的理论和实证研究。选择合适的指标要依据经验和理论的支持，确保指标的科学性和准确性。指标的选择应具备可量化性和可测量性，以便进行数据收集和分析。

可比性：指标体系应具备跨地区和跨时间的可比性，以便进行不同省份之间的

比较和评估。在指标的选择和计算方法上要尽量遵循国际标准和通用指标，以保证评价结果的可比性和可信度。

可操作性：指标体系应具备实际操作性，即能够通过可获得的数据进行测算和评估。指标的数据来源应具备可靠性和可获取性，以确保指标的可操作性和可持续性。

基于上述原则，本文结合专业研究和实际情况，选择适合云贵川三省旅游竞争力评价的指标，以构建一个科学、全面、可操作的评价体系。

（二）旅游竞争力指标体系的构建

为了全面评价云南省、贵州省和四川省的旅游竞争力，本研究在参考已有研究的基础上，构建了一个涵盖社会环境竞争力、旅游产业竞争力、旅游业绩竞争力和游客评价满意度四个子系统，下设 17 个指标的综合评价指标体系，具体见表1。

表 1 旅游竞争力评价指标体系

子系统层	准则层	指标层
社会环境竞争力	经济环境	地区生产总值总量
		人均地区生产总值
	文化环境	文化事业费支出
		公共图书馆数量
		文化馆数量
		博物馆数量
旅游产业竞争力	旅游资源	A 级旅游景区数量
	旅游企业	旅行社数量
		星级饭店数量
	旅游从业人员	A 级旅游景区从业人数
		旅行社从业人数
		星级饭店从业人数
旅游业绩竞争力	旅游收入	国内旅游收入
		国际旅游收入
	游客人数	国内旅游接待人数
		国际旅游接待人数
游客评价满意度	—	游客情感值

（三）数据来源及处理

2016—2021 年云贵川三省旅游竞争力相关指标的数据来源于《中国文化文物

和旅游统计年鉴》《国民经济与社会发展统计公报》，以及中国国家旅游局官方网站、地方旅游局网站等统计年鉴和相关网站，或者经过年鉴或网站中的相关数据计算得出，四川省和云南省个别年份数据的缺失则依据贵州省的数据规律进行估算并予以补齐。

四、云贵川三省旅游竞争力评价及对比分析

（一）云贵川三省旅游竞争力评价指标权重确定

旅游竞争力是一个相对的概念，对特定地区在一段时间内旅游竞争力的持续动态研究能更真实地反映其变化情况。本文运用熵权法和 CRITIC 权重法，对所收集的 2016 年至 2021 年云贵川三省评价指标体系的相关数据指标权重进行计算，得到的指标权重结果见表 2。

表 2　2016—2021 年云贵川三省旅游竞争力评价指标权重

目标层	准则层	要素层	单位	信息熵	权重（%）
社会环境（36.61）	经济环境	地区生产总值总量	亿元	0.1249	17.91
		人均地区生产总值	元	0.0798	11.45
	文化环境	文化和旅游事业费	万元	0.0960	13.76
		公共图书馆数量	个	0.1310	18.79
		文化馆数量	个	0.1434	20.56
		博物馆数量	个	0.1222	17.52
旅游产业（18.02）	旅游企业	旅行社数量	个	0.0777	9.89
		星级饭店数量	个	0.1067	13.57
	旅游资源	A 级旅游景区数量	个	0.1499	19.07
		旅行社从业人数	人	0.0879	11.18
	旅游从业人员	星级饭店从业人数	人	0.1773	22.55
		A 级景区从业人数	人	0.1865	23.73
旅游业绩（41.46）	旅游收入	国内旅游收入	亿元	0.0687	12.29
		旅游外汇收入	万美元	0.2051	36.70
	游客人数	国内游客人数	万人次	0.0834	14.93
		入境游客人数	万人次	0.2017	36.08
游客满意度（3.91）	—	游客情感值	—	—	—

（二）云贵川三省旅游竞争力子系统评价

1. 社会环境竞争力

在云贵川三省旅游竞争力评价指标体系中，社会环境竞争力子系统包括体现社会经济环境的地区生产总值总量、人均地区生产总值，以及体现社会文化环境的文旅事业费、公共图书馆数量、文化馆数量、博物馆数量 6 个指标。下面根据熵值法对云贵川三省的社会环境竞争力水平进行评价（如图 1 所示）。

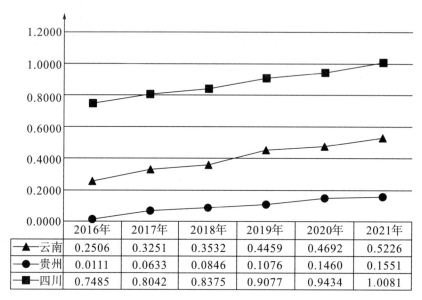

	2016年	2017年	2018年	2019年	2020年	2021年
云南	0.2506	0.3251	0.3532	0.4459	0.4692	0.5226
贵州	0.0111	0.0633	0.0846	0.1076	0.1460	0.1551
四川	0.7485	0.8042	0.8375	0.9077	0.9434	1.0081

图 1　2016—2021 年云贵川三省社会环境竞争力

2016—2021 年，云贵川三省的社会环境竞争力均呈明显的上升趋势。整体而言，四川省的社会环境竞争力水平最高，云南省居于中间水平，贵州省的社会环境竞争力水平最低（如图 1 所示）。

从社会环境竞争力子系统具体指标看，四川经济实力最强，文化实力也远超其他两省。从地区生产总值来看，2021 年四川为 53850 亿元，在三省中遥遥领先，分别是贵州的 2.7 倍、云南的 2.0 倍。人均地区生产总值方面，四川最高，达64326 元，云南居中，为 57686 元，贵州最低，仅 50808 元。在文化和旅游事业费方面，四川投入力度最大，2021 年共计投入 562922 万元，分别是贵州的 2.9 倍、云南的 1.7 倍。在公共图书馆、文化馆和博物馆数量方面，四川最多，共 666 个，分别较贵州和云南多 371 个、201 个。

2. 旅游产业竞争力

云贵川三省旅游竞争力评价指标体系中，旅游产业竞争力子系统包含了反映旅游资源的 A 级旅游景区数量，反映旅游企业的旅行社、星级饭店数量以及反映旅游从业人员的旅行社从业人数、星级饭店从业人数、A 级景区从业人数 6 个指标。

2016—2021 年，云贵川三省旅游产业竞争力均呈先增长再下降的态势。其中，四川和云南两省旅游产业竞争力分别于 2018 年、2019 年实现大幅增长。自 2020 年以来，受疫情影响，三省旅游产业竞争力均呈下降趋势，其中云南降幅最大。总体上看，四川旅游产业竞争力水平最高，云南居中，贵州最低（如图 2 所示）。

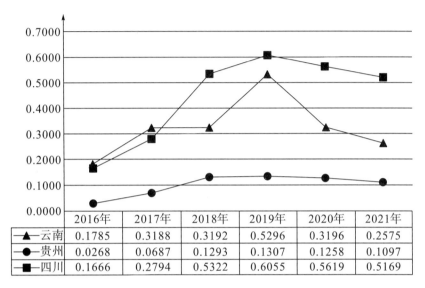

	2016年	2017年	2018年	2019年	2020年	2021年
云南	0.1785	0.3188	0.3192	0.5296	0.3196	0.2575
贵州	0.0268	0.0687	0.1293	0.1307	0.1258	0.1097
四川	0.1666	0.2794	0.5322	0.6055	0.5619	0.5169

图 2 2016—2021 年云贵川三省旅游产业竞争力

从旅游产业竞争力子系统的具体指标来看，四川旅游资源最丰富、旅游从业人员最多，旅游企业数量与云南不相上下。2021 年，在 A 级旅游景区数量方面，四川最多，有 793 个，分别较云南和贵州多 322 个、223 个；旅行社、星级饭店等旅游企业数量方面，四川仅次于云南，有 1180 个，比贵州多 504 个。旅行社、星级饭店和 A 级景区等旅游从业人数方面，四川远超其他两省，共有 31 万人，分别是贵州的 5.3 倍、云南的 4.2 倍。

3. 旅游业绩竞争力

在云贵川三省旅游竞争力评价指标体系中，旅游业绩竞争力子系统包含了反映旅游收入的国内旅游收入、旅游外汇收入以及反映游客人数的国内游客人数、入境游客人数 4 个指标。

2016—2021 年，云南旅游业绩竞争力得分最高但波动最大，四川次之，贵州最低。其中，2016—2019 年三省的旅游业绩竞争力均呈增长趋势，云南增长最快；2020 年受疫情影响，三省旅游业绩竞争力均呈下降趋势，云南降幅最大（如图 3 所示）。

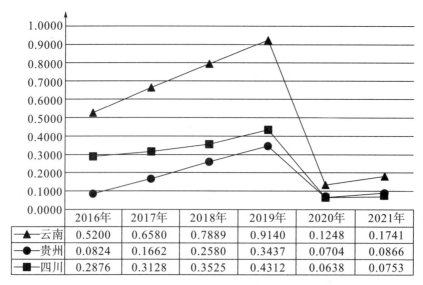

	2016年	2017年	2018年	2019年	2020年	2021年
——▲——云南	0.5200	0.6580	0.7889	0.9140	0.1248	0.1741
——●——贵州	0.0824	0.1662	0.2580	0.3437	0.0704	0.0866
——■——四川	0.2876	0.3128	0.3525	0.4312	0.0638	0.0753

图 3　2016—2021 年云贵川三省旅游业绩竞争力

从旅游业绩竞争力子系统的具体指标来看，云南旅游收入最高，四川居中，贵州最低。其中，四川国内旅游收入与云南差距不大，但国内游客人数、外汇旅游收入和入境游客人数远低于云南。国内旅游收入方面，四川为 7352 亿元，与云南（7474 亿元）较为接近，比贵州高 912 亿元。国内游客人数方面，四川最少，仅48395 万人次，分别比云南和贵州低 16498 万人次、16036 万人次。旅游外汇收入方面，四川为 4320 万美元，是贵州的近两倍，仅相当于云南的 1/10。入境游客人数方面，四川为 31.37 万人次，是贵州的超 5 倍，仅相当于云南的 1/6。

4. 游客评价满意度

游客满意度的评价指标是游客情感值。本文采用大数据 Python 爬虫技术抓取了国内携程旅行网站景点游客评论，通过 LDA 模型对云贵川三省主要旅游景区的网络评论进行文本数据分析，并计算情感值。通过大数据爬虫技术收集游客在旅游活动中发表的网络评论，得到的海量数据具有全面性、精确性等特点，可以客观反映游客对旅游服务质量的满意度等。

（1）数据爬取及处理

第一，从携程旅行网站爬取相关用户评论。携程旅行是全球领先的一站式旅行平台，用户人数已超 7 亿。通过 Python 爬取热门景区的用户评论，得到云南、贵州、四川三省热门景区的数量分别为 99 个、96 个、99 个，获取的评论数量分别为126419 条、70262 条、85257 条，共计 281938 条用户评论。

第二，对文本数据进行预处理。包括去除停用词、标点符号，进行词干提取（stemming）或词形还原（lemmatization），以及其他必要的文本清洗操作。

第三，构建词袋（Bag of Words）模型。将预处理后的文本数据转换为词频向

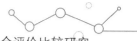

量表示。每个文档都被表示为一个向量，其中每个维度对应一个词，并记录该词在文档中出现的频次。

第四，构建LDA模型。使用构建好的词袋模型，建立LDA模型。

使用第三方库Gensim来实现LDA模型的训练。模型会根据数据中的词频分布和设定的参数进行迭代优化，通过训练好的LDA模型，提取每个省的十个主题，每个主题10个关键词。

（2）基于游客评价的情感分析

通过构建的LDA模型对爬取的游客评论进行情感分析，计算游客情感值，情感值为0—1，情感值越大代表情感倾向越积极，情感值越小代表情感倾向越消极（如图4所示）。

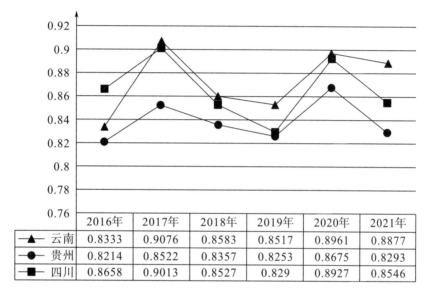

	2016年	2017年	2018年	2019年	2020年	2021年
云南	0.8333	0.9076	0.8583	0.8517	0.8961	0.8877
贵州	0.8214	0.8522	0.8357	0.8253	0.8675	0.8293
四川	0.8658	0.9013	0.8527	0.829	0.8927	0.8546

图4 2016—2021年云贵川三省游客情感值

从结果来看，云贵川三省游客情感值的时间波动趋势基本一致。云南省游客的情感值在三个省中最高，其次是四川省，最后是贵州省；近几年的游客情感值呈M型波动，2017年游客情感值较高，2018年游客情感值直线下降，2019年最低，可能因为2017—2019年各省旅游产业发展迅速，游客量增多，导致游客的负面评价较多，游客情感值反而降低。

（三）云贵川三省旅游竞争力综合评价及比较分析

1. 云贵川三省旅游竞争力综合评价

云贵川三省旅游竞争力评价体系包括社会环境竞争力、旅游产业竞争力、旅游业绩竞争力和游客满意度四个子系统，共17个具体指标，对云贵川三省的旅游竞争力水平进行综合评价，结果如图5所示。

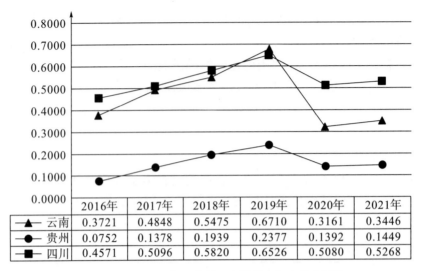

	2016年	2017年	2018年	2019年	2020年	2021年
云南	0.3721	0.4848	0.5475	0.6710	0.3161	0.3446
贵州	0.0752	0.1378	0.1939	0.2377	0.1392	0.1449
四川	0.4571	0.5096	0.5820	0.6526	0.5080	0.5268

图 5 2016—2021 年云贵川三省旅游竞争力综合评价

2016—2021 年，云贵川三省旅游竞争力变化态势基本一致，均呈先上升再下降的趋势。其中，云南综合得分较高但分数波动较大，贵州综合得分在测度时间点上均最低，四川综合得分除 2019 年与云南不相上下之外，其余测度时间点均最高，且分数波动较小。

其中，2016—2019 年四川起点较高，2016 年得分 0.46，2019 年增长到 0.65，年均增速 12.21%；云南得分比四川低，但发展较为迅速，得分从 2016 年的 0.37 增长到 2019 年的 0.67，年均增速 21.89%；贵州 2016 年得分 0.08，三省中最低，2019 年增长到 0.24，年均增速 44.22%，但由于基础较差，仍然是三省中得分最低的。2020 年，受疫情影响，云贵川三省旅游竞争力均出现下降，其中云南得分从 0.67 下降到 0.32，下降 52.2%，降幅最大；贵州得分从 0.24 下降到 0.14，下降 41.7%；四川得分从 0.65 下降到 0.51，下降 21.5%，降幅最小，受疫情影响最小。

2. 云贵川三省旅游竞争力比较分析

为了准确评价云贵川三省各自旅游竞争力的动态变化，本部分在结合前述所选指标的基础上，对各省的旅游分项及综合竞争力进行比较分析。

（1）云南省旅游竞争力分析

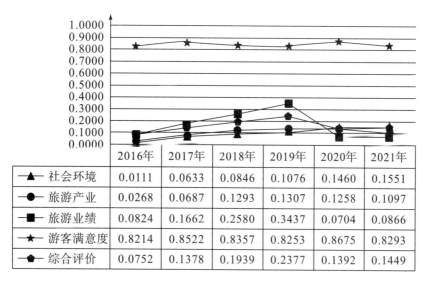

	2016年	2017年	2018年	2019年	2020年	2021年
▲ 社会环境	0.2506	0.3251	0.3532	0.4459	0.4692	0.5226
● 旅游产业	0.1785	0.3188	0.3192	0.5296	0.3196	0.2575
■ 旅游业绩	0.5200	0.6580	0.7889	0.9140	0.1248	0.1741
★ 游客满意度	0.8333	0.9076	0.8583	0.8517	0.8961	0.8877
⬟ 综合评价	0.3721	0.4848	0.5475	0.6710	0.3161	0.3446

图 6 2016—2021 年云南省旅游竞争力测度结果

云南省旅游竞争力总体水平较高但波动较大。2016—2019 年，其旅游竞争力总体水平显著提高，从 2016 年的 0.3721 提高到 2019 年的 0.6710，上升了 80.33%，2020 年又下降到 0.3161，下降了 52.89%。其中，社会经济文化竞争力呈缓慢增长态势；游客满意度波动不大；旅游产业竞争力 2019 年表现突出，主要因为旅游从业人员大幅增加，但 2020 年又回落至 2018 年的水平，对竞争力的贡献明显减少；此外，旅游业绩竞争力在 2020 年陡然降低，境外游客数量锐减，云南省旅游业整体竞争力大幅下降。

（2）贵州省旅游竞争力分析

	2016年	2017年	2018年	2019年	2020年	2021年
▲ 社会环境	0.0111	0.0633	0.0846	0.1076	0.1460	0.1551
● 旅游产业	0.0268	0.0687	0.1293	0.1307	0.1258	0.1097
■ 旅游业绩	0.0824	0.1662	0.2580	0.3437	0.0704	0.0866
★ 游客满意度	0.8214	0.8522	0.8357	0.8253	0.8675	0.8293
⬟ 综合评价	0.0752	0.1378	0.1939	0.2377	0.1392	0.1449

图 7 2016—2021 年贵州省旅游竞争力测度结果

2016—2021 年，贵州省旅游竞争力整体水平较低，由于前期基础较差，除游客满意度之外，其他子系统的竞争力水平也较低。其中，旅游社会环境竞争力和旅游产业竞争力增长幅度不大，对整体竞争力的提高贡献不大；2019 年贵州省旅游业绩竞争力得分 0.3437，在三省中最低，但相较 2016 年的 0.0824，增长 317%，增幅明显。

（3）四川省旅游竞争力分析

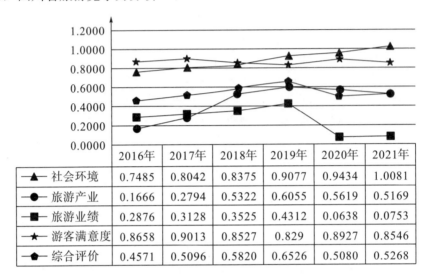

图 8　2016—2021 年四川省旅游竞争力测度结果

四川省旅游竞争力总体水平较高且发展平稳。2016—2019 年，四川省旅游竞争力水平总体上不断提高，各个子系统的竞争力水平也呈上升态势。其中，社会环境和旅游业绩的变化呈缓慢增长态势，对竞争力提升具有较小的促进作用；旅游产业竞争力显著提高，说明四川省这几年重视开发旅游资源，发展旅游企业和培养旅游从业人员，对四川省整体旅游竞争力的提高发挥了重要作用；游客满意度则有小幅下降。2020 年，受疫情影响，四川省旅游业绩竞争力大幅降低，但是旅游产业竞争力、社会环境竞争力和游客满意度等波动不大，社会环境和满意度还有小幅提高。因此，四川省旅游竞争力整体下降幅度不大，是三个省中受疫情影响最小的。

五、提升四川省旅游竞争力的对策建议

（一）优化旅游环境，提高旅游环境支撑力

旅游环境是确保旅游业可持续发展的关键，为提高四川省旅游竞争力，必须着重优化旅游环境，特别是社会经济和社会文化环境的支撑力。在社会经济方面，政府可积极推动经济发展，增加对旅游产业的资金投入，以促进旅游业全面升级。改善基础设施建设尤为重要，特别是交通、通信和公共服务设施，提高旅游目的地的

便利性和可达性，使游客更轻松地欣赏四川的美景。此外，推动四川旅游业与其他产业融合发展，生产多样化的旅游产品，提升旅游的吸引力和附加值。在社会文化方面，应加强对文化遗产的保护，传承四川省丰富的历史文化遗产，并将其融入旅游发展规划，打造具有历史文化内涵的旅游产品。同时，积极推动文化创意产业的发展，举办文化艺术展览、演出等活动，为游客提供丰富的文化体验和参与机会。除此之外，增加对文化旅游事业的投入，加大图书馆、文化馆、博物馆等文化设施的建设和改进，进一步丰富游客在旅游过程中的文化体验。

（二）整合旅游资源，提升资源禀赋竞争力

四川省的旅游资源得天独厚，通过整合旅游资源，提升资源禀赋竞争力，对提升四川省旅游竞争力至关重要。

首先，明确四川省各地区的优势和特色，促进不同地区间的旅游资源共享和合作，实现资源优势互补，打造更具吸引力的综合旅游目的地，形成合理的资源整合布局。

其次，将历史、民俗、文化等非物质资源纳入旅游开发范畴，挖掘文化内涵，使旅游产品更具深度和独特性。同时，借鉴学习贵州省"村超""村BA"模式，鼓励农村旅游发展，让乡村风光和农耕文化成为旅游资源，促进农民增收，让游客深入了解四川当地的民俗和传统文化。运用现代科技手段，推动旅游资源的数字化管理和营销，增加游客对四川旅游的兴趣和参与度。通过这些对策，有效整合和利用四川省旅游资源，为游客提供更加丰富多样的旅游体验，同时促进各地区的共同发展，增强四川省的旅游竞争力。

（三）规范旅游企业，强化旅游企业竞争力

旅游企业作为旅游业可持续发展的主要推动力量，其竞争力的增强和规范经营对整个旅游产业的发展至关重要，必须重视规范旅游企业经营，提升其竞争力。

第一，加强旅游企业的监管，确保其合法合规经营，并建立信用评价体系，对违规经营的企业采取相应的处罚措施，促使企业规范经营。

第二，鼓励旅游企业进行创新发展，借助科技进步提升服务质量和效率，推广智能化服务，提供更加便捷、个性化的旅游体验，增强企业的吸引力和竞争力，同时开发新的旅游产品和线路，满足游客多样化的需求。

第三，促进旅游企业间的合作与联盟，旅游企业可以通过联盟合作，共享资源、优势互补，形成合力，提高整体竞争力，例如酒店、交通、景区、导游等多个旅游环节的企业可以联手推出特色套餐，提供一站式服务，吸引更多游客。

第四，加强对旅游企业的宣传和推广，通过积极的营销手段，向游客展示企业的优势和特色，增加企业的知名度和美誉度，建立企业形象，打造独特的品牌文化，吸引更多游客。

（四）培养旅游人才，增强人力资源竞争力

旅游人才是旅游业发展的重要支撑，他们的专业水平和服务质量直接影响着游客的旅游体验和满意度，为提升四川省旅游竞争力，必须着重培养旅游人才，增强旅游人力资源竞争力。

首先，加强旅游人才培训，通过开展各类培训课程，提高从业人员的专业技能和服务意识，培训内容可涵盖导游讲解技巧、服务礼仪、多语种沟通等，以适应不同类型游客的需求。

其次，推动产、学、研深度合作，鼓励旅游企业与四川省内高等院校、科研机构建立紧密的合作关系，共同开展实践教学和科研项目，将理论与实践相结合，提升学生的实际操作能力，培养具有创新意识和研究能力的高层次人才。此外，加强国际交流与合作，鼓励四川省旅游从业人员参加国际性的学术交流和培训活动，增进对国际旅游市场的了解和认知，吸收先进经验和理念，培养多语种旅游服务人员。

最后，提高四川省旅游从业人员的待遇和福利，优化薪酬结构，提供良好的工作环境和福利待遇，吸引更多人才加入旅游业，增强整体人力资源竞争力。

（五）改进旅游服务，提高游客体验满意度

优质的旅游服务是吸引游客、提高回头率和口碑的关键要素，应强化旅游服务，提高游客体验满意度。

第一，需要加强旅游从业人员的培训，特别是导游、服务员和前台接待等直接面向游客的人员，提高他们的沟通技巧、服务意识和解决问题的能力。

第二，推广数字化和智能化服务，例如在旅游目的地设置智能导览系统，让游客可以随时查看景点介绍和导航信息；利用手机 APP 提供在线预订、导游讲解和即时咨询等服务，方便游客获取信息和解决问题。

第三，注重细节和个性化服务。在接待、用餐、住宿等环节注重细致入微的服务，关心游客的需求和感受，为他们创造舒适和温馨的旅游体验。同时，可根据游客的喜好和需求，提供个性化的行程安排和特色活动。

第四，鼓励旅游企业建立会员制度和奖励计划，为忠实顾客提供优惠和特别待遇，增加客户黏性，提高回头率和口碑传播。

第五，加强旅游投诉处理和纠纷解决机制。认真听取游客的意见和建议，及时处理游客的投诉和意见反馈，积极解决旅游纠纷。加强对旅游企业的监督，对服务质量不达标的企业予以警示和处罚，督促其改进服务水平。

（六）加强营销宣传，扩大国际旅游知名度

针对四川省境外游客少、国际旅游收入低的问题，首先应加强营销宣传，与云

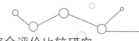

南"七彩云南""彩云之南"、贵州"多彩贵州""凉都"形成差异，创造独特鲜明的四川旅游品牌形象；其次与国际旅游机构、航空公司以及社交媒体开展多渠道宣传与合作，积极参加国际旅游展览和交流活动，促进跨地域的旅游互动，提高四川旅游在国际市场的知名度，开通更多国际航线直飞四川，提高境外游客的便捷度；此外，可制定更多针对境外游客的政策，如简化签证手续、提供优惠旅游套餐等，以吸引更多的境外游客来川旅游，提高境外旅游收入，扩大四川旅游的国际影响力。

负责人：蔡昌艳（西昌学院）

成　员：安江丽（四川省统计局）

　　　　　董洪清（西昌学院）

　　　　　马衍阳（西昌学院）

冷链物流与四川农产品运输融合发展研究

冷链物流体系是国家现代物流体系、现代综合交通运输体系和现代流通体系的重要组成部分。加快发展农产品冷链物流，对进一步推进农业现代化，改善食品质量以及城乡居民的营养与健康具有重要的现实意义。本文对四川农产品冷链物流发展基础进行分析，指出四川农产品冷链物流发展存在的问题，借鉴重庆、河南、江苏三省市农产品冷链物流发展实践经验，提出四川农产品冷链物流发展建议。

一、研究背景及意义

（一）研究背景

1. 政策背景

在乡村振兴发展背景下，生鲜电商、连锁餐饮等生鲜农产品销售渠道加宽，居民对生鲜农产品的需求发生了改变，绿色、有机、新鲜取代了之前以低价为主的生鲜农产品消费需求。冷链物流是保证生鲜农产品质量的有效运输手段，不仅降低了农产品的损耗，也有利于农村产业与现代化市场深度融合。《"十四五"冷链物流发展规划》提出，到 2025 年，冷链物流基础设施要更加完善。依托农产品优势产区、重要集散地和主销区，布局建设 100 个左右国家骨干冷链物流基地；围绕服务农产品产地集散、优化冷链产品销地网络，建设一批产销冷链集配中心；聚焦产地"最先一公里"和城市"最后一公里"，补齐两端冷链物流设施短板，基本建成以国家骨干冷链物流基地为核心、产销冷链集配中心和两端冷链物流设施为支撑的三级冷链物流节点设施网络，支撑冷链物流深度融入"通道＋枢纽＋网络"现代物流运行体系，与国家物流网络实现协同建设、融合发展；到 2025 年，发展质量显著提高。冷链物流规模化组织效率大幅提升，成本水平显著降低，形成一批具有较强国际竞争力的综合性龙头企业；冷链物流技术装备水平显著提升，冷库、冷藏车总量保持合理稳定增长，冷链物流温度达标率全面提高，国家骨干冷链物流基地冷库设施温度达标率达国际一流水平；肉类、果蔬、水产品产地低温处理率分别达 85%、

30％、85％，农产品产后损失和食品流通浪费显著减少。

发展冷链物流是保障人民群众食品消费安全、畅通城乡产品双向流通、全面推动乡村振兴的关键举措。《四川省"十四五"现代物流发展规划》指出，要引导商贸流通企业改善消费末端冷链设施装备条件，建设冷链物流配送加工中心、中央厨房、移动冷藏装置等，打通生鲜农产品"最后一公里"；推动冷链物流全过程监管，加强产品溯源、温湿度监控和微生物检测；加强"川冷链"、川渝食品安全溯源公共服务平台等互联互通，推动冷链物流信息共享，建立健全食品安全追溯体系；到2025年，四川将基本形成内外联通、安全高效、智慧绿色、经济便捷、融合联动的现代物流服务体系，力争将四川省建设成为连接"一带一路"、长江经济带的西部物流供应链中心和全国物流高质量发展示范区。

2．现实背景

"十四五"时期是我国全面建成小康社会、实现第一个百年奋斗目标之后，乘势而上开启全面建设社会主义现代化国家新征程、向第二个百年奋斗目标进军的第一个五年。近年来，我国肉类、水果、蔬菜、水产品、乳品、速冻食品等冷链产品市场需求快速增长，营商环境持续改善，推动了冷链物流较快发展，但仍面临不少突出瓶颈和痛点难点卡点问题，难以有效满足市场需求。我国进入新发展阶段，人民群众对高品质消费品和市场主体对高质量物流服务的需求快速增长，冷链物流发展面临新的机遇和挑战。

四川省作为农业大省，农产品产量和质量在国内市场和国际市场上都具有重要影响力。四川省高度重视冷链物流的发展。以成都为核心，农产品冷链物流运输已经初步形成规模。随着消费者对生鲜农产品需求的增加，各级政府和农产品经营实体正积极建设更大规模、技术更先进的物流配送中心，逐渐打通农产品冷链快速集散通道。四川省政府积极推动农产品冷链物流的基础设施建设。通过投资和建设冷库、冷藏车、冷链配送中心等冷链物流设施，提升农产品的保鲜和运输能力。同时，加强农产品产地和销售地之间的冷链运输通道建设，实现生鲜农产品快速集散。此外，四川省政府还加强了冷链物流的监管和管理。通过加强冷链物流全程监管，推动农产品的溯源体系建设，确保农产品在运输过程中的质量和安全。

（二）研究意义

1．理论意义

随着党的十九届六中全会的召开，我国对农村的发展越发重视，乡村振兴战略成为我国重要的发展战略。国务院办公厅印发的《"十四五"冷链物流发展规划》对冷链物流再次提出要求，旨在推动产地乡村建设冷藏保鲜设施，降低流通损耗，提高农民议价能力。此外，四川省发展改革委、省交通运输厅联合印发的《四川省

"十四五"现代物流发展规划》也指出，要引导商贸流通企业改善消费末端冷链设施装备条件，建设冷链物流配送加工中心、中央厨房、移动冷藏装置等，加强"川冷链"、川渝食品安全溯源公共服务平台等互联互通，推动冷链物流信息共享，建立健全食品安全追溯体系，将四川省建设成为连接"一带一路"、长江经济带的西部物流供应链中心和全国物流高质量发展示范区。综上，研究农产品冷链物流发展，可以为完善全省冷链物流基础设施、构建标准化和规范化冷链物流体系，促进冷链物流与农产品运输有机融合提供一定的参考。

2. 现实意义

作为农业大省，四川省的农产品的产量和质量在国内市场和国际市场上都具有重要的影响力。如何促进冷链物流与农产品运输有机融合，对促进发展农产品冷链物流，减少农产品产后损失，实现乡村振兴有重要的现实意义。对四川省农产品冷链物流发展进行研究，一方面有利于相关部门了解、掌握全省农产品冷链物流发展现状；另一方面，可根据研究结果，找到全省农产品冷链物流发展中存在的问题，并提出相应的建议，为相关部门制定科学发展政策规划提供数据支撑。

二、四川农产品冷链物流发展基础

（一）政策助力冷链物流高质量发展

2021年12月，国务院印发《"十四五"冷链物流发展规划》，提出了我国冷链物流体系总体布局方案和冷链物流网络体系方案，聚焦发展规划、基础建设、绿色发展、装备研发、细分品类、运输方式等多个发展方向，助力冷链物流高质量发展。规划指出要在2025年基本建成基于"衔接产地销地、覆盖城市乡村、连通国内国际"的国家骨干冷链物流网络的冷链物流体系，到2035年全面建成现代冷链物流体系。《四川省"十四五"现代物流发展规划》提出要从加快完善冷链设施网络、推动冷链物流模式创新、提升冷链物流服务品质三个方面做强冷链物流。

（二）物流规划布局逐步完善

交通基础设施建设持续升级。2022年，全省"一核、两翼、四区"空间布局不断完善，建成进出川大通道40条。铁路建设不断加快，铁路营业里程5800千米以上，初步建立起"西至欧洲、北至蒙俄、东联日韩、南拓东盟"的国际班列线路网络，畅联94个境外城市和30余个境内城市。公路路网持续完善，公路总里程40.5万千米，高速公路通车里程9179千米，分别居全国第1位和第3位。航空枢纽能级加快提升，天府国际机场、双流国际机场"两场一体"运营，形成覆盖全球的"Y"型航空货运网络，成都直飞国际（地区）客运和货运航线达55条。水路运输提质增

效，全省港口年吞吐能力近 1 亿吨，水路货运多项主要指标增速已超两位数。^①

现代化物流体系加快完善。成都、遂宁、攀枝花、泸州和达州入选国家物流枢纽承载城市，成都获批陆港型、空港型国家物流枢纽，遂宁、达州成功申报为陆港型、商贸服务型国家物流枢纽，成都、自贡、绵阳获批国家骨干冷链物流基地，物流枢纽建设加快。全省在建和建成物流园区超过 230 个，3 个国家示范物流园区发展迅速，物流仓储通用仓总面积达 2696.5 万平方米，多式联运供应链体系建设取得新进展，物流园区布局不断完善。^②

（三）农产品增产推动冷链物流需求提升

农产品生产供给持续增加。2022 年，全省粮食总产量达 3510.5 万吨，居全国第 9 位，连续三年稳定在 3500 万吨以上。全年蔬菜产量增长 3.2％，油菜籽产量增长 4.6％，茶叶产量增长 4.8％，中草药材产量增长 12.6％，水果产量增长 6.9％。畜牧业综合生产能力不断增强。2022 年，全省生猪出栏 6548.4 万头，比上年增长 3.7％；牛、羊、家禽分别同比增长 4.4％、1.5％和 0.8％。^③

（四）农产品物流市场规模不断扩大

全省农产品物流市场规模持续扩大，农产品物流发展不断提速。2022 年，全省农产品物流总额 9859.8 亿元，增长 4.0％，增速比上年高 0.2 个百分点；农产品物流占社会物流总额的比重达 9.3％，较全国平均水平高 7.6 个百分点。^④

（五）冷链物流设施设备稳定增长

全省冷链企业冷库总容量和冷藏车保有量增长稳定。2022 年，全省拥有全国冷链物流重点联系企业 69 家，居全国第 14 位，较上年增加 5 家；企业冷库总库容达 1441273 吨，居全国第 15 位，较上年增长 8.7％，与全国增速基本持平；企业自有冷藏车辆共 1369 辆，居全国第 9 位，较上年增长 1.3％。^⑤

三、四川农产品冷链物流发展存在的问题

（一）农产品冷链物流标准有待完善

全省现行《冷链物流服务规范》相对国家农产品产地物流服务标准有所滞后，

① 资料来源：《四川省现代物流业发展白皮书（2022 年）》。
② 资料来源：《四川省现代物流业发展白皮书（2022 年）》。
③ 资料来源：《2022 年四川省国民经济和社会发展统计公报》。
④ 资料来源：《2022 年全国物流运行情况通报》《2022 年四川物流业运行情况通报》。
⑤ 资料来源：中冷联盟《全国冷链物流企业分布图》。

其中并未针对农产品冷链物流提出专有标准。一是未对常见果蔬农产品预冷、贮藏温湿度条件作出明确要求；二是从人员、设施设备到仓储、运输各环节与国家标准不统一，国家标准与地方标准衔接不够紧密，导致行业间、企业间标准不统一；三是标准的统筹协调和实施力度有待加强。此外，现行农产品冷链物流相关标准多为推荐性标准，强制性标准少，也是制约农产品冷链物流标准化体系建设面临的一大难题。

（二）冷链基础设施建设相对滞后

全省农产品冷链物流体系起步较晚，基础较弱，冷链基础设施建设成本高，财政资金支持不足，冷链物流体系建设水平有待提升，农产品仓储保鲜冷链设施需求也存在很大缺口，产地预冷、冷藏和配套分拣加工等设施建设滞后。此外，四川冷链物流枢纽网络还不够完善，缺少集约化、规模化运作的冷链物流枢纽设施，存量资源整合和综合利用率不高，行业运行网络化、组织化程度不够，缺链、断链问题仍然存在。

（三）冷链物流成本相对较高

冷链物流主要成本中仓储成本和运输成本占比较高，一定程度上掣肘了冷链物流的发展。一是电力、人力等资源成本高。冷冻仓储企业用电量大，执行的商业电价高，冷链物流的高素质人力需求也提出了较高的培训、培养费用。二是冷链设施建设、维护成本高。冷库建设投资大，设施设备升级替代投入高，建成使用后仍需要采用专业的、高标准的制冷设备进行维护。三是仓储运输效率不高。全程冷链物流推广难，农产品腐损率高，业务需求不足、不集中产生的空仓、空载也变相增加了企业的成本。

（四）仓储保鲜设施缺口较大

全省农产品体量大且种类丰富，冷链设施缺口带来的农产品流通环节高损耗、农业生产主体销售困境愈发凸显。2017—2022年，蔬菜及食用菌、园林水果的产量增量明显，分别达到了675.7万吨、343.4万吨，水产品产量增量为17.7万吨，家禽出栏量增量为12827.3万只，农产品供需的持续增长，对农产品的保鲜程度、农产品的运输量及运输效率也产生了新要求，仓储保鲜设施缺口更为明显。[①]

（五）冷链流通端数字化水平不高

当前全省冷链物流流通端数字化水平较低，冷链仓储企业服务存在同质化竞

---

① 资料来源：《2017年四川省国民经济和社会发展统计公报》《2022年四川省国民经济和社会发展统计公报》。

争，与消费端较高的互联网水平形成断层。全省农产品冷链物流行业信息化和智能化水平都不高，与农村电商、农产品流通市场匹配度低，区域间、产业间、主体间和环节间信息资源有效衔接不够通畅，资源有效利用率不高。

（六）冷链物流专业人才不足

冷链物流人才培养体系尚不健全，人才培养机制和标准不完善，教育质量不高，教育资源不足，导致专业人才培养不足、供给滞后，高素质专业人才匮乏。同时，冷链物流技术创新水平也有待加强，冷链物流市场化人才机制尚未形成，制约了行业的发展。

四、国内发达地区农产品冷链物流发展经验借鉴

四川省当前还存在冷链设施不完善、布局不均匀、冷链保障能力不足等问题。本部分重点对重庆市、河南省和江苏省三个典型省市冷链物流与农产品运输融合发展相关经验进行对比分析，以为四川省提供启示。

（一）重庆、河南、江苏农产品冷链物流发展经验

1. 强化要素支撑

（1）重庆市

一是强化资金要素保障。统筹利用口岸物流、农业、商务、工业和信息化等市级重点专项资金，支持冷链装备研发生产、冷链物流标准化信息化和冷链体系建设。引导银行等金融机构对冷链物流基础设施、信息平台等项目加大信贷支持力度，鼓励符合条件的企业上市和发债融资，鼓励产业发展基金以及股权投资、创业投资、信用担保等机构面向冷链物流企业开展业务。二是强化冷链物流节点用地保障。在严格落实永久基本农田、生态保护红线、城镇开发边界三条控制线的基础上，由行业主管部门编制冷链物流节点专项规划后纳入国土空间规划予以保障。经行业主管部门认定的冷链物流项目且土地规划用途为物流仓储用地的，参照工业项目用地价格实行招拍挂出让，农村三级节点用地按照农用地流转要求审批并严格用于农产品临时仓储。降低用能成本，各节点生产性水电气用能与工业同价。三是强化人才要素保障。发挥行业主管部门和企业主体作用，引进冷链物流专业人才，鼓励高等院校、科研院所培养冷链物流人才，积极开展冷链物流研究等工作。

（2）河南省

强化先进要素集聚支撑。围绕优势特色产业全产业链发展，推动各类金融机构对接优势特色产业集群发展，引导和推动更多资本、科技、人才、土地等要素向产业集聚。搭建市场信息服务平台，引导建立行业协会、信息网站等，实现服务设施

互联互通、公共服务互惠共享。强化安排财政资金、引入社会资本投入，支持全省农产品流通体系建设，在大型水果批发市场开展冷链物流设施建设，建设农产品仓储保鲜冷链物流设施。

（3）江苏省

一是提供财政支持。落实财政扶持资金，加大投入力度，重点支持农产品产地冷藏保鲜设施建设和产地冷链集配中心建设。利用政府资金的撬动作用，引导社会资本建设产地冷链集配中心和骨干冷链物流基地，形成多元化资金投入机制。二是提供金融扶持。鼓励银行业金融机构加大融资支持力度，完善配套金融服务，积极满足符合条件的农产品仓储保鲜冷链物流设施建设经营主体的合理融资需求，推进各级农业信贷担保机构和相关金融机构合作，强化信贷担保支持。三是提供用电用地保障。加强与自然资源部门的协调配合，积极协调电力部门，在供电基础设施建设方面给予支持，落实好农产品仓储保鲜冷链物流农业生产用电价格优惠政策。

2. 完善基础设施建设

（1）重庆市

完善销地冷链物流设施网络。加快城乡冷链物流基础设施建设，积极创建国家骨干冷链物流基地，不断推动销地冷链设施改造升级，加快补齐产地仓储保鲜冷链设施短板，全面构建城乡冷链物流基础设施网络，努力提升辐射市内市外服务网络密度的能力和承载能力。

（2）河南省

健全城乡冷链物流网络。推动各地建设城市智慧冷链物流系统，改造建设农产品冷链自提柜、储藏柜等终端配送设施。开展冷链下乡，加强县乡冷链设施供给，在重点农贸市场建设一批标准化冷链集配中心。结合产业扶贫，集中建设一批果蔬茶、肉蛋奶等特色产业生产存储、中转冷藏保鲜设施，助力贫困户增产增收。

（3）江苏省

构建骨干冷链物流网络。在构建冷链物流通道布局方面，江苏省着力构建长江通道和陆桥通道这"两横通道"，构建京沪通道、沿海通道和南北中轴通道这"三纵冷链物流通道"；在构建物流枢纽布局方面，江苏省重点打造"5＋8"冷链物流枢纽节点体系，布局建设"N"个冷链集配中心，推动形成产销有效对接、城乡全面覆盖、国内国际畅通的冷链物流网络。

3. 加强标准化体系建设

（1）重庆市

健全冷链物流标准体系。引导冷链物流企业、科研机构、高等院校等参与制定各冷链环节的国家、行业、地方标准，规范冷链产品市内存储销售、市外分拨流程。制定出台重庆冷链商品目录，推广应用冷链物流标准规范，促进冷链供应链上

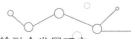

下游有效衔接。建立标准推广和培训机制，加大标准宣传和实施力度，开展冷链物流标准化专项培训，建立完善冷链物流质量安全认证和市场准入制度。

（2）河南省

成立物流标准化技术委员会。在推行"强标"落地的基础上，委托企业进行行业标准的修订及技术审查标准的推广，推动企业往更好、更高质量的方向发展，形成食品冷链物流行业的河南特色、河南标准。

（3）江苏省

构建仓储保鲜标准体系。支持和引导建设主体采用已发布的仓储保鲜、冷链物流、商品化处理等国家标准和行业标准，严格执行有关规范和安全生产标准，逐步形成以国家标准和行业标准为引领，地方标准、团体标准及企业标准为基础，覆盖全品类生鲜农产品、贯通流通全链条的农产品产地冷链物流标准体系。积极发挥行业协会、科研单位和农业企业的作用，积极参与标准制订、修订，提高冷链标准水平。

4. 提升行业信息化水平

（1）重庆市

推进冷链物流全流程创新。提升冷链物流信息化水平，完善冷链物流公共信息系统；大力推动第三方冷链物流服务平台对接全市冷链物流公共信息平台，促进冷链物流资源互通共享；提高冷链设施智能化水平，推动大数据、物联网、5G、区块链、人工智能等技术在冷链物流领域的广泛应用，鼓励综合保税区、国家物流枢纽等实施冷链设施信息化改造，推广自动立体货架、智能分拣、物流机器人、温度监控等智能设备应用，打造自动化无人冷链仓。

（2）河南省

构建智慧设施平台。利用互联网、大数据、物联网、人工智能等技术，建设"河南省农产品仓储保鲜冷链物流设施公共服务信息平台"，支持平台社会化公益性运作，提供资源发布、交易撮合、在线交易、车联网、保险金融等服务，实现农产品仓储保鲜冷链物流设施资源整合。鼓励运营企业加强信息化建设或信息系统的升级再造和运营企业间信息资源的共享。

（3）江苏省

推进冷藏保鲜信息平台建设。鼓励骨干冷链物流基地、行业协会等搭建市场化运作的产地冷链物流信息平台，整合市场信息，为仓储保鲜、分拨配送、冷藏加工等业务提供平台组织支撑。探索搭建产地冷链物流数字化公共服务平台，推动乡村产业链供应链数据的汇集、交换、分析与应用，提高冷链物流数字化服务水平和管理能力。建立健全常态化信息采集机制，引导各类主体积极提供产地冷链物流设施运行信息和交易信息，加强信息整理、分析和发布。

5. 强化行业监管体系

（1）重庆市

明确部门职责，构建全流程监管体系。健全政府监管机制，强化跨部门协作，发挥政府监管的主体作用，进一步明确有关部门的监管职责；创新行业监管手段，实行冷链物流功能节点管理；提升冷链监管效能，构建全流程监测监管体系。

（2）河南省

以信息化手段推动冷链物流行业监管。通过省"互联网＋监管"系统支撑冷链物流行业监管工作。明确"互联网＋监管"标准规范，通过河南省"互联网＋监管"联通冷链物流行业业务应用系统，汇聚进口冷链监管总仓视频监控抓拍、进口冷链食品运输车辆轨迹和温控物联感知等重点领域监管数据，以信息化手段推动冷链物流行业监管事项全覆盖、监管过程全记录、监管数据可共享。

（3）江苏省

构建冷链全链条追溯监管体系。完善监管机制、创新监管方式、加强冷链全链条全要素检验检测检疫能力，构建冷链全程可视可控、可溯源、可追查的追溯监管体系，筑牢冷链物流质量追溯、疫情防控、运行安全和应急保供"防护线"。

（二）对四川的启示

1. 加强政策支持和资金保障

四川在农产品冷链物流领域起步较晚，基础设施不够健全，建设成本较高，相关政策有待完善。借鉴上述经验：一是积极争取国家冷链物流发展政策资金，完善地方冷链物流政策，加大对农产品产地冷藏保鲜设施和冷链集配中心的投入，以鼓励和支持冷链物流产业的发展；二是引导金融机构提供更多的信贷支持，鼓励符合条件的冷链物流企业上市和发债融资，吸引产业发展基金等机构参与业务，形成多元化的资金投入机制，确保冷链物流业的资金需求得到满足；三是强化用地保障，将冷链物流节点纳入国土空间规划，确保其可持续发展的土地资源；四是确保供电支持，与电力部门协调，降低用电成本，提高冷链物流的可行性。

2. 完善冷链物流基础设施网络

全省的冷链物流枢纽网络仍不完善，供应链中断和信息传递不畅等问题仍然存在。借鉴上述经验：一是加速冷链基础设施的升级和扩能，特别是现有冷库的现代化改造和多温区冷库的建设；二是加强城乡冷链物流配送体系建设，完善农村物流网络，增强节点支撑能力，提高农村物流网络的服务能力；三是形成以成都都市圈为核心、川西北和川南为支撑的现代冷链物流发展新格局；四是推进与"一带一路"沿线国家和地区的合作，利用西部陆海新通道、中欧班列等国际物流大通道，

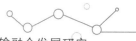

打造内陆国际冷链物流分拨中心，以拓展国际冷链市场空间。

3. 构建农产品冷链物流标准化体系

全省现行标准并未针对农产品冷链物流提出专有标准。借鉴上述经验：一是强化制度规范，加强事中事后监管，建立并完善农产品冷链物流标准化体系；二是以国家标准为主，地方标准、行业标准为辅，全面梳理冷链物流各类标准，按照有标可依、无标补标的原则，统筹推动农产品冷链物流地方标准制订工作；三是农产品冷链物流地方标准未出台前，应监管企业落实国家标准内容，严格按照国家标准执行，国家标准未明确要求的，应按相关地方标准或行业标准执行；四是鼓励冷链物流企业积极参与标准的研制，强化标准应用实施，提升冷链物流企业服务标准化意识，促进全省农产品冷链物流企业标准化发展，综合使用行业准入条件、生产许可、合格评定、行政执法、监督抽查等手段，推动落实标准实施。

4. 提升冷链物流流通端数字化水平

全省当前在冷链物流流通端的数字化水平较低，农产品冷链物流行业的信息化、智能化水平有待提高。借鉴上述经验：一是积极推进冷链物流全流程创新，提升信息化水平，建设完善的冷链物流公共信息系统，促使第三方冷链物流服务平台与公共信息平台对接，实现资源共享和互通，提高整个冷链物流系统的运作效率；二是推进大数据、物联网、5G、区块链、人工智能等先进技术在冷链物流领域的应用，提高设施的智能化水平，鼓励冷链节点进行信息化改造，推广智能设备的应用，从而实现自动化和无人化的冷链仓储管理；三是建立冷链物流信息平台，加强"川冷链"、川渝食品安全溯源公共服务平台等的互联互通，实现农产品的全程追溯和监管，保障农产品的质量和安全，推动冷链物流信息共享，建立健全食品安全追溯体系；四是推进农村产业集群建设，提升农产品冷链物流体系建设水平，从而提高冷链物流的效率和可追溯性，确保农产品的质量和安全，满足市场需求。

5. 完善冷链物流监管体系

全省当前冷链物流监测体系不全，对冷链物流运营的有效监测急需改进。借鉴上述经验：一是在社会物流统计调查制度的基础上，构建冷链物流统计监测体系，开展冷链物流统计试点，组织农产品冷链物流行业调查，全面摸清行业底数；二是引入创新的监管手段，通过设立专门的监管节点，实现对冷链物流过程的实时监控和数据收集，以提升监管的精细化和全面性；三是建立全流程监测监管体系，借助大数据和物联网技术，追踪冷链运输和储存环节，确保温度、湿度等关键参数的稳定性和合规性；四是强化安全保障功能，不仅要提高检验检测检疫能力，还要建立完善的食品安全追溯监管体系，确保冷链产品的来源可追溯、流向可追查，为应对潜在的安全风险提供有力保障。

五、四川农产品冷链物流发展建议

（一）加大对冷链物流企业政策支持力度

认真落实国家冷链物流相关扶持政策，结合四川省实际情况，制定促进农产品冷链物流发展的政策措施，推动冷链物流企业降本增效。统筹做好烘干与冷链物流设施布局建设与国土空间等相关规划衔接，合理保障冷链物流用地需求。落实冷链物流企业用水、用电、用气、用热价格与工业同价政策。鼓励各银行持续增大对冷链物流企业的信贷投放力度，根据项目和企业情况，合理确定贷款期限和贷款利率，按规定对新型农业经营主体投资建设冷链物流与烘干设施予以信贷担保支持。引导金融机构结合冷链物流企业的运营模式、资产特征和融资需求，创新金融产品和服务方式，为冷链物流企业提供更便利的融资服务。

（二）健全农产品冷链物流标准和服务规范体系

强化制度规范，加强事中事后监管，建立并完善农产品冷链物流标准化体系。以国家标准为主，行业标准、地方标准为辅，全面梳理冷链物流各类标准，按照有标可依、无标补标的原则，统筹推动农产品冷链物流地方标准制订工作。农产品冷链物流地方标准未出台前，应监管企业落实国家标准内容，严格按照国家标准执行，国家标准未明确要求的，应按相关行业标准或地方标准执行。鼓励冷链物流企业积极参与标准的研制，强化标准的应用实施，提升冷链物流企业服务标准化意识，促进全省农产品冷链物流企业标准化发展；综合使用行业准入条件、生产许可、合格评定、行政执法、监督抽查等手段，推动落实标准实施。

（三）完善农产品冷链物流基础设施网络

一是依托产地冷藏保鲜推进试点工程，完善农产品产地冷藏保鲜设施网络。依托家庭农场、农民合作社和集体经济组织，围绕水果、蔬菜等农特产品地区，建设机械冷库、气调贮藏库和预冷配套设施，提高生鲜农产品产地预冷比率；结合产业分布情况，加强统筹，形成布局合理、产需衔接、运行高效、保障有力的农产品产地冷藏保鲜基础设施网络。

二是补齐农业产业链配套设施短板，有效减少粮食和"菜篮子"产品的产后、流通损耗。按照经济适用、规模适度、节能环保要求，在全省重点镇和中心村布局建设产地仓储保鲜设施，聚焦农产品产地"最先一公里"冷链物流设施短板，结合实际需要在田间地头建设一批具备保鲜、预冷等功能的小型、移动式仓储设施。鼓励大型食品生产经营企业和连锁经营企业建设完善停靠接卸冷链设施，鼓励商场超市等零售终端网点配备冷链设备，推广使用冷藏箱等便利化、标准化冷链运输单

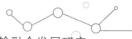

元。按照区位优势突出、服务功能衔接的要求，在全省县域重要流通节点布局建设产地冷链集配中心，建设一批集集货、预冷、分选、加工、冷藏、发货、检测、收储、信息等功能于一体的产地冷链集配中心，提高农产品产后集散和商品化处理效率。

（四）提升冷链物流信息化、数字化水平

一是在储存方面，加快传统高耗能、人工化冷库向数字化冷库升级。推广农产品电子标签、智能立体货架、物流机器人、智能分拣、包装设备，实现生鲜农产品在集货、分拣、包装、冷藏、发货环节的自动化，通过数据采集实现农产品的可溯源、可视化，提升冷链仓储的标准化和智能化，保障生鲜农产品的品质。

二是在运输方面，依托大数据技术促进农产品冷链物流行业的高速发展。加强数据整合和资源配置能力，形成准确、高效、全程监测的农产品冷链，提升冷链物流的信息化和数字化水平。建设完善物流信息营运平台，依托大数据技术分析农产品冷链物流行业发展趋势，为解决发展问题和制定发展规划提供依据。

（五）推进专业技术人才队伍建设

构建现代物流教育体系，支持冷链物流方向学科专业建设和技术技能人才培养。充分发挥高等院校作用，鼓励和引导高等学校根据人才培养的实际需求设置冷链物流相关课程，开展职业教育和继续教育，形成多层次的教育、培训体系。推动企业与省内外高校合作，重点培养冷链物流领域的应用型人才。对冷链物流企业员工进行分级、分类、分层次的短期培训，完善企业冷链物流人才的梯队建设；加强冷链物流高层次人才招引，吸引国内外现代物流领域领军人才入川开展创业创新、教学科研。

（六）强化冷链物流统计监测分析

在社会物流统计调查制度的基础上，构建冷链物流统计监测体系，开展冷链物流统计试点，组织农产品冷链物流行业调查，全面摸清行业底数。依托国家骨干冷链物流基地产销冷链集配中心、龙头冷链物流企业、冷链物流平台企业等，加强行业日常运行监测和分析研判。

负责人：金　明（成都信息工程大学）
成　员：李秋敏（成都信息工程大学）　　寇　莉（成都信息工程大学）
　　　　詹凯翔（成都信息工程大学）　　黄抚贵（成都信息工程大学）
　　　　唐梓菱（成都信息工程大学）　　黄　玉（成都信息工程大学）
　　　　詹逸涵（成都信息工程大学）　　段　玲（成都信息工程大学）
　　　　游　丹（成都信息工程大学）　　范伊静（四川省统计局）

四川与发达地区民营经济发展比较研究

近年来，四川省认真贯彻落实习近平总书记关于促进民营经济发展的重要指示精神和中央出台的一系列政策措施，先后制定下发了四川贯彻落实举措，着力推进民营企业发展壮大，使全省民营经济规模不断扩大、市场主体快速增多、投资拉动与技术带动作用日益增强，为四川省社会经济高质量发展做出重要贡献。但受国际国内经济环境和三年疫情影响，四川省民营经济发展面临新的挑战，急需客观认识民营经济、民营企业的发展现状，对标借鉴其他民营经济大省的成功经验，找到推进四川省民营经济高质量发展的有效路径，为四川省党政领导和有关部门完善民营经济政策提供依据。

一、四川与其他民营经济大省的对比分析

改革开放以来，四川民营经济发展虽然取得了巨大成就，但从横向来看，四川省与部分民营经济发达地区还存在较大差距。为了客观反映四川省与其他民营经济大省的发展状况，本文对标2022年民营经济增加值在全国排前十位的其他9个省份，即江苏、广东、浙江、山东、河南、福建、湖南、湖北、安徽，从经济规模、经济增速、市场主体、工业实力、发展后劲、开放程度、营商环境七个方面开展比较研究，以期更加全面地认识四川省民营经济发展全貌。

（一）四川民营经济规模与发达地区差距大

从我国民营经济的发展历程可以看出，东部沿海地区一直是民营经济发展的先行区域，尤其是江苏、广东、浙江三省民营经济规模大、主体多、实力强，占据我国民营经济第一梯队，是名副其实的民营经济发达地区。此外，山东、河南民营经济的历史根基较好，福建、安徽、湖南民营经济近年来发展迅猛，湖北民营经济在疫情后也得到恢复性发展，与四川一同组成民营经济第二梯队（详见表1）。

表 1 我国民营经济十强省份及其发展特点

省份		2022 年民营经济增加值（万亿元）	民营经济发展特点
第一梯队	江苏	7.09	民营经济体量大、主体多、实力强
	广东	7.00	
	浙江	5.21	
第二梯队	山东	4.53	民营经济基础较好，但近年来增长较慢
	河南	3.95	
	福建	3.69	民营经济增速快，发展势头迅猛
	湖南	3.39	
	安徽	2.74	
	四川	3.05	恢复性发展，处于转型升级阶段
	湖北	2.91	

2022 年，四川民营经济增加值为 3.05 万亿元，在十大省份中排第 8 位，与地区生产总值总量排第 6 位的经济大省地位不符，仅分别相当于江苏、广东、浙江的 43.0％、43.5％、58.5％（详见表 2）。2022 年，四川民营经济增加值占地区生产总值的 53.7％，在十大省份中排第 9 位，只高于山东，分别低于湖南、福建、河南、浙江、安徽 16.0、15.7、13.3、10.7、7.2 个百分点。

表 2 2022 年四川与其他民营经济大省增加值比较

省份	2022 年民营经济增加值		民营经济占地区生产总值比重	
	（万亿元）	位次	（％）	位次
江苏	7.09	1	57.7	6
广东	7.00	2	54.2	7
浙江	5.21	3	67.0	3
山东	4.53	4	51.8	10
河南	3.95	5	64.4	4
福建	3.69	6	69.4	2
湖南	3.39	7	69.7	1
四川	3.05	8	53.7	9
湖北	2.91	9	54.2	7
安徽	2.74	10	60.9	5

资料来源：各省份民营经济公开数据，河南为推算数据。

（二）四川民营经济增速在十大省份中居第6位

2012—2022年，四川民营经济增加值年均增长率为9.0％，虽在十大省份中居第6位，但较安徽、福建、湖南三省低1.5个百分点以上，也比湖北、江苏各低0.4个百分点（详见表3）。可以看出，安徽、福建和湖南三省民营经济的增速十分亮眼，十年民营经济增加值年均增长率均超过10％。

表3 2012—2022年四川与其他民营经济大省民营经济增速比较

省份	2012年民营经济增加值		2022年民营经济增加值		2012—2022年变化	
	（万亿元）	位次	（万亿元）	位次	增速（％）	位次
江苏	2.90	2	7.09	1	9.4	4
广东	3.09	1	7.00	2	8.5	8
浙江	2.20	4	5.21	3	9.0	6
山东	2.49	3	4.53	4	6.2	10
河南	2.04	5	3.95	5	6.8	9
福建	1.32	6	3.69	6	10.8	2
湖南	1.25	8	3.39	7	10.5	3
四川	1.28	7	3.05	8	9.0	6
湖北	1.18	9	2.91	9	9.4	4
安徽	0.96	10	2.74	10	11.1	1

资料来源：各省份民营经济公开数据。

（三）四川民营市场主体数量多但实力较弱

一是市场主体数量居十大省份中游。2022年年底，四川民营市场主体（不含农民专业合作社）数量为793.5万户，在地区生产总值前十的大省中居第6位（详见表4），相当于广东的50.5％、山东的57.2％、江苏的58.3％。从户均民营经济增加值看，单户民营市场主体创造价值能力最强的三个省份依次为浙江、湖南和福建，而四川户均民营经济增加值排第9位，单户企业的价值创造能力较低。

表4　截至2022年年底四川与其他民营经济大省民营市场主体比较

省份	民营市场主体		其中，私营企业		其中，个体工商户		户均增加值	
	数量（万户）	位次	数量（万户）	位次	数量（万户）	位次	（万元/户）	位次
广东	1571.0	1	662.3	1	908.7	3	44.56	5
山东	1388.0	2	464.1	2	923.9	2	32.64	10
江苏	1360.8	3	372.0	3	988.8	1	52.10	4
河南	976.3	4	290.2	5	686.1	4	40.45	6
浙江	912.0	5	308.0	4	604.0	5	57.09	1
四川	793.5	6	215.9	6	577.6	6	38.40	9
湖北	727.6	7	197.6	7	530.0	7	40.00	7
福建	689.0	8	173.1	9	515.9	8	53.50	3
安徽	688.4	9	188.4	8	500.0	9	39.85	8
湖南	631.0	10	167.5	10	463.5	10	53.74	2

资料来源：各省份民营市场主体公开数据，湖南、湖北为推算数据。

二是大企业实力不及浙江、广东、江苏。四川共有新希望、通威、蓝润等10家民营企业入围2023年中国民营企业500强名单，仅占500强的2%，较浙江、江苏分别低19.6、15.8个百分点，差距巨大，也不及地区生产总值同体量的湖北、福建与河南（详见表5）。从上榜位次看，仅新希望集团、通威集团两家企业进入榜单前100，较广东、浙江、江苏分别少17家、17家、10家。从所属行业看，10家上榜的四川民营企业主要从事农业、黑色金属冶炼和压延加工业、房地产业等传统行业，而浙江、广东、江苏上榜企业覆盖重点产业更广、涉足战略性新兴产业更多。

表5　2023年四川与其他民营经济大省民营企业500强名单比较

省份	入围数量			营业收入		
	（家）	占比（%）	位次	（亿元）	占比（%）	位次
浙江	108	21.6	1	87059.02	21.9	1
江苏	89	17.8	2	58606.56	14.7	2
山东	52	10.4	3	36711.29	9.2	4
广东	50	10.0	4	56287.53	14.1	3
湖北	16	3.2	5	8679.96	2.2	7
福建	14	2.8	6	10791.57	2.7	5
河南	14	2.8	6	7822.96	2.0	8
四川	10	2.0	8	8972.95	2.3	6

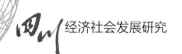
续表5

省份	入围数量			营业收入		
	（家）	占比（%）	位次	（亿元）	占比（%）	位次
湖南	7	1.4	9	4001.63	1.0	9
安徽	7	1.4	9	2614.06	0.7	10
其他合计	133	26.6	—	116781.92	29.2	—

资料来源：全国工商联《2023年全国民营企业500强名单》。

三是创新型中小企业数量不占优势。截至2023年7月底，四川累计有447家中小企业入选国家级专精特新"小巨人"名单，占全国总数的3.7%，只及排名第一的广东的29.3%，在十大省份中排第8位；四川共有22家企业获评制造业单项冠军企业（产品），仅占全国总数的1.9%，只及排名第一的浙江的11.6%，在十大省份中居末位。2022年，四川省高新技术企业数量为1.45万个，科技型中小企业数量为1.87万个，分别仅相当于浙江的41.0%、18.9%，江苏的33.0%、21.5%，广东的21.0%、28.3%。

（四）四川私营工业企业数量及经济规模排名靠后

2021年，四川私营工业企业单位数12059个，仅占全国的3.7%，在十大省份中排第10位，只及排名第一的浙江的27.1%；资产总计14243.0亿元，仅占全国的3.5%，在十大省份中排第7位，只及排名第一的江苏的21.2%；营业收入合计23096.2亿元，仅占全国的4.5%，在十大省份中排第8位，只及排名第一的江苏的34.1%；利润总额合计1674.6亿元，仅占全国的5.3%，在十大省份中排第7位，只及排名第一的江苏的59.7%；平均用工人数148.8万人，仅占全国的3.9%，在十大省份中排第8位，只及排名第一的广东的25.5%。

（五）投资活力、创新能力较发达地区还有不足

一是四川民营企业投资活力较弱。从2020年、2021年的数据来看，四川民间投资增速位居十大省份前列。2022年，四川民间投资仅同比增长2.4%，虽较全国增速高1.5个百分点，但与其他省份相比，降至第8位。近年来，四川民间投资增速低于全社会固定资产投资增速，2019年、2020年、2021年、2022年民间投资增速分别比全社会固定资产投资增速低1.6、5.2、1.2、6.0个百分点。同时，民间投资占全社会固定资产投资比重持续下降，由2018年的49.4%回落至2019—2021年的不到49%，2022年进一步降至44.4%，为近五年最低水平。

二是四川民营企业创新投入和成果有差距。2022年全国民营企业研发投入500家和发明专利500家名单，四川分别入围13家、18家，均居第7位，与浙江、江苏、广东差距巨大。2022年，四川省高新技术企业数量为1.45万个，科技型中小

企业数量为 1.87 万个，分别仅相当于浙江的 41.0%、18.9%，江苏的 33.0%、21.5%，广东的 21.0%、28.3%。民营企业是推动科技创新的主力，但从创新成果看，2022 年四川省共申请 PCT 国际专利 826 件，获得发明专利授权量 2.55 万件，累计有效发明专利拥有量 10.87 万件，分别仅相当于申请量第一的广东的 3.4%、22.2%、20.2%，也不及安徽、湖北两省。

（六）四川民营经济外向程度在十大省份中居末尾

2022 年，四川民营企业进出口额为 3448 亿元，在十大省份中居第 10 位，仅相当于广东的 7.24%、浙江的 9.40%、山东的 14.04%；民营企业进出口额占全省比重为 34.2%，在十大省份中居第 10 位，分别较湖南、浙江、山东低 47.6、44.1、39.5 个百分点。总的来看，四川民营企业进出口贸易规模偏小，占比较低，外向程度不高。

（七）四川民营企业生存发展环境在十大省份中居第 7 位

在民营经济发展环境方面，四川民营企业生存发展环境在各省市中总体靠前，但与部分民营经济大省相比仍有一定差距。全国工商联发布的 2022 年度万家民营企业评营商环境调查结果显示，四川营商环境位于浙江、广东、江苏、山东、湖南、安徽等省份之后，在十大省份中排第 7 位。从重点城市营商环境看，中国中小企业发展促进中心发布的《2022 年度中小企业发展环境评估报告》，在 36 个参评城市中，深圳、上海、南京、广州、北京、杭州、厦门、宁波、长沙和青岛居前 10 位，成都仅居第 14 位。

二、四川民营经济发展存在的问题

通过对标民营经济发达地区，可以看出，四川省民营经济的大多数指标与粤、苏、浙等民营经济发达地区还有一定差距。制约四川省民营经济发展的原因是多方面的，既有国际国内经济环境的因素，也有民营企业自身的因素。百生智库分别于 2022 年 12 月、2023 年 6 月、2023 年 9 月对四川省近 7000 家民营企业开展了跟踪调查，为我们提供了从另外一个视角分析研判四川省民营企业和民营经济发展面临的问题的机会。

（一）民营企业发展信心不足

近年来，为了减轻国际经济环境变化、国内经济下行以及疫情所造成的影响，国家和省级层面都出台了一系列政策措施，提振民营企业发展信心，助力民营经济发展。但从百生智库的实际调查情况看，四川省广大民营企业发展信心仍然不足，投资意愿不强。

1. 宏观形势预期悲观

从宏观经济形势预期看，被访企业中表示"非常乐观"与"比较乐观"的合计占比为 31.77％，较上年底调查结果下降 20.91 个百分点；表示"非常悲观"与"比较悲观"的合计占比为 37.14％，较上年底上升 10.20 个百分点。这说明被访企业对当前的宏观经济形势预期较为悲观。分行业类别看，房地产业、建筑业、居民生活服务业、租赁商业服务业、批发和零售业等被访企业对所在行业的形势表示悲观预期的占比均较上年底有不同程度的上升。

2. 企业经营预期下调

调查结果显示，被访企业预期 2023 年下半年公司营业收入、劳动力需求将减少的占比分别达 37.91％、31.47％，较预期增加的企业占比分别高出 3.48、7.36 个百分点；反观 2022 年年底的调查数据，预期 2023 年经营状况将改善的被访企业更多。半年过后，被访企业对经营情况预期出现反转，意味着企业此前的乐观预期未能实现，许多企业不得不调整发展预期。其中，被访民营企业对下半年经营状况的预期比国有企业、外资企业更悲观。从营业收入看，被访民营企业预期下半年减少的占比为 38.94％，较其他类型企业高 12.41 个百分点，对收入增长的信心不足。

3. 企业投资意愿不强

受当前经营状况影响，被访企业预期下半年公司投资性支出将减少的占比达 35.58％，较预期增加的企业占比高出 8.60 个百分点。各市（州）被访企业均以持平和减少投资性支出为主，仅达州的被访企业预期投资性支出增加的比例超过 40％。达州市是四川省民营经济发展较好的区域，而宣汉县民营经济规模在达州市居各县（市、区）首位。2023 年 7 月，百生智库对达州宣汉 433 家民营企业开展了专项调查，从投资意愿看，宣汉民营企业未来 1—3 年有新增投资意愿的比例同样不高，为 44.6％，新增投资的方向主要为新建厂房/新开店/新增设备（19.6％）、现有产能升级改造（12.0％）和数字化改造（7.4％），有新增用地需求的企业不多，占比仅为 3.2％。

（二）民营企业创新能力不强

相对于部分民营经济大省，四川部分民营企业在产品研发、技术创新方面投入不足，对创新的重要性认识程度不高，难以支撑全省民营经济的可持续、高质量发展。

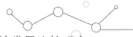

1. 研发投入强度不够

2022 年四川民营企业 100 强研发投入总和为 166.55 亿元，投入强度仅为 1.17%，投入规模与同年京东（168 亿元）、小米（160 亿元）和宁德时代（155 亿元）单家企业相当；四川民营经济的龙头新希望、通威两家企业上市公司 2022 年的研发费用分别为 3.00 亿元、14.64 亿元，占营业收入的比重仅为 0.2%、1.0%，远低于全国平均水平（2.4%）。这反映出四川省民营企业在研发创新方面的投入不足，导致研发能力的不足和技术成果的欠缺。

2. 自主创新能力不强

四川地处内陆，与外界的贸易往来不及沿海地区频繁，一定程度上影响了本地企业家的思维模式，自主创新意识不强、能力不够，依赖引进和模仿的情况较为突出。一是企业推动社会创新的角色分量不够。2021 年，全省 R&D 经费支出构成中，企业占比仅为 52.3%，较全国平均水平低 25.7 个百分点，而国有企业在其中还占据一定份额，表明四川省民营企业在推动社会创新中的角色分量不够。二是本地技术市场交易活跃度较低。技术市场成交额的高低可以间接反映区域创新型企业数量、技术价值等各方面的综合实力。2021 年，四川技术交易成交额为 1388.69 亿元，仅占全国的 3.7%。

3. 重要创新成果不多

四川省内的一些民营企业在技术研发和创新方面存在短板，相对于粤、苏、浙等发达地区的民营企业，在自主知识产权和核心技术方面的积累较少，尤其是在高端制造、高新科技领域，硬核技术成果积淀不够，导致民营企业在市场竞争中处于劣势，无法在技术创新方面具备竞争力。

（三）民营企业发展环境面临困难

近年来，四川省加大了促进民营经济发展的力度，提出全面优化民营企业营商环境，但在提供公平稳定的竞争环境、保障民营企业合法权益、提供融资支持等方面仍需进一步加强，在畅通民营企业诉求渠道、切实解决民营企业发展问题等方面还存在短板。2023 年上半年，百生智库对四川省内民营经济较为发达的 12 个市 2742 家民营企业的负责人开展了电话调查，结果显示，各地在优化民营企业发展环境方面均取得了一定成效，但当前民营企业还面临招工用工难、融资难、竞争秩序不规范等具体问题。

1. 中高端和技术型人才招留困难

人才是制约民营企业高质量发展的核心因素之一，从调查结果看，有 24.9%

的被访企业表示存在岗位招聘困难，制造业，信息传输、软件和信息技术服务业，文化、体育和娱乐业，科学研究和技术服务业的民营企业反映人才招聘困难的问题较多，具体表现为中高端人才数量稀缺、成熟技术工人招聘困难、专业对口人才供应较少、高校毕业生就业预期较高等问题。有企业具体提及研发、设计、管理等岗位的高端人才稀缺，新能源、测绘、医护等领域的专业人才供应不足。如成都某科技服务企业称"符合公司要求并具有认证资质的科研人才太少"，成都某IT公司表示"天府新区产业园内售前技术工程师不好招"，自贡一家制造业企业反映"生产设备的操作人员不好找"。

2. 部分民营企业面临融资困难

新冠疫情防控新政实施以来，四川省部分民营企业仍然面临融资难、融资贵的问题。有8.4%的被访企业对融资信贷环境表示"不太满意"或"不满意"，具体问题主要提及贷款门槛要求较高、中介扰乱信贷市场、贷款审批流程多且时间长、融资政策不够公开、小微型企业融资困难等。如绵阳某居民服务业企业认为"银行不愿意给民营企业放贷，担保抵押条件高，而且只贷款给经营情况好的企业"，成都某医药行业企业表示"银行的贷款条件经常变化，对小微企业要求苛刻"。

3. 市场竞争秩序仍有不良现象

在新冠疫情的不利影响下，在新业态的快速发展中，民营企业的市场竞争日益加剧。有6.9%的被访企业对市场竞争环境表示"不太满意"或"不满意"，一些被访企业表示，部分地方政府优先保护当地国有企业，恶意竞争、低价乱市、侵犯知识产权的现象也屡禁不止，导致民营企业市场竞争信心和能力受挫。民营企业提及较多的不良市场竞争现象主要涉及四个方面，即行政对市场有干预、部分市场准入门槛高、恶意竞争行为禁止难、民企知识产权保护难。如极米科技是四川省在新兴产业领域重要的民营企业，其品牌和产品国内知名、行业领先，但近年来以"极米坚果"为代表的山寨产品涉嫌侵权"极米"商标，对极米科技公司造成了极其负面的市场影响。

（四）民营经济政策落实不尽如人意

2023年以来，中央、四川省出台了一揽子促进民营经济发展的政策举措，目的在于发挥政策措施的有效供给，推动民营经济发展。但从百生智库2023年9月中上旬对2700余家民营企业的电话调查结果看，民营经济相关政策的实际贯彻与吸收效果还未达预期。

1. 政策知晓程度不高

从政策了解程度看，被访民营企业对中央支持民营经济"31条"、四川促进民

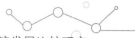

营经济"1＋2"政策表示知晓的占比分别仅占被访民营企业的58.3％、60.0％。分行业看，信息技术服务业、科学技术服务业等重要行业的知晓率也均未超过60.0％。

2. 政策评价不及预期

调查显示，被访民营企业对政策落地的满意率为75.0％，对政策效果的满意率为74.4％。分行业看，文体娱业、农业的被访民营企业对政策落地的满意率低于70.0％，建筑业、文体娱业、信息技术服务业、制造业的被访民营企业对政策效果的满意率低于70.0％。

3. 政策期盼较为强烈

各个行业的被访企业都对扶持发展政策提出期盼，提及最多的是减税降费，提及率约12％，其他还包括促进消费、支持贷款、提供补贴等方面的政策诉求。此外，还有民营企业呼吁加强政策落地，针对民营企业的政策能够实打实地解决一些实际困难。广安某家庭农场希望简化农业贷款手续，加大农业支持力度；遂宁某家庭农场具体提及种子补贴、农基补贴，并希望政府助力完善基础设施。德阳某机械设备公司希望政府支持企业解决用工问题，尤其是技术型人才招聘；德阳、达州、眉山、宜宾等多地制造业企业希望银行放宽贷款条件，降低贷款利息，提供绿色通道。绵阳某信息技术企业希望加大对科技型企业的扶持力度，包括研发资金支持和专业人才引进；成都某商业服务企业希望政府多出台扶持中小企业发展的政策并宣传到位，切实刺激消费，助力实体店经营。

（五）产业链、生态圈不够健全

民营经济发展的主体是民营企业，载体是重点产业。相较于沿海发达地区成片聚链的产业生态体系，四川民营经济发展还存在产业链上下游不健全、生态圈不完整，对要素资源、优秀企业吸引力偏弱等方面的问题。

1. 产业链上下游不健全，配套率较低

与沿海地区相比，四川省重点产业链的链主企业不多，上下游配套企业还不够完善，在某些关键产业环节上缺乏核心竞争力，主要依赖外部资源和技术。在电子信息产业领域，四川省内虽然有一些民营企业取得了一定的成就，但整体上仍缺乏完整的产业链，无法提供全面的产品和服务，更缺乏类似华为、TCL这样的电子信息产业引领型民营企业。在汽车制造业领域，成都是四川省内汽车产业的主要聚集地，但一汽大众等龙头企业均为从外地引进的非法人分支机构，不具备研发生产和零部件采购主导权，未与成都市内相关企业形成明显的配套协作和互惠共生关系。据统计，成都汽车产业整车与零部件产值比仅为1：0.35，低于国内平均值1：0.7，

与国际标准 1∶1.7 有较大差距。

2. 产业生态圈不完善，辐射能力不强

一个完整的产业生态圈包括供应商、合作伙伴、客户、研发机构、金融机构等多个参与者的协同合作。四川民营企业所涉足的主要产业，其生态圈不够完善。例如成都的电子信息产业，本土的电子信息制造业民营企业以军工企业产品配套为主，民用产品以代加工居多，鸿富锦、英特尔等引进龙头企业以其集团内配套为主，对外辐射能力不强，对本地带动作用有限。

3. 要素资源吸引力偏弱，发展不均衡

由于产业圈链不够完善，四川民营经济对人才、资金、科技等优质要素资源的集聚能力不及发达地区，对优秀民营企业的吸引力也较弱。近年来，国内新能源汽车产业发展如火如荼，但新能源汽车高势能品牌总部、生产基地无一家落户四川。同时，作为四川省汽车产业核心承载地的成都，缺乏有实力的汽车产品研发机构入驻，仅有威马汽车一家，国家级企业技术中心和工程研究中心的数量不到北京的1/5、上海的 1/7，仅有一个中国质量认证中心成都分中心。此外，四川省内各市（州）民营经济发展不均衡，成都一家独大，其他市（州）民营经济体量较小，集聚要素资源更加受限。

三、借鉴先进经验，推动四川民营经济高质量发展

（一）采取更加宽松的民营经济政策

一是切实提振民营企业发展信心。面对当前复杂的国际国内经济环境，四川民营经济发展受到一定影响，民营企业的发展信心和投资意愿亟待提振。因此，要针对民营企业最关心和期盼的政策措施，在国家出台的政策措施基础上，不仅要因地制宜，也要因时制宜，进一步完善相关政策措施，采取更为宽松的政策环境，提振民营企业的发展信心。二是切实为民营企业排忧解难。当前四川省民营企业存在的吸引优质成熟人才难、参与公平竞争环境不优、融资支持力度不大等困难，有的是政策落实不到位，有的是诉求响应不及时。政府部门要多到民营企业走走看看、深入调研，多多关注民营企业实际困难，可参考福建晋江开展"千名干部进千企、一企一策促发展"等活动经验，通过企业求助热线、驻企服务专员等模式，切实加强对民营企业发展诉求的响应。三是切实扩大政策宣传有效性。充分整合并发挥线上线下媒体优势，加强信贷支持、研发奖补等惠企政策的宣讲力度，做好重要政策的公布、解读、辅导，及时发布项目投资机会，切实提升政策的知晓度和参与度，可参考安徽省出台《关于做好省政府文件宣传解读工作的通知》的经验，将政策宣传

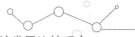

工作机制流程化，成功经验规范化。

（二）推动民营企业加快发展壮大

一是增强企业家创新意识。加大对民营企业创一代的创新意识提升和能力素质培育，引导民营企业家加快推动企业数字化转型，积极实施技术创新、商业模式创新和管理创新。可借鉴浙江慈溪培育优秀民营企业家的经验，组织本地民营企业家赴名校名企学习培训，不断开阔国际化视野，提升经营管理能力。二是推动数字化技术应用。建立数字化平台，提供数据共享、创新协同和资源整合的机制，鼓励民营企业利用人工智能、大数据分析等数字化技术，提高采供效率、生产效能、产品质量和市场竞争力。如福建构建全省工业企业供需对接平台，各地出台平台活动奖励措施，现已入驻企业两万余家，发布产品 1 万多个。三是加大科技创新扶持力度。瞄准装备制造、新材料、新能源等四川省重点产业领域，增加对科技创新的投入，建立科技创新引导基金，为有实力、有潜力的民营企业提供科技创新支持。如广州增城区印发《促进科技创新发展扶持办法（修订）》，提出设立风险投资贡献奖，对风险投资机构按其实际投资本区创新创业项目金额的 5% 给予奖励，同一项目最高奖励 100 万元，为本地企业创新吸引更多投资机会。

（三）助力四川民营经济聚业成势

一是高标准建设产业园区。将园区打造成民营企业成长的主舞台，加快基础设施建设和功能配套完善，以园区为载体筑巢引凤、提质增效。如河南印发《产业集聚区"百园增效"行动方案》，开展产业集聚区土地高效利用评价，促进节地水平、产出效益双提升，印发《加快推进循环经济产业园区建设实施方案》，着力提升园区能源资源利用效率。二是高品质引入要素资源。加强引进优质要素资源，通过设立科技创新引才计划、引导金融机构支持民营企业等措施，吸引具有创新能力和市场竞争力的要素资源进入四川，提升民营企业的技术水平和综合实力。三是高能级培育明星企业。重点培育和支持一批有实力、有潜力的民营企业，帮助其发展壮大，成为明星企业，并进一步成长为带动产业链、生态圈发展的重要引擎。如福建相继出台加快民营企业发展 25 条、支持民营企业加快改革发展与转型升级 27 条、推动民营企业创新发展 19 条等系列政策措施，打出降成本、促创新、保要素、解难题、助转型等政策"组合拳"，多层次支持民营企业转型升级、发展壮大。

（四）保障民营经济政策落地见效

一是严厉打击扰乱竞争秩序行为。通过举报线索追溯、立案调查和行政处罚，及时纠正市场经济竞争失序的一些突出问题，强化反垄断、反不正当竞争执法，查处一批重大典型案例。可学习借鉴浙江省全域公平竞争政策先行先试改革经验，探索引入公平竞争审查刚性化改革、"公平竞争指数"等举措，持续创新维护市场竞争秩序的工作机制。二是合理优化各类市场准入门槛。不断完善医疗教育、公共设施等政府主导项目的招投标规则，按照民营企业所期盼的，做到对民营企业与国有企业一视同仁。可借鉴浙江经验，开展市场准入综合效能评估，畅通民营企业对隐性壁垒的意见反馈渠道和处理回应机制，适时清理不当的地方准入限制。三是切实加强各类政策落地实效。定期开展经济政策贯彻落实情况检查、评估与考核，摸清国家、省市到企业政策实施的堵点、难点，有针对性地采取措施，切实解决企业发展过程中存在的政策性问题，使各级政府支持企业发展的政策落地见效。如山东青岛建立重点政策跟踪督导机制，对政策落实进度慢、效果不明显的，建立工作台账，进行专题调度，同时通过邀请市人大代表和政协委员座谈、部门自评、走访企业、发放调查问卷等方式，对政策落实情况等进行动态评估，为优化完善政策提供参考。

负责人：黄盛奎（成都百生市场调查有限公司）

成　员：马小丽（成都百生市场调查有限公司）

孟凡云（成都百生市场调查有限公司）

王　娟（成都百生市场调查有限公司）

傅昕莼（成都百生市场调查有限公司）

杨皓文（成都百生市场调查有限公司）

伏　雪（四川省统计局）

苏浙鲁粤促进区域经济协调发展的经验及对四川的启示

推动区域协调发展是实现高质量发展的必由之路，是实现中国式现代化的关键支撑，为从根本上破解发展不平衡不充分问题指明了方向。党的二十大报告明确提出要"促进区域协调发展"。中共四川省十二届二次全会指出"五区共兴是破解发展不平衡问题的现实需要，也是推进四川现代化建设的必然要求，必须充分考虑不同地区禀赋条件和发展基础差异，高水平推动区域协调发展"。经济协调发展是区域协调发展的重要内容，为了促进四川区域经济进一步协调发展，本文总结了在全国发展领先的江苏、浙江、山东和广东促进区域经济协调发展的政策，归纳它们的成功之处及对四川的启示，为四川区域经济发展政策的制定提供参考。

一、四川区域经济协调发展现状和问题

（一）四川区域经济协调发展现状

1. 五区协同共兴全面推进

四川全面落实"五区共兴"发展战略，加快形成各具特色、竞相发展的区域经济格局。成都平原经济区"压舱石"作用明显，2022年经济总量达34670.8亿元，比上年增长3.3%，是2017年的1.5倍；川南经济区一体化发展取得显著进展，2022年经济总量达9324.7亿元，比上年增长3.1%，是2017年的1.58倍；川东北经济区振兴发展势头良好，2022年经济总量达到8518.0亿元，比上年增长1.6%，攀西经济区转型升级步伐加快，川西北生态示范区绿色发展特色鲜明。攀西经济区经济增速领跑，地区生产总值比上年增长5%，增速居五区首位；川东北经济区经济保持增长，地区生产总值增长1.6%；川西北生态示范区绿色发展稳步推进，地区生产总值增长2.4%（见表1）。

表1　2017—2022年五区地区生产总值总量

单位：亿元

五区	2017年	2018年	2019年	2020年	2021年	2022年
成都平原经济区	23126.7	26053.2	28285.3	29583.9	32927.8	34670.8
川南经济区	5909.4	6878.4	7520.8	7860.5	8761.0	9324.7
川东北经济区	5942.5	6737.4	7273.0	7491.0	8230.2	8518.0
攀西经济区	2291.0	2497.9	2672.2	2757.0	3035.1	3301.9
川西北生态示范区	635.4	735.2	778.4	820.6	896.7	934.5

2. 城市发展能级稳步提升

四川在做强极核成都的同时，着力壮大次级增长极、培育新兴增长极，全省城市能力稳步提升。2022年，成都地区生产总值超两万亿元，达20817.5亿元，是2017年的1.49倍；两千亿元俱乐部再添新成员，凉山彝族自治州经济总量突破两千亿元，达到2081.4亿元，全省地区生产总值过两千亿元的市州增至9个，比2017年增加了7个。

省域经济副中心加快培育，绵阳加快建设川北省域经济副中心，2022年实现地区生产总值3626.9亿元，比2017年增加1313.4亿元；宜宾—泸州组团建设川南省域经济副中心，2022年经济总量超6000亿元，达到6029.4亿元，比2017年增加2468.26亿元，占全省经济的比重为10.6%，比2017年提高1.2个百分点；南充—达州组团培育川东北省域经济副中心，经济总量超过5000亿元，达到5188.2亿元，比2017年增加1652.34亿元（见表2）。

表2　四川各市（州）2017年与2022年经济总量对比

单位：亿元

市（州）	2017年	2022年	2022年比2017年增加
成都	13931.4	20817.5	6886.1
自贡	1166.2	1638.4	472.3
攀枝花	842.3	1220.5	378.3
泸州	1698.9	2601.5	902.6
德阳	1907.4	2816.9	909.4
绵阳	2313.6	3626.9	1313.4
广元	751.8	1139.8	388.0
遂宁	1046.4	1614.5	568.0
内江	1182.1	1657.0	474.8
乐山	1481.6	2308.8	827.2

市（州）	2017 年	2022 年	2022 年比 2017 年增加
南充	1838.3	2685.5	847.2
眉山	1149.2	1635.5	486.3
宜宾	1862.2	3427.8	1565.7
广安	1047.7	1425.0	377.4
达州	1697.6	2502.7	805.1
雅安	608.5	902.5	294.0
巴中	607.2	765.0	157.8
资阳	688.5	948.2	259.6
阿坝	318.1	462.5	144.4
甘孜	317.3	471.9	154.6
凉山	1448.8	2081.4	632.6

3. 成渝地区双城经济圈建设全面提速

党的二十大报告将成渝地区双城经济圈建设列入国家区域重大战略，为四川发展带来新的历史机遇，中共四川省委十二届二次全会提出，"以成渝地区双城经济圈建设为总牵引"，因此，成渝地区双城经济圈建设对四川区域经济发展具有重要意义和作用。从总量来看，2022 年，成渝地区双城经济圈实现地区生产总值 77588 亿元，比上年增长 3%。其中，四川部分地区生产总值突破 5 万亿元，达到 50608.7 亿元，占双城经济圈的比重为 65.2%，比上年提高 0.2 个百分点，按可比价计算，比上年增长 3.1%，对成渝地区双城经济圈经济增长的贡献率达到 67.5%。成都极核作用发挥明显，地区生产总值突破两万亿元，达到 20817.5 亿元，对双城经济圈经济增长的贡献率达到 25.1%。

从增速来看，2022 年，成渝地区双城经济圈经济增速比京津冀（2.0%）、大湾区（2.1%）、长三角（2.5%）分别高 1.0 个、0.9 个、0.5 个百分点，经济总量相当于长三角的 26.7%，与上年基本持平，相当于京津冀、大湾区的 77.4%、74.1%，分别比上年提高 0.7 个、0.6 个百分点，追赶发展步伐不断加快。

从结构看，2022 年成渝地区双城经济圈三次产业结构从 2021 年的 8.3∶38.2∶53.5 调整为 8.3∶38.5∶53.2。分产业看，工业支撑作用增强，工业增加值达到 22534.6 亿元、增长 3.2%，增速比地区生产总值高 0.2 个百分点，工业化率为 29%，比上年提高 0.1 个百分点，制造业增加值占地区生产总值比重为 25.1%，与上年持平；现代服务业加快发展，服务业增加值达 41227.9 亿元，增长 2.2%（见表3）。

表3 2022年成渝地区双城经济圈主要指标数据

	成渝地区双城经济圈		四川部分		重庆部分	
	总量（亿元）	增速（%）	总量（亿元）	增速（%）	总量（亿元）	增速（%）
地区生产总值（亿元）	77588.0	3.0	50608.7	3.1	26979.3	2.8
第一产业增加值	6469.5	4.2	4795.8	4.3	1673.7	4.0
第二产业增加值	29890.6	3.8	18861.2	3.9	11029.4	3.5
♯工业增加值	22534.6	3.2	14558.3	3.2	7976.3	3.2
第三产业增加值	41227.9	2.2	26951.7	2.2	14276.2	2.0

4. 成都都市圈经济规模持续扩大

近年来，成都、德阳、眉山、资阳四市深入推进同城化发展，"通勤圈""产业圈""生活圈"建设不断提速，经济规模不断扩大。2022年，成都都市圈实现地区生产总值26218.1亿元，是2017年的1.48倍，比2017年增加8541.5亿元；占全省经济的比重为46.2%，总体保持平稳（如图1所示）。

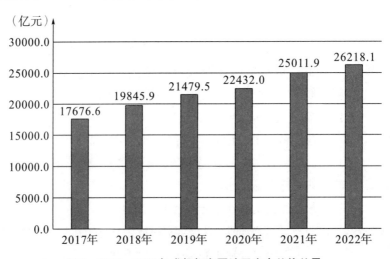

图1 2017—2022年成都都市圈地区生产总值总量

（二）需重点关注的问题

1. 区域发展仍不均衡

从五区看，区域之间差异明显。成都平原经济区地区生产总值占全省的比重达61.1%，超过其他区域之和；川东北经济区、攀西经济区和川西北生态示范区地区生产总值占全省的比重均有所下降，分别下降0.7、0.2和0.1个百分点；从绝对数来看，各区域与成都平原经济区的差距不断加大，例如川南经济区与成都经济区的差距从 2017 年的 17217.4 亿元增加到 25346 亿元。从市州看，增速分化明显，2017—2022 年，增长较快的宜宾年均增速达 7.4%，增长较慢的巴中年均增速仅 4.8%；居民收入差距较大，2022 年，城镇居民人均可支配收入最低的凉山彝族自治州仅 39357 元，与最高的成都相差 15540 元，广元、巴中、甘孜藏族自治州农村居民人均可支配收入刚刚超过 16000 元，仅仅略超成都的一半（如图 2 所示）。

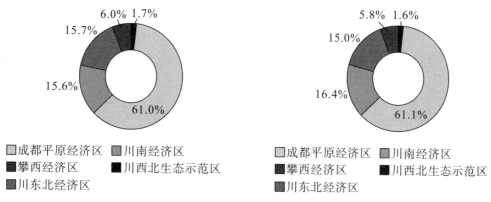

图 2　2017 年和 2022 年五区占全省经济比重

2. 中心城市能级仍然较低

全省除成都之外，其他中心城市能级仍然较低。区域中心城市中，仅绵阳和宜宾的地区生产总值超过 3000 亿元，尚未有城市达到 4000 亿元。与其他省比较，和四川经济总量相近的湖北除武汉外共有 3 市地区生产总值超 3000 亿元，其中襄阳和宜昌超 5000 亿元；河南除郑州外共有 8 个市的地区生产总值超 3000 亿元，其中洛阳超 5000 亿元，南阳超 4000 亿元。

3. 发展短板突出

当前部分地区的发展远落后于全省平均水平，与全省协调发展、携手共富的难度较大。全省确定的 39 个欠发达县域虽然在数量上占全省县（市、区）总数的 21.3%，但上年地区生产总值仅占全省的 4.7%。"四类地区（革命老区、脱贫地区、民族地区、盆周山区）"普遍存在区位条件不优、发展基础薄弱等问题，是四川区域发展的突出短板。例如全省民族自治地方占全省行政区划面积超六成，人口约占全省的 9%，但 2022 年实现地区生产总值 3236.8 亿元，仅占全省总量的 5.7%；革命老区人口占全省的约四成，但经济只占全省的不到三成。加之这些地区自然条件较差，生态环境脆弱，灾害多发，建设成本较高，面临的防风险压力较大，发展难度远超其他区域。

二、苏浙鲁粤促进区域协调发展的经验

江苏、浙江、山东和广东四省（以下简称四省）是我国经济最发达的省，发展进程领先，其发展经验往往可以为其他省份提供借鉴。在区域经济发展过程中，四省都面临省内各地发展条件差异较大、地区发展不均衡的情况。例如，江苏的苏北地区与苏南地区相比在区位条件与发展基础方面差距甚大；浙江的浙东北和浙西南两大区域在人口分布、地形地貌等方面差异明显，经济发展水平、居民收入、公共服务等社会发展方面的差距也非常显著；山东的西部地区在区位条件和资源禀赋方面与东部沿海地区差距明显；广东的珠三角区域沿江靠海，地势平坦，毗邻香港和澳门，发展条件优越，是全国经济最发达的地区之一，而粤西地区和粤北地区多为丘陵山地地区，交通不便，自然灾害较多，与珠三角地区发展条件差距巨大。这些都与四川有一定的相似之处。四省都采取了一些促进区域经济协调发展的措施，并取得了显著成效，例如江苏、浙江和山东是全国区域发展最均衡的地区之一，广东始终将不同地区的发展差距控制在一个可接受的范围内。四省促进区域经济协调发展的一些经验值得四川总结借鉴。

（一）通过顶层设计完善区域发展战略体系

四省普遍把区域发展作为重大战略进行整体部署，因时因势提出不同内涵的区域发展战略，研究制定总体规划和重大改革举措，形成比较完善的区域协调发展战略体系。例如，江苏着重做好战略规划和制度供给，通过调整产业发展指导目录、市场准入门槛、产业空间布局，以及对苏北实施土地、金融、财政等优惠政策，为区域协调发展指明方向；省内各部门主动作为，积极强化政策支撑，建立健全多级管控、分类指导、精准施策的区域政策体系；于2001年成立苏北发展协调小组，协调解决重大问题。广东在党的十九大之后确立了以构建"一核一带一区"发展格局为重点推动区域协调发展的战略，依据发展基础、资源禀赋、地理优势，赋予"一核一带一区"不同的功能。珠三角核心区通过创新驱动实现产业升级；沿海经济带承担起广东经济发展重担，特别是粤港澳大湾区要建设成为全球增长极；粤北地区要立足生态屏障建设提升发展能力。对于"一核一带一区"的基础设施、产业园区和产业项目，实施差异化布局，在错位发展中实现协调发展、特色发展，缩小区域发展差距。

（二）支持产业发展和基础设施建设

四省在促进区域协调发展的过程中都注重产业、基础设施及其他要素的作用，在促进落后地区发展时尤其如此。例如，江苏持续向苏北大力推进财政、产业、科技、人才"四项转移"。以财力性转移支付支持苏北民生保障、产业发展和基础设施建设。以南北共建园区为主要载体，促进苏南产业转型升级，加快苏北新型工业化进程。以科技成果转化和科技人才集聚为抓手，强化南北科技人才交流，加大苏北科技人才培养与储备力度，优化苏北的产业链、创新链，为苏北跨越式发展提供强有力支撑。浙江在促进区域经济协调发展的过程中注重机制建设，注重薄弱地区发展的内生动力培养，着力构建高质量和可持续的发展。从最初的"山海协作"工程，注重增加薄弱地区的收入，到推动"山海协作"升级版，夯实薄弱地区的产业特色和发展基础。广东在推进区域协调发展过程中十分重视珠三角地区和粤东西北地区的公路建设、铁路建设，通过公路、铁路连通珠三角和粤东西北地区及周边省份，大大改善了粤东西北地区的交通条件。重视基础教育和高等教育发展，通过公办、民办、公办民助等形式，在粤东西北地区开办了一批中小学、职业学校，改善了基础教育办学条件，对于九年制义务教育的普及、基础教育教学水平的提高发挥了重要作用。2015年起，广东加快高水平大学建设步伐，力争用5~10年时间建成若干所具有较高水平和影响力的大学，培育一批在全国乃至全世界占有一席之地的特色重点学科。2017年1月，广东教育发展"十三五"规划提出，统筹优化高等教育结构，在2020年以前力争每个地市至少有一所本科高校。此后，三所省属本科高校陆续布局粤东西北地区，广东药科大学、广东技术师范学院和广东金融学院分别与云浮、河源和清远签订协议，共建本科校区。山东推动高速公路实现"县县通"，加强沿海港口整体联动，打造"济南、青岛两核辐射，临济枣菏一带相连"的经济圈一体化交通网。

（三）推进跨区域协作和优势互补

四省在发展中普遍通过先进地区和落后地区的跨区域合作，使得不同区域实现优势互补，来促进区域经济协调发展。例如，浙江在推动跨区域协作过程中，充分发挥了沿海地区在贸易、产业和创新方面的集聚优势，以及西南部山区的生态、人力、土地等方面的资源优势，形成优势互补，通过实施"山海协作"工程。[①] 建设产业飞地、"消薄飞地"、园区合作等多形式，在助力薄弱地区实现经济发展的同时，也拓展了沿海地区的发展后劲和发展纵深。江苏在2001年明确南京与淮安、无锡与徐州、苏州与宿迁、常州与盐城、镇江与连云港结对关系，围绕园区共建、劳务培训、人才交流、科技教育、卫生旅游等内容开展南北挂钩合作。又于2006年进一步作出南北挂钩共建苏北开发区（简称共建园区）的重大决策，借鉴苏南发展经验，强化产业协同推进与高端要素承接，补齐苏北发展短板，增强发展韧劲。目前在苏北、苏中与苏北接合部经济薄弱地区建成了数十个共建园区，享受苏北共

---

① "山海协作"工程是习近平总书记在浙江工作期间，为加快欠发达地区发展、促进区域协调发展做出的重大战略决策，是浙江省"八八战略"的重要组成部分，实施以来显现了强大的生机和活力，被誉为"德政工程、民心工程"。2018年浙江出台《关于深入实施山海协作工程促进区域协调发展的若干意见》，打造"山海协作"工程升级版。

建园区扶持政策。在各方共同努力下，共建园区快速发展，已成为省内区域合作的关键纽带、南北产业联动的主要载体、苏北经济社会发展的重要引擎。广东通过产业转移推动区域协调发展，借助珠三角地区产业转型升级，在粤东西北地区对口建立产业园，实现珠三角地区与粤东西北地区产业的无缝对接，促进了粤东西北地区产业的发展，并形成了各自的产业特点。广东在区域协调发展过程中，在重视珠三角地区技术创新的同时，注意通过技术创新促进粤东西北地区的发展。产业转移实际上包含技术转移，部分技术在珠三角地区孵化，在粤东西北地区运用推广，提升了粤东西北地区技术创新水平。

（四）根据不同地区特点灵活采取措施

四省在推进薄弱地区快速发展的过程中都没有采取一刀切的做法，而是因地制宜，根据不同地区的特点，采取了多种形式的灵活政策措施。例如，江苏针对苏北发展中的共性和个性问题实施分类指导，精准施策。2008 年启动实施"一市一策"，比如推进连云港国家东中西区域合作示范区建设，支持盐城建设国家级可持续发展实验区，振兴徐州老工业基地，加快淮安苏北重要中心城市建设，实现宿迁发展更大突破，等等。2018 年开始，在高质量发展考核中，对苏南苏中苏北提出差异化指标，引导各地特色发展、错位发展。广东对于"一核一带一区"的基础设施、产业园区和产业项目实施差异化布局，在错位发展中实现协调发展、特色发展，缩小区域发展差距。山东根据欠发达地区特点，先后出台《关于加快革命老区脱贫攻坚和开发建设的意见》《关于新时代支持沂蒙革命老区振兴发展的实施方案》，支持老区提速新旧动能转换，缩小与其他区域差距；推动济南、临沂加快建立对口合作机制，共同编制对口合作五年实施方案。先后出台《关于突破菏泽、鲁西崛起的若干意见》《关于支持菏泽市及鲁西其他四市发展若干政策》《突破菏泽鲁西崛起三年行动计划（2023—2025 年）》，支持菏泽、枣庄、德州、聊城、滨州等五市跨越发展。支持淄博老工业城市产业转型升级示范区建设，推动产业发展、基础设施等 5 个方面政策措施落实落地。

（五）注重区域中心城市的带动作用

四省在发展中普遍重视中心城市的带动作用，围绕中心城市构建城市群和都市圈。例如，广东在《中共广东省委关于制定全省国民经济和社会发展第十个五年计划的建议》中提出，加快建设现代化中心城市的步伐，包括强化广州、深圳特大中心城市的集聚和辐射功能，发展珠江三角洲大都会区，"粤东和粤西地区要规划建设具有地方特色的城市群；山区地级市城区要逐步成为山区经济社会发展的区域中心城市"。首先注意强化广州、深圳等中心城市的辐射作用。在带动、辐射粤东西北地区发展的过程中，广州和深圳发挥了重要作用。其次将粤东西北中心城区扩容提质作为推动区域协调发展的动力。为此，广东省政府及相关省直部门重点加强对

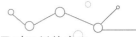
粤东西北地区各地级市中心城区扩容提质的资金、用地及项目保障。山东着力构建"一群两心三圈"区域经济布局，推动形成双中心、多层级、多节点的网络型城市群结构，建立中心城市带动都市圈、都市圈引领经济圈、经济圈支撑城市群的空间动力机制。为建立以中心城市引领城市群发展的新模式，山东全面提升济南、青岛城市能级，"十三五"时期，莱芜撤市设区划入济南市，青岛即墨撤市设区，进一步拓展了两大城市的发展空间。支持济南建设新旧动能转换先行区，加快北跨黄河进程，建设"大强美富通"现代化国际大都市；支持青岛对标深圳实行全方位对外开放，推动西海岸新区创新发展，建设"开放现代活力时尚"国际大都市。做大做强济南都市圈、青岛都市圈，以同城化为方向，统筹推进交通一体、产业融合、生态共建、文化交流、服务共享，推动济泰、济淄同城化和济齐全面融合，加快青潍日、烟威一体化。

（六）发挥龙头企业引领作用

四省在坚持政府主导的同时，也普遍重视多元主体参与区域经济发展。例如，江苏注重发挥公益性社会组织的补充作用，引导企业履行社会责任，通过"五方挂钩"等激励性政策工具，凝聚全社会力量共同致力于区域协调发展。浙江发布《浙江省产业链山海协作行动计划》，以产业链延链补链为小切口，探索实施"一企一县"，引导发达地区一至两家龙头企业与山区 26 县企业建立"1＋N"产业链延链合作，实施一批产业链协同项目。广东印发《关于推动产业有序转移促进区域协调发展的若干措施》，建立健全民营企业、外资企业服务机制，对落户粤东粤西粤北地区的重点企业、重大项目实行台账式管理，强化全流程跟踪服务，鼓励商会、行业协会围绕产业链供应链组建跨行业商协会联合组织。

（七）接轨其他地区，扩大发展空间

四省普遍在本土之外寻求更多的资源和发展空间，在更高层次上促进本地区域的整体发展，开辟了区域协调发展的新空间。例如，浙江主动接轨上海、加强长三角地区的合作，在制度层面，推动形成长三角地区主要领导人会议实现制度化，在基础设施和硬件建设上，推动高速公路和轨道交通网络加快形成。坚持"走出去"和"引进来"相结合，从 2011 年开始实施"浙商回归"工程，同时积极鼓励浙商"借船出海"，走出了一条具有浙江特色的海外并购之路，有力促进了浙江整体经济发展。山东多方面加强省级联动，在深度融入京津冀协同发展方面，对接雄安新区规划建设需求，推进济南"京沪会客厅"先行先试，主动承接航空航天、教育医疗等高端产业转移。深化与长三角城市群合作，吸引上海、南京等高品质要素资源向山东辐射。加强与粤港澳大湾区对接，利用大湾区高端服务平台，推动海洋科技应用、海洋生物研发等技术、产品拓展国际市场。与江苏、安徽、河南、湖北四省全力推动淮河生态经济带协同发展。

三、对四川的启示

下一步，四川应坚持以成渝地区双城经济圈建设引领推动区域协调发展，全面落实"五区共兴"发展战略，推动全省区域布局整体优化、功能体系整体完善、发展能级整体提升，加快形成各有优势、各具特色、相互促进的区域发展格局。

（一）主动融入国家发展战略

主动融入"一带一路"建设、成渝地区双城经济圈建设等国家战略，加强与长江经济带等城市群的合作交流。将全方位互联互通作为区域合作的基础，以成渝中线高铁、渝西高铁、川渝 1000 千伏特高压交流工程等标志性项目建设为牵引，加快基础设施互联互通，并深化细化各项机制，实现"硬""软"联通齐头并进。要鼓励四川各地对标四川六大优势产业，找准定位和接口，主动"融圈进链"，在差异、错位、配套和细分新赛道上发力。各地要主动承接成渝极核及东部地区产业转移，促进传统产业提档升级，将产业做大做强做优，建设先进制造业新兴集聚区，并与重庆、成都两座核心城市形成互补关系。

（二）着力做大做强成都都市圈

做大做强成都都市圈，以成都都市圈作为四川区域经济协调发展的核心支撑。

合理优化空间布局。紧紧围绕成渝地区双城经济圈建设战略、成都都市圈发展规划，充分挖掘都市圈各市比较优势，充分利用不同规模城市间的成本差异，合理规划各市总体定位与功能布局，实现功能的疏解和要素的再分配。成都作为中心城市，要提升综合性服务功能，带动周边城市和城镇发展，德阳、眉山、资阳三市要依托各自资源基础，承接成都功能疏解和外移的生产、制造功能，做大周边城市发展规模，做强中等规模城市支撑，推动四市优势互补、分工合作、错位发展，更大程度地发挥区域发展规模效应和集聚优势，重塑都市圈经济地理版图，提高都市圈综合实力。

推动现代产业协同发展。以跨区域产业生态圈建设为抓手，强化产业链上中下游、大中小型企业的分工协作，形成具有较强的前后关联性和互补性的产业链和供应链，打造具有较强影响力和竞争力的产业集群。加快探索经济区与行政区适度分离机制、区域成本分担和利益共享机制，实现都市圈要素市场一体化，推动毗邻地区产业协作发展取得实效，做强都市圈产业发展的要素支撑。强化产业链和创新链有效融合，加强高能级创新平台建设，合力推动创新人才聚集，增强创新资源集聚转化功能，协同共建科技创新中心，聚焦电子信息、汽车制造等优势产业链实现技术突破，解决高端制造业发展关键瓶颈问题。把握数字经济发展机遇，合力参与"东数西算"工程，深入挖掘生态资源，加大绿色低碳技术攻关，加快形成比较优势。

（三）提升区域中心城市能级

提升区域中心城市能级，壮大次生增长极，使之成为四川区域经济发展的重要支撑。

优化产业结构和布局。加强传统产业的改造升级，推动互联网、大数据、人工智能等新技术与制造业深度融合，提高产业附加值。同时大力发展新兴产业，积极承接东部地区和成渝两市转移产业，如新能源、生物医药、智能制造及配套产业等，形成多元化的产业体系。在区域内统筹产业布局，建设区域内的产业集聚区，带动区域内县域经济的发展，为经济增长和城市发展赋能。

完善基础设施。要根据各区域中心城市现有的交通条件，完善交通基础设施，实现各区域中心城市与成渝"双核"、其他中心城市、主要节点城市1小时通达。健全运输方式多元、客货集散高效、辐射空间广阔的高质量综合立体交通网络，大力发展多式联运，提升综合运输服务效率和韧性，同时加强5G基站、千兆网络等新型基础设施的建设。

充分利用人才。建立健全人才引进、培养、使用机制，为优秀人才提供良好的工作环境和生活条件，让人才进得来、留得住；针对区域中心城市对高端人才吸引力不足的情况，搭建合作平台，充分利用成都乃至全国的高端人才。

优化营商环境。对标东部先进地区，简化行政审批流程，提高政府服务效率，为企业提供便捷、高效的一站式服务。同时加强市场监管，维护公平竞争的市场环境。

（四）着力推动五大片区特色发展

推动成都平原经济区进一步增强引领带动作用，重点发展高端服务业和科技创新，打造全球性的科技创新中心和高端服务业基地，建设成为世界级旅游目的地和国际消费中心。推动川南经济区提升南向开放门户枢纽功能，打造全省经济增长第二极，重点发展白酒、动力电池、晶硅光伏等制造业和天然气等能源产业，建设成为四川省重要的制造业基地和能源产业中心；发展文化旅游和农业观光旅游，打造成为四川省的重要旅游区域。推动川东北经济区创新资源开发和就地转化，大力发展农产品精深加工、生态康养和红色文化旅游，加快打造川陕革命老区振兴发展示范区和绿色产业示范基地。推动攀西经济区擦亮国家战略资源创新开发试验区金字招牌，加快安宁河流域高质量发展，重点发展钒钛、钢铁、清洁能源等特色资源产业和特色农业，建设成为四川省的资源产业中心、天府第二粮仓。推动川西北生态示范区筑牢长江黄河上游生态屏障，适当发展水电、光伏等清洁能源产业和旅游业。

（五）增强欠发达地区内生发展动力

充分借鉴浙江"山海协作"、江苏南北共建工业园等经验，完善省内先发地区、部门、企业与欠发达地区结对共富机制，通过共建飞地园区等形式，建立产业转移的长期模式，重点帮助欠发达地区建立可持续发展的产业，增强欠发达地区"造血"功能和内生动力，形成先发带后发、先富帮后富的区域发展新格局。加大财政资金补助力度、金融支持力度、干部人才帮扶力度，加强基础设施建设力度。鼓励民营企业参与欠发达地区振兴发展，对落户欠发达地区的重点企业、重大项目适当给予优惠和奖励。针对不同地区发展中的共性问题和个性问题，实施分类指导，精准施策，促进欠发达地区走特色产业发展之路。如革命老区可以红色资源为核心，打造长征丰碑、"两弹一星"、川陕苏区、"将帅故里"等红色名片，发展红色旅游；"三州"地区依托水能、光照资源重点发展清洁能源产业，依托民族文化和自然风光重点发展旅游业。另外进一步加大财政支持力度，补齐欠发达地区基础设施、公共服务方面的短板，充分发挥政府投资"四两拨千斤"的作用，带动多主体参与，撬动社会资本投资欠发达地区。

负责人：李雪峰（西南财经大学）

成　员：范伊静（四川省统计局）

　　　　贾　晋（西南财经大学）

　　　　王　慧（西南财经大学）

　　　　丁一凡（西南财经大学）

　　　　吴芘澄（西南财经大学）

成都都市圈与重庆都市圈相向发展研究

当前，我国新发展格局正在深入构建，都市圈经济成为地区协同发展的重要载体。成都都市圈与重庆都市圈作为成渝地区双城经济圈增长极的核心区域，整体发展与一体化水平不足、双圈协同度不高依然是主要特征。在建设中国式现代化背景下，积极探索两大都市圈相向发展路径，促进区域高质量协同发展具有极为重要的意义。

一、成都都市圈与重庆都市圈相向发展现状

（一）相向发展基础坚实

成都都市圈规划范围为成都、德阳、眉山、资阳四市，是四川省经济集聚程度最高、发展最为活跃的地区，综合发展水平在中西部地区领先。2022年，成都都市圈经济总量26218.1亿元，增长2.9%，增速与全省持平，经济总量占全省的46.2%；人均地区生产总值8.8万元，是全省平均水平的1.3倍；常住人口2997.4万，占全省的35.8%，常住人口城镇化率71.7%，高于全省13.3个百分点。重庆都市圈涵盖重庆主城都市区21区和四川省广安市，处于发展型都市圈阶段。2022年，重庆都市圈经济总量23777.4亿元，增长2.2%，占全市的81.6%；人均地区生产总值9.7万元，是重庆市平均水平的1.1倍；常住人口2446.6万，常住人口城镇化率75.2%，高于全市4.3个百分点。表1为两大都市圈发展概况。

表1 成都都市圈与重庆都市圈发展概况

	土地面积（万平方千米）	常住人口（万人）	常住人口城镇化率（%）	地区生产总值（亿元）	人均地区生产总值（万元）
成都都市圈	3.31	2997.4	71.7	26218.1	8.8
重庆都市圈	3.50	2446.6	75.2	23777.4	9.7

资料来源：四川统计年鉴、重庆统计年鉴。

（二）产业同构现象逐步改善

两大都市圈产业结构升级成效显著，"三二一"结构持续深化。成都都市圈第一、二产业产值比重逐年稳步下降，第三产业对地区生产总值的贡献已经超过六成。2022年，成都都市圈三次产业结构为5.0∶33.2∶61.8，第三产业吸纳就业人口超五成。其中，成都市第三产业增加值占比达66.4%，第一产业占比下降至2.83%（见表2）。重庆都市圈第三产业对地区生产总值的贡献超过五成，三次产业结构为5.7∶40.7∶53.6，第三产业吸纳就业人口超过五成。其中，重庆中心城区第三产业占比达到66.5%（见表3）。

表2　成都都市圈2017—2022年三次产业产值变动

年份	第一产业		第二产业		第三产业		都市圈总产值（亿元）
	总产值（亿元）	占比（%）	总产值（亿元）	占比（%）	总产值（亿元）	占比（%）	
2017	1093.77	6.19	6151.44	34.80	10431.37	59.01	17676.58
2018	1117.68	5.63	6633.27	33.42	12094.91	60.94	19845.86
2019	1188.07	5.53	7078.32	32.95	13213.09	61.51	21479.48
2020	1319.24	5.90	7303.45	32.67	13729.35	61.42	22352.04
2021	1267.22	5.07	8256.77	33.01	15487.92	61.92	25011.91
2022	1321.13	5.04	8707.03	33.21	16189.92	61.75	26218.08

资料来源：四川统计年鉴。

表3　重庆都市圈2018—2021年三次产业产值变动

年份	第一产业		第二产业		第三产业		都市圈总产值（亿元）
	总产值（亿元）	占比（%）	总产值（亿元）	占比（%）	总产值（亿元）	占比（%）	
2018	952.32	5.66	7163.08	42.57	8710.55	51.77	16825.95
2019	1068.48	5.56	7893.39	41.10	10244.18	53.34	19206.06
2020	1235.34	6.01	8305.47	40.43	11003.48	53.56	20544.29
2021	1310.98	5.73	9289.74	40.61	12272.74	53.65	22873.46
2022	1356.84	5.71	9676.46	40.70	12744.12	53.60	23777.42

资料来源：四川统计年鉴、重庆市统计年鉴。

2021年，两大都市圈内城市间产业同构系数较2017年已普遍出现明显降低。其中，成都市与重庆主城都市区产业同构系数由0.9977降至0.9759，这表明两大都市圈的城市之间产业同构现象虽然仍然存在，但地区间产业差异化协同发展趋势在不断强化（见表4）。

表4 2021年两大都市圈城市产业同构系数

	重庆主城都市区	成都	德阳	眉山	资阳
成都	0.9759				
德阳	0.9732	0.9180			
眉山	0.9853	0.9479	0.9825		
资阳	0.9623	0.9575	0.9339	0.9841	
广安	0.9970	0.9592	0.9581	0.9947	0.9971

（三）交通互联水平不断提高

都市圈通勤便利化水平日益提高。川渝两地间累计开行20条跨省域城际公交，基本实现毗邻区县城际公交全覆盖和票价统一，实现公交"一卡通"和高铁公交化运营。其中，成都都市圈基本形成1小时通勤圈。成德眉资推行公交"一卡通"，"天府通"在都市圈内一卡通刷、一码通乘、优惠共享；城际客运网络密度提高，开通跨市公交线路14条，平均日开行动车130对，成都至德阳、眉山、资阳三市最快用时在半小时以内。重庆都市圈内推行公共交通"一卡通""一票式""一码畅行"。都市圈间的通道建设取得成效，交通基础设施水平不断提高。重庆都市圈推动交通基础设施西向发展，织密西北方向与成都都市圈的衔接网络，加强铁路运输、高速通道的通达能力。成都都市圈构建"两轴"，其中成渝发展主轴对接重庆都市圈，是连接成都都市圈的城市轴线，推进建设成资大道和市域（郊）铁路。2020年两地联合印发《成渝地区双城经济圈交通一体化发展三年行动方案（2020—2022年）》，2021年四川省发布《四川省普通省道网布局规划（2022—2035）》，将川渝高速公路通道规划线路从25条增加至36条，实现两省市毗邻地区县份全覆盖。目前，川渝省际通道规划总数已经达到118条，包含铁路13条、高速公路36条、普通国省道65条、水运4条。2022年川渝在建以及建成的高速公路通道20条，其中成渝双核间直连高速大通道4条。

（四）创新资源集聚程度较高

2021年，成都都市圈内，成都市R&D经费投入631.92亿元，占成都都市圈的85.4%，研发经费投入强度为2.26%。德阳市R&D经费投入87.72亿元，研发经费投入强度3.30%，在四市中位居第一，眉山市和资阳市研发经费投入强度均低于1%。专利申请与发明方面，成都市规模以上工业企业专利申请数和有效发明专利数分别为22382件、26876件，占都市圈的比重均达85%。科研平台及相关专业人员方面，都市圈范围内共有普通本（专）科院校76所，其中成都市拥有58所，有高等院校研究机构556个，相关科研从业人员43603人，全市科学研究与技术服务机构有160个，相关从业人员24613人。重庆都市圈内，重庆主城都市区

R&D 经费投入 568.65 亿元，占重庆都市圈的 98.68%，研发经费投入强度为 2.65%。广安市 R&D 经费总额为 7.63 亿元，研发经费投入强度仅为 0.54%。专利申请与发明方面，重庆主城都市区规模以上工业企业专利申请数[①]和有效发明专利数占比均在 97% 以上。拥有普通本（专）科院校 69 所，地区研究机构 2723 个，相关研究机构科研从业人员 72504 人（见表 5）。

表 5 2021 年两大都市圈科研投入与专利发明情况

	R&D 经费内部支出（亿元）	R&D 经费占地区生产总值比重（%）	R&D 经费占都市圈总投入比重（%）	规模以上工业企业专利申请数（件）	规模以上工业企业有效发明专利数（件）
成都	631.92	2.26	84.41	22382	26876
德阳	87.72	3.30	11.86	2337	3063
眉山	15.47	1.00	2.09	1344	1249
资阳	4.77	0.54	0.64	297	389
成都都市圈	739.88	2.96	100	26360	31533
重庆主城都市区	568.65	2.65	98.68	22240	24388
广安	7.63	0.54	1.32	650	425
重庆都市圈	611.47	2.52	100	22890	24813

资料来源：四川统计年鉴、重庆统计年鉴。

（五）空间布局取得初步进展

一是沿成渝主轴推动交界地带融合发展。交界地带合作发展成为一体化融合发展的重要突破点，地理毗邻区域经济联系、人员交往流动频繁，在谋划产业协作、交通连接等方面具备优势。成都都市圈在沿成渝发展主轴上，谋划成都"东进"发展，推动简阳—雁江—乐至等区域进行融合发展，成都东部新区与资阳联动发展。建设临空经济区，打造先进制造业基地，规划建设产业园、产业功能区等产业集聚平台，聚焦电子信息、装备制造、航空航天、新能源汽车制造、轨道交通、医药健康、先进材料等高端产业发展。重庆都市圈将荣昌区、大足区、铜梁区、潼南区等两大都市圈毗邻区域作为联动成渝的纽带，布局优势制造业产业集群，提高人口和要素资源集聚能力。

二是都市圈毗邻地区深度对接发展。两大都市圈直接毗邻区域资阳市与重庆大足区共同推进区域协同发展，促进成渝中部崛起。资阳市安岳县举办渝西川东经济社会发展联席会形成"安岳共识"，建设资阳大足文旅融合发展示范区，共编方案

[①] 由于重庆市县区数据缺失，重庆主城都市区规模以上工业企业专利申请数和有效发明专利数按重庆市整体数据进行统计。

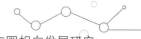

规划，印发实施了《资大文旅融合发展示范区总体方案》《资大文旅融合发展示范区建设规划》，发布投资机会清单。两地高新区成功入围首批 20 个成渝地区双城经济圈产业合作示范区，建成智慧园区公共服务平台资阳—大足产业协作平台。打造线上产业生态，汇聚产业服务资源，形成线上服务生态。安岳县与大足区围绕粮食、中药材产业开展合作园区建设试点，探索经济产业合作新机制、新模式。

三是都市圈非毗邻区域协同合作发展。两大都市圈推进非毗邻区域协同合作，重点推动成都天府新区与重庆两江新区两个国家级新区开展经济协同合作。两区协同合作共同打造内陆开放门户，举办内陆开放门户联席会议，拟定战略规划协调、交通互联互通等方面的合作任务，推动政策落实到基层。在交通互联互通上，发挥航空枢纽、中欧班列的互补优势，开展航空联运、陆江联运合作。在产业互补协同上，依托各自优势产业，加强在汽车、电子信息、生物医药等支柱产业上的合作，推动优势互补、建全产业链、开展科技合作，为双方企业开通招商协作和企业投资的绿色通道。

二、两大都市圈相向发展面临的问题

（一）相向发展保障机制不完善

区域协调发展机制不完善。区域协调发展机制应包括区域重大项目建设机制、区域协调联动机制和区域合作约束机制。当前，两大都市圈一体化协调框架虽已经初步确立，但具体协调发展合作推进还未深入，协调机制分工还需要进一步明确。要素市场一体化程度较低。两大都市圈要素市场面临区域壁垒、管理制度差异、交易规则不同等障碍，影响要素市场融通发展。如城乡土地规划统筹、市场联结不足，土地利用二元化状况明显；人力资源管理联动较少、数据信息未实现互联共享；资本市场整体开放度不高，跨区域协作机制不完善，都市圈城市之间互相投资强度低。都市圈范围内的要素市场优势互补、分工协作、互通共享还在探索阶段。

（二）整体发展水平不高与中部"塌陷"问题并存

都市圈整体发展水平有待提升。两大都市圈同处于发展型都市圈阶段，发展水平与国际国内成熟型都市圈相比存在差距。成渝两大都市圈空间范围与东京都市圈、伦敦都市圈大致相当。2022 年，东京都市圈、伦敦都市圈人均地区生产总值已经达到 27.3 万元、43.0 万元，上海都市圈和广州都市圈人均地区生产总值也分别达到 17.0 万元、12.7 万元，均领先于成都都市圈与重庆都市圈。成渝主轴中部发展潜力尚未较好释放。成都都市圈与重庆都市圈目前显示出显著的"极核"特征，极核发展水平远超周边城市，成渝主轴"中部塌陷"现象突出。2022 年资阳市地区生产总值为 948.2 亿元，占成都都市圈的比重仅为 3.6%，人均地区生产总值为 4.2 万元，不到成都都市圈的 50%；大足区地区生产总值为 817.2 亿元，仅占重庆都市圈的 3.4%。

（三）产业结构合理化与协同化仍需持续深化

产业结构升级水平存在明显梯度。极核地区产业结构合理化进程领先，第三产业发展较快。周边地区则处于产业转型升级前中期，第一产业产值占比相对高，第二产业产值占比普遍高于 40%。产业差异化错位化发展不明显。2021 年，两大都市圈内城市间产业同构系数均高于 0.9，绝大部分高于 0.96；从 19 个细分产业的产业区位熵测算结果来看，两大都市圈内城市就业人口区位熵排名前 6 位的产业几乎一致，仅成都市同其他城市产业结构差异较大，其最具优势的前六位产业分别是建筑业、制造业、农林牧渔业、批发零售业、住宿餐饮业、交通运输业。重庆市优势产业排序同其他城市相比有一定差异，最具优势的前六位的产业分别是农林牧渔业、制造业、批发与零售业、建筑业、居民服务修理业、住宿和餐饮业。德阳、眉山、资阳、广安等四市优势产业及排序几乎一致，直接竞争关系明显。此外，在产业发展规划方面，成都市与重庆市在电子信息、先进材料、汽车制造、生物医药、绿色食品等产业上存在规划培育方向的重合。具体见表 6、表 7。

表 6　成都与重庆都市圈细分产业就业人口区位熵排名前六位色块排序图

	成都	德阳	眉山	资阳	重庆	广安
农林牧渔业	3	1	1	1	1	1
采矿业						
制造业	2	2	2	3	2	3
电力、热力、燃气及水生产和供应业						
建筑业	1	3	3	2	4	2
批发和零售业	4	6	6	6	3	6
交通运输、仓储和邮政业	6					
住宿和餐饮业	5	4	4	4	6	4
信息传输、软件和信息技术服务业						
金融业						
房地产业						
租赁和商务服务业						
科学研究和技术服务业						
水利环境和公共设施管理业						
居民服务、修理和其他服务业		5	5	5	5	5
教育						
卫生和社会工作						

	成都	德阳	眉山	资阳	重庆	广安
文化、体育和娱乐业						
公共管理、社会保障和社会组织						

表7 成都市与重庆市制造业产业发展规划

	万亿级产业	千亿级产业
成都市	电子信息、装备制造	集成电路、智能终端、高端软件、汽车制造、轨道交通、航空航天、生物医药、绿色食品、新型材料、能源环保
重庆市	高端电子、智能网联新能源汽车	智能装备、先进材料、绿色食品、现代轻纺、生物医药、新能源制造业

资料来源:《成都市"十四五"制造业高质量发展规划》《重庆市推动成渝地区双城经济圈建设行动方案(2023—2027)》。

产业协同度水平仍不高且存在波动。成都都市圈、重庆都市圈以及极核城市成都市与重庆市之间的产业协同度变化显示出明显的阶段性特征,整体呈波动上升趋势。由于极核城市经济体量和产业结构优势显著,都市圈产业结构调整主要由极核城市主导,成都市与重庆市之间产业协同度显著高于两都市圈间的产业协同度。产业协同度变化的主要节点为2015年及2018—2019年。其中,2015年我国经济进入新常态,经济增长速度放缓,产能过剩问题积累,供给侧结构亟待调整,因而产业协同度在2012—2015年持续下降。随后成渝地区推进产业结构升级,培育优势产业,实现"二三一"到"三二一"的产业结构转型,产业协同度逐步上升。2018年后,成渝两地陆续开始调整制造业,优化产能结构,化解房地产库存等,地区产业协同度再次经历变化节点(见表8)。总体上,两大都市圈地区产业协同度随全国经济形势和区域经济发展阶段产生较大波动,产业协同关系依然不稳定。

表8 2012—2020年各区域产业协同度变化

	2012年	2013年	2014年	2015年	2016年	2017年	2018年	2019年	2020年
成都都市圈	0.01196	0.00793	0.00653	0.0044	0.0108	0.02247	0.01737	0.0156	0.02558
重庆都市圈	0.01212	0.01309	0.01267	0.00987	0.00817	0.01826	0.01547	0.03299	0.01098
成都市与重庆市	0.05879	0.05529	0.04416	0.02791	0.0402	0.06089	0.08466	0.05956	0.08904

(四)交通基础设施与公共服务一体化不足

相较于两大极核,成渝中部地区交通基础设施建设相对滞后,交通干线的建设进程缓慢,毗邻地区的路网密度和空间连通程度偏低(见表9)。成渝中部地区自身经济实力与财政能力不足,难以支撑大规模基础设施建设,基础设施建设贷款的可获得性也受限于地区经济发展状况。在过去的发展中,不同的区域规划和行政壁垒也造成了成渝中部地区交通发展不协调，连通性偏低。公共服务均衡化发展欠佳。两大都市圈内公共服务资源分布差异较大，极核城市在服务机构、人才支撑等方面占据绝对优势。仅基础教育资源在两大都市圈内分布相对均衡，优质公共服务资源均衡化水平不高。在医疗资源方面，成都都市圈内，成都市医院数量约为德阳市的 7.7 倍、眉山市的 8 倍、资阳市的 12.8 倍，成都市执业医师数、床位数分别占成都都市圈的 79%、74%，成都市每万人拥有执业医师 34.5 人，眉山市只有 21.1 人。重庆都市圈内，重庆主城都市区医院数占比约为 91%，执业医师数占比约为 93%，床位数占比约为 91%，每万人拥有执业医师 23.6 人，高于广安市的 17.0 人（见表 10）。

表 9　2021 年成都都市圈与重庆都市圈路网密度

	公路密度（km/km²）	高速公路密度（km/km²）
成都	2.06	0.087
德阳	1.76	0.056
眉山	1.23	0.064
资阳	2.19	0.066
成都都市圈	1.85	0.073
重庆主城都市区	2.54	0.083
广安市	2.44	0.069
重庆都市圈	2.52	0.080

资料来源：四川统计年鉴、重庆统计年鉴。

表 10　2021 年成都都市圈与重庆都市圈公共服务水平

	基础教育水平		医疗服务水平	
	基础教育专任教师数（人）	每百名学生拥有专任教师数（人）	每万人拥有执业医师数（人）	每万人拥有床位数（张）
成都	174145	7.1	34.52	63.65
德阳	29116	7.1	23.74	54.48
眉山	3976	7.4	21.11	48.08
资阳	2838	6.9	21.57	62.11
成都都市圈	852704	7.2	30.96	60.93
重庆主城都市区	152792	6.7	29.32	71.01
广安市	40047	7.7	17.00	51.01
重庆都市圈	192839	6.9	27.68	68.36

资料来源：四川统计年鉴、重庆统计年鉴。

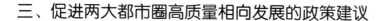

三、促进两大都市圈高质量相向发展的政策建议

（一）构建一体化协作机制，促进区域协同治理

一是完善两大都市圈常态化协调机制。在政府管辖权限由行政区划分的背景下，建立和完善都市圈范围以及都市圈之间的协调机制是协同发展、协同治理的基础。依托党政联席会、都市圈发展领导小组建立都市圈协调机制，设立实体化的协调机构，制定都市圈发展规划，统筹重大基础设施、产业合作项目落地和毗邻地区融合发展。二是建立都市圈成本分担利益共享机制。合理的区域利益共享和成本分担机制是都市圈之间协同发展具备有效性和可持续性的保障。完善成本利益协调机制，对重大经济指标协调划分的政府内部考核机制进行完善，探索税收利益分享机制、征管协调机制、区域投资和利益争端处理机制。三是促进要素市场一体化发展。推动都市圈营商环境一体化，设置统一的市场准入标准，都市圈范围内企业登记实行一体化管理；推动都市圈市场监督一体化，区域内征信信息互通互认，监督管理执法联动运行；加快构建一体化要素市场，提升要素配置效率，促进要素跨区域自由流动。

（二）增强极核辐射带动作用，助力成渝主轴中部崛起

一是强化都市圈人口与经济联系。建设完善都市圈"一小时"交通圈与都市圈间的通道建设，提供人员流动基础设施保障，统筹都市圈市政、信息网络和人力资源市场一体化建设，提升就业人口跨区流动的便捷程度。提高极核城市与外围城市互相投资的规模，建立跨都市圈投资绿色通道，降低互相投资成本。协同建设都市圈产业生态圈，有序推动极核城市产业向周边转移，共建产业园区和产业链，完善外围城市的产业配套生产能力。二是重点推动成渝中部区域加快崛起。推动成渝"中部崛起"要明确比较优势、坚持差异协同、深耕细分市场。成渝中部地区衔接两大都市圈，区位较优，产业门类丰富，发展空间广，地势相对平坦，为空间布局提供了基础条件。要找准定位，甘做配角，利用要素价格优势积极承接制造业，针对成都与重庆重点产业发展相关配套产业，衔接极核城市产业链；要立足差异化协同深耕细分领域，培育细分产业竞争优势，形成差异协同发展格局，破解产业直接竞争关系，走向产业竞合。

（三）立足差异化战略，构建协同互补产业体系

一是更加有序推动外围城市产业承接。地区产业转移与承接要更加重视都市圈作为一个高效联通的地域形态的功能。借助日益密集的区域交通运输网络体系和不断完善的配套设施体系，将传统制造业产业进一步向都市圈外围城市转移。提高两

大都市圈邻接区域的产业承接水平，产业承接范围要转向高端制造业。都市圈邻接区域也是成渝发展主轴地带，要承担两大极核城市协同发展桥梁的作用，因此要更加注重产业高级化发展，产业布局要服务协同发展需要。在成渝主轴地带规划建设"产城基"一体化发展走廊，以促进中间带"隆起"，探索基础设施、产业发展与城市生活融合的区域模式。地区发展要定位于高科技、智能制造业为主的高端制造业和相关服务业集聚区，更多承接电子信息、轨道交通、医药健康、新能源汽车等产业，与极核城市共同构建产业链，形成产业链上下游配套企业群，提高关联集聚度。二是立足协同原则差异化发展细分产业。从共同优势产业领域的细分产业和产业链端入手，挖掘细分产业优势，共建产业链，加强产业链各环节的协同配套，在更大市场上形成规模优势和竞争合力。

（四）完善交通基础设施建设，推进公共服务一体化

一是加快两大都市圈交通基础建设。要以成都、重庆为核心，强化对外辐射，完善两大都市圈之间的路网布局，提升联通水平。重点沿成渝主轴都市圈织密交通网络体系。依据都市圈发展规划的城市功能定位，加快周边城市路网建设，以1小时通勤圈为目标，建设和改造升级都市圈城市间道路系统。重点建设成渝主轴地带的产业功能区、人员聚集区的道路系统，缩小与中心城市的路网密度差距，提升交通运输服务水平。以成都、重庆"双核"1小时通达为目标，以成渝主轴为骨架，进一步深化都市圈间的通道建设，统筹干线铁路、城际铁路、市域（郊）铁路、城市轨道交通规划布局和衔接。二是大力促进公共服务资源一体化。通过创新公共服务交流合作机制、共建共享机制，充分运用数字技术、互联网平台促进优质资源溢出，同时加大对公共服务薄弱地区的投入，提升其公共服务水平。在基础教育方面，依托中心城市的优质教育资源，推动都市圈范围内的教育合作、师资交流、完善教育常态化合作交流机制，创新有利于师资力量流动的机制；借助数字化、网络化、智能化技术手段，开展"互联网＋教育"，促进优质教育资源共享；鼓励区域伙伴学校合作办学、设立异地分校，发挥优质的教育理念和教学管理模式的带动作用。在医疗服务方面，推动城市共建医疗机构、医联体、医疗联盟，推进都市圈内医保一卡通刷，跨市门诊和住院费用直接结算，建立完善都市圈医疗协作体系，建设智慧医疗平台，借助互联网技术实现远程诊疗，推进三甲医院下沉建立分院机构；参考南京都市圈有效实践，建设都市圈医联体，中心城市三甲医院组建医疗集团、医联体、专科联盟，加强同都市圈各地医院的联系，通过智慧医疗平台，实现都市圈挂号服务一体化、医学检验检查报告异地查询、远程医疗服务等功能。

（五）构建协同创新体系，共建成渝创新走廊

一是积极搭建高能级创新平台与人才体系。以都市圈内高新区为载体，承接外溢创新资源，引导创新资源落地，实现"研发在核心、转化在外围"。协同实施科

技人才招引培养计划，围绕两大都市圈经济社会发展和产业领域的人才需求统筹布局，共同出台一揽子吸引和留住人才的政策措施，共促创新人才集聚。借鉴吸引国际高端人才的经验与做法，建设人才合作示范区。建立紧缺人才清单制度，定期发布紧缺人才需求，积极招揽国际人才，通过重大平台、重大项目在全球范围内引进科研创新人才和团队。二是构筑产业链与创新链耦合的创新体系。围绕电子信息、重大装备制造、新材料等重点领域，积极争取跨区域产业（技术）中心、制造业创新中心等重大创新平台落地建设，瞄准产业关键技术开展攻关。共建一批跨区域产业合作示范园区，重点推进成渝创新走廊区域内毗邻地区打造产业合作示范区，服务技术成果转化。支持毗邻地区共建跨区域产业（技术）创新中心，立足两大都市圈相互毗邻的资阳和大足地区，围绕电子信息、重大装备制造、新材料等重点领域，积极争取跨区域产业（技术）中心、制造业创新中心等重大创新平台落地建设，瞄准产业关键技术开展攻关。共建一批跨区域产业合作示范园区，重点推进成渝创新走廊区域内毗邻地区，打造产业合作示范区，服务技术成果转化。

负责人：邓国营（四川大学）

成　员：安江丽（四川省统计局）

李　行（四川大学）

四川省与经济大省省域副中心
高质量发展比较研究

四川省第十二次党代会报告提出，支持绵阳发挥科技城优势加快建成川北省域经济副中心、宜宾—泸州组团建设川南省域经济副中心、南充—达州组团培育川东北省域经济副中心。提升省域经济副中心发展能级，有利于促进区域均衡协调发展。本文通过与经济强省苏、浙、粤、鲁四省①省域经济副中心的发展比较，围绕经济、产业、交通、科技、政策等核心发展要素，分析了四川省省域经济副中心高质量发展存在的问题，并提出针对性的政策建议，以期助力四川省省域经济副中心高质量发展。

一、省域经济副中心的内涵、特征与功能

（一）省域经济副中心的内涵

省域经济副中心是指在省域范围内，具有明显区位优势和交通条件，有一定经济实力、资源禀赋及较强的产业竞争力，与主中心城市有一定空间距离，在区域内具备较强集聚辐射引领能力的城市，是国家或省为推动区域协调发展、遵循区域经济发展规律打造的新兴经济增长极。从这个意义来讲，省域经济副中心是连接周边区域与主中心城市的桥梁纽带和中转地，肩负协调区域发展的责任。

（二）省域经济副中心的基本特征

一是经济实力突出。作为贯彻落实国家区域协调发展战略的重要抓手，省域经济副中心需要具备较好的经济基础。2021年，国家批复建设的7个省域经济副中心均具有较强的经济实力。比如徐州跻身国家百强市之列，地区生产总值超过8000亿元，其他省域经济副中心也在其所在省占据十分重要的位置。一般来说，省域经济副中心具有较强的经济实力，且与周边城市相比更具优势。

---

① 苏浙粤鲁四省省域经济副中心分别为徐州、温州、宁波、珠海、汕头、湛江、青岛。

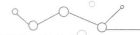

二是产业竞争力强。现实经验表明，产业竞争优势是区域经济发展实现赶超的重要手段，也是省域经济副中心发展的核心要素。相对来说，衡量产业竞争力可以从宏观和微观两个层面展开，从宏观层面来看是省域经济副中心在省内乃至全国范围内的国民经济综合竞争力，从微观层面来看是省域经济副中心在企业层次的竞争力。对省域经济副中心来说，具有异质性优势的产业竞争力可避免与其他城市的同质化竞争，也能与中心城市形成对应的地域产业分工，从而扩大自身的产业发展、市场潜力与辐射范围。

三是与中心城市保持一定的空间距离。主中心城市的辐射集聚能力随着距离的扩大而逐渐衰减，省域经济副中心应具备自身的辐射范围，不能距中心城市太近，若距离太近易与主中心城市的辐射区域产生重叠或交集，难以发挥省域经济副中心的作用；若距离太远则难以与主中心城市形成紧密连接，桥梁作用难以发挥。一般认为省域经济副中心与中心城市的距离应不低于 150 千米，距离 200～300 千米是比较合适建立省域经济副中心的区间。

四是交通优势显著。作为衔接各区域的动脉，便捷的交通将为区域协同发展提供坚实的基础和保障。交通基础设施通过缩小与其他地区的时间距离，将带来明显的区域同城化效应。一方面，交通基础设施是区域空间聚集的前提，良好的交通运输网络能促进各种生产要素的注入；另一方面，交通基础设施又是其空间扩散的条件，良好的交通基础设施是地区要素流动与产业梯度转移的必备条件。具备发达立体的交通网络，是支撑省域经济副中心的长期可持续发展的必备要件，也是省域经济副中心建设的必要条件。

（三）省域经济副中心的功能

一是分担部分主中心城市的功能。推动省域均衡协调发展，是省域经济副中心建设的主要功能之一。主中心城市拥有强大的经济实力和发展资源，是经济高质量发展的中心和引领者，但对其他地区的辐射引领作用存在差异。培育建设省域经济副中心主要是分担主中心的部分城市功能，通过以省域经济副中心为核心发展带动广大腹地区域发展，实现与主中心城市的功能互补和产业协同，减轻主中心城市的压力，提高周边地区的发展水平，缩小区域之间的差距，实现省域内各区域之间的协调发展。

二是凸显特色优势产业。专业化、特色化发展是省域经济副中心快速崛起、提升自身影响力的有效路径。立足自身特色资源条件，大力发展行业细分领域的高端专业化职能，尽快融入全球产业体系和"双循环"新发展格局也是省域副中心城市的发展方向。通过发展特色优势产业，吸引相关企业和产业链上下游企业聚集，形成产业集聚效应，有利于提升地区产业的规模和密度，促进产业链的延伸和完善。通过发展具有核心竞争力的产业，吸引大量人才和创新资源聚集到经济副中心，可以推动人才的跨区域流动和知识的跨界交流，有利于激发地区的创新创业活力，推动经济结构的升级和转型。

三是辐射引领周边地区经济发展。辐射引领周边地区经济发展是省域经济副中心的核心功能，因为主中心城市经济辐射的空间范围有限，省域经济副中心的设立可弥补主中心城市辐射不足的缺陷。相较于区域经济发展，省域经济副中心具有重要的引领作用，在政治、经济、文化生活中对周边区域起着中心组织作用。相较于周边区域，省域经济副中心的人口较为集中，综合实力较强，科技创新能力与对外联通水平也显著高于其他地区，对周边区域具有较强的辐射示范和综合服务能力，能够渗透、带动、组织周边区域的经济发展、城镇体系建设、文化进步和社会事业繁荣，将影响力辐射到区域内的其他城市。

二、四川省与经济强省省域经济副中心的发展比较

（一）经济规模增速较快

四川省省域经济副中心经济规模增速较快，经济总量省内排名靠前。从增长速度来看，2022 年绵阳、宜宾、泸州的地区生产总值以同比增速 5%、4.5%、4.1%在 12 个省域经济副中心中排前三位。从经济总量的省内排名情况来看，2022 年绵阳、宜宾经济总量突破 3000 亿元，省内排名分别为第 2、第 3 名，南充、泸州、达州分别排在第 5、第 6、第 7 名。而江苏、广东两省省域经济副中心省内排名相对靠后，徐州在省内排第 6 名，珠海、湛江、汕头在省内分别排第 6、第 9、第 11名。从经济总量的横向比较看，与其他省域经济副中心相比不具优势。绵阳、宜宾的地区生产总值处于 3000～4000 亿元档，南充、泸州、达州经济实力最弱，与宁波、青岛万亿级档位相差大。从人均地区生产总值来看，宜宾、绵阳人均地区生产总值超过 7 万元，比汕头、湛江高出 2 万元，但与发展较好的宁波相比，人均地区生产总值不到宁波的 1/2。相关数据见表 1。

表 1　2022 年苏浙粤鲁蜀省域经济副中心经济总量排名情况①

省域经济副中心	地区生产总值（亿元）	排名	同比增长	增速排名	人均地区生产总值（元）	人均地区生产总值排名
宁波	15704.3	1	3.5%	6	163911	1
青岛	14920.8	2	3.9%	4	145427	3
徐州	8457.8	3	3.2%	8	93731	4
温州	8029.8	4	3.7%	5	83107	5

① 青岛、绵阳、泸州 2022 年国民经济和社会发展统计公报中未直接公布人均地区生产总值数据，根据公式"人均地区生产总值＝地区生产总值÷常住人口"计算而来。

省域经济副中心	地区生产总值（亿元）	排名	同比增长	增速排名	人均地区生产总值（元）	人均地区生产总值排名
珠海	4045.45	5	2.3%	9	163700	2
湛江	3712.6	6	1.2%	11	52787	10
绵阳	3626.9	7	5%	1	74049	7
宜宾	3427.8	8	4.5%	2	74341	6
汕头	3017.4	9	1.0%	12	54504	9
南充	2685.5	10	1.3%	10	48343	11
泸州	2601.5	11	4.1%	3	61026	8
达州	2502.7	12	3.5%	7	46388	12

资料来源：四川统计年鉴。

（二）产业结构持续优化

2022 年，绵阳、南充、达州 3 市产业结构由 2012 年的"二、三、一"调整为"三、二、一"，服务业比重有所提高；宜宾、泸州两市产业结构虽保持"二、三、一"分布，但服务业占比均提高了 10 个百分点以上（见表 2）。

表 2　四川省域经济副中心产业结构调整情况

四川省域经济副中心	2012 年	2022 年
绵阳	16.3：52.5：31.2	10.5：41.8：47.7
宜宾	14.6：62.3：23.1	11.6：50.3：38.1
泸州	13.9：60.6：25.5	10.7：51.1：38.2
南充	22.9：51.7：25.4	18.7：37.7：43.6
达州	21.9：53.3：24.8	17.3：36.5：46.2

资料来源：四川统计年鉴。

分产业看，四川 5 个省域经济副中心农业占比依然较大，工业和服务业占比有待提高。2022 年，绵阳、宜宾、泸州、南充、达州第一产业增加值占比排名分别为第 6、第 4、第 5、第 1、第 3 位，占比较大；第二产业增加值占比排名分别为第 8、第 2、第 1、第 10、第 11 位，除泸州、宜宾外排名均靠后；第三产业增加值占比排名分别为第 6、第 12、第 11、第 9、第 8 位，除绵阳外排名均靠后（见表 3）。

表3 2022年苏浙粤鲁蜀省域经济副中心三产占比情况

省域经济副中心	第一产业增加值占比（％）	排名	第二产业增加值占比（％）	排名	第三产业增加值占比（％）	排名
徐州	9.1	7	42.5	6	48.4	5
温州	2.2	11	42.1	7	55.7	2
宁波	2.4	10	47.2	4	50.4	4
珠海	1.5	12	44.7	5	53.8	3
汕头	4.5	8	47.9	3	47.5	7
湛江	18.4	2	39.3	9	42.3	10
青岛	3.2	9	34.8	12	62.0	1
绵阳	10.5	6	41.8	8	47.7	6
宜宾	11.6	4	50.3	2	38.1	12
泸州	10.7	5	51.1	1	38.2	11
南充	18.7	1	37.7	10	43.6	9
达州	17.3	3	36.5	11	46.2	8

资料来源：四川统计年鉴。

从增速上看，四川5个省域经济副中心二、三产业大都保持较快增势。2022年，绵阳、宜宾、泸州、南充、达州第一产业增加值增速为4.4％、4.3％、4.4％、4.3％、4.4％，排名分别为第4、第8、第4、第8、第4位；第二产业增加值增速排名分别为第2、第4、第5、第12、第3位，除南充外均实现正增长且排名靠前；第三产业增加值增速排名分别为第1、第4、第3、第7、第9位，除达州外排名均靠前（见表4）。

表4 2022年苏浙粤鲁蜀省域经济副中心三产增速情况

省域经济副中心	第一产业增加值增速（％）	排名	第二产业增加值增速（％）	排名	第三产业增加值增速（％）	排名
徐州	3.0	11	4.0	6	2.5	8
温州	4.6	2	3.5	7	3.8	5
宁波	4.1	10	3.2	8	3.8	5
珠海	7.2	1	7.1	1	−1.4	12
汕头	4.4	4	0.1	10	1.6	10
湛江	4.5	3	−0.9	11	1.4	11
青岛	2.2	12	2.8	9	4.5	1
绵阳	4.4	4	5.9	2	4.5	1
宜宾	4.3	8	5.2	4	3.9	4

续表4

省域经济副中心	第一产业增加值增速（%）	排名	第二产业增加值增速（%）	排名	第三产业增加值增速（%）	排名
泸州	4.4	4	4.2	5	4.0	3
南充	4.3	8	−2.5	12	3.4	7
达州	4.4	4	5.4	3	2.3	9

资料来源：四川统计年鉴。

从新兴产业来看，四川省域经济副中心加快布局战略性新兴产业。2022年，四川省23个省级战略性新兴产业集群中，省域经济副中心有5个。具体产业发展中，绵阳电子信息产业、新材料发展成效显著，2022年营业收入达到1500亿级、800亿级，宜宾白酒产业实现营业收入1757亿元，动力电池产业产值达到889.5亿元。与制造强市徐州、宁波相比，四川省域经济副中心缺乏大企业、大品牌以及产业链协同，比如徐州工程机械集团规模超2100亿元，宁波拥有国家级专精特新小巨人283家，国家级制造业单项冠军企业83家，高端装备产业突破6000亿元。数字产业发展中，四川省省域经济副中心数字产业发展步伐较慢。2022年绵阳以数字经济产值425.1亿元排在四川省省域经济副中心中排首位，宜宾以139.6亿元排在第二，泸州、南充、达州数字经济产业增加值占地区生产总值的比重不超过5%。反观数字产业发展较好的省域经济副中心，2018年徐州就上榜中国数字经济百强城市，宁波市数字经济产值2022年达到8000亿元，温州数字产业占地区生产总值的比重达到50%。

从产业发展平台—国家级开发区来看，四川省省域经济副中心国家级开发区数量较少，且开发区高新技术企业营收潜力待提高。四川省省域经济副中心拥有国家级开发区共5个，分别是绵阳3个、宜宾和泸州各1个，南充、达州缺少国家级开发平台，而苏浙粤鲁四省省域经济副中心国家级开发区数量平均不低于两个。在国家级开发区高新技术产业营收潜力比较中，2021年绵阳、泸州分别以1804.4亿元、1119.9亿元排在第5、第8位，营收排名靠后（见表5）。

表5 苏浙粤鲁蜀省域经济副中心国家级开发区情况

省域经济副中心	数量（个）	面积（公顷）	高新技术企业数（个）	营业收入（亿元）	收入排名
宁波	5	13950	1720	6368.8	1
青岛	7	307392	1417	5230.1	2
珠海	3	2897	1135	3611.0	3
湛江	3	3630	115	2027.1	4
绵阳	3	1640.9	235	1804.4	5
温州	2	953.45	648	1742.0	6

续表5

省域经济副中心	数量（个）	面积（公顷）	高新技术企业数（个）	营业收入（亿元）	收入排名
徐州	2	3302	211	1755.2	7
泸州	1	462.9	139	1119.9	8
汕头	2	569.5	238	293.4	9
宜宾	1	1200			
南充	0				
达州	0				

资料来源：中国开发区审核公告目录和各省商务厅数据。

（三）科技创新有突破

四川省省域副中心持续优化创新能级，但科技创新支撑发展的能力有待提升。从创新平台来看，2022 年，绵阳拥有国家级科研院所 18 家、国家工程技术研究中心 5 家，国家级科技孵化载体 15 家。泸州、宜宾、达州国家级科技孵化载体分别为 11 家、5 家、1 家，国家众创空间分别为 6 个、1 个、1 个。而徐州、宁波国家级孵化载体分别为 19 家、13 家，国家众创空间分别为 13 个、34 个，创新平台的数量、类型比四川省省域经济副中心多。从科技型企业来看，2022 年绵阳科技型中小企业为 2141 个，排在四川省域经济副中心首位，而宜宾、泸州、南充、达州科技型中小企业数量未破千，徐州、宁波、青岛科技型中小企业早已突破 5000 个，科技型企业数量东西部地区差距较大。

四川省域副中心创新投入不占优势，科技成果转化水平待提高。从 R&D 经费支出来看，2022 年绵阳、宜宾 R&D 经费支出分别为 204.1 亿元、42.5 亿元，泸州、南充、达州 R&D 经费支出未超过 30 亿元。相比来说，宁波 R&D 经费支出为 599.3 亿元，比四川省域经济副中心 R&D 经费总和还要高出 292.6 亿元。从研发投入强度来看，省域经济副中心投入强度差别较大。2022 年，绵阳投入强度在 12 个省域经济副中心中最高，达 5.6 个百分点，绵阳 R&D 经费投入强度排名第 1；宜宾、泸州、南充、达州研发投入强度低于 1.3%，排名靠后。从申请专利来看，2022 年绵阳、宜宾、泸州、南充、达州专利申请授权量分别为 9438 件、4604 件、3591 件、3358 件、3182 件，专利授权量仅排第 6、第 8、第 9、第 11 名，而徐州、温州、宁波、珠海申请专利授权量已突破 2.7 万件，分别排在第 4、第 2、第 1、第 3 名（见表 6）。

表6　2022年苏浙粤鲁蜀省域经济副中心研发投入和专利授权情况①

省域经济副中心	R&D经费（亿元）	排名	R&D经费投入强度（%）	排名	专利授权量（件）	排名	发明专利授权量（件）	排名
徐州	169.5	5	2.0	6	27541	4	5502	3
温州	209.4	3	2.6	5	55500	2	3835	4
宁波	461.0	1	2.9	2	76129	1	9624	1
珠海	113.7	6	2.9	3	27764	3	6188	2
汕头	31.2	8	1.1	9	25315	5	627	8
湛江	18.7	11	0.5	11	6388	7	757	7
青岛	400.2	2	2.7	4	——		——	
绵阳	204.1	4	5.6	1	9438	6	2761	5
宜宾	42.5	7	1.2	7	4604	8	——	
泸州	29.6	9	1.1	8	3591	9	1059	6
南充	20.0	10	0.7	10	3358	10	115	9
达州	10.5	12	0.4	12	2706	11	——	

资料来源：国民经济和社会发展统计公报。

（四）交通建设持续发力

改善交通始终是四川省域经济副中心的主攻方向，制约西部地区对外发展的基础设施瓶颈逐渐被打破。道路建设成效明显，绵阳、宜宾、泸州、南充、达州公路通车里程分别为24508.8千米、26088千米、20186.2千米、30900千米、28848千米，徐州、宁波公路通车里程15906公路、11480.2千米低于四川省域经济副中心。铁路运营里程为524.5千米、324千米、306千米、335千米、667千米，除徐州、青岛外，江浙两省省域经济副中心铁路运营里程不超过400千米。但货运指标不突出，宁波、徐州公路、铁路、水运、航空货物运输总量分别为80100.4万吨、36814.3万吨，宜宾、泸州货物运输总量分别仅为12568.3万吨、3428.1万吨，宁波货物运输水平分别是宜宾、泸州的6.4倍、23.4倍（见表7）。

表7　2022年苏浙粤鲁蜀省域经济副中心交通发展情况

省域经济副中心	公路通车里程（千米）	排名	铁路营业里程（千米）	排名	货物运输总量（万吨）	排名
徐州	15906.0	7	787.5	1	36814.3	3
温州	15533.0	8	316.5	8	20434.0	5

① 汕头、湛江两市的R&D经费和R&D经费投入强度为2021年数据。

续表7

省域经济副中心	公路通车里程（千米）	排名	铁路营业里程（千米）	排名	货物运输总量（万吨）	排名
宁波	11480.2	10	—	—	80100.4	1
珠海	—		—		8148.4	8
汕头	4054.0	11	35.9	10	7298.2	9
湛江	22561.0	5	389.3	5	22100.0	4
青岛	15366.0	9	666.0	3	40022.0	2
绵阳	24508.8	4	524.5	4	—	—
宜宾	26088.0	3	324.0	7	12568.3	6
泸州	20186.2	6	306.0	9	11422.0	7
南充	30900.0	1	335.0	6	—	—
达州	28848.0	2	667.0	2	—	—

资料来源：国民经济和社会发展统计公报。

对外互联互通建设扎实推进。四川省省域经济副中心地处西部内陆，不像宁波、珠海、青岛拥有港口优势，对外联通受地形限制，起步较晚，但加强与西部陆海新通道、新亚欧大陆桥通道和长江黄金水道的联系，逐渐补齐了四川省域副中心对外联通短板。贯通西部陆海新西线主通道—成自宜高铁宜宾段工程进入收尾阶段，"宜宾—钦州"铁海联运国际货运班列发运集装箱超10000标箱，长江黄金水道宜宾港—重庆港—太仓港—上海港之间的"川—渝—沪"外贸集装箱班轮快线开通，"宜宾—重庆"集装箱水水中转班轮超250个单航次。达州开出西部陆海新通道达州班列、中老铁路（达州—老挝万象）国际货运列车、四川东出铁水联运班列、北向中欧班列达州专列"四向"班列。绵阳连接东西向高铁的短板正在补齐，2022年12月30日，估算投资328.5亿元的绵遂内正式启动建设，将连通绵阳对外联通通道。

（五）利好政策持续释放

四川省省域经济副中心不断加大宏观政策支持力度，减税降费、人才引进等一系列利好政策持续释放。从税费减免来看，2022年绵阳、宜宾减税降费分别为218.5亿元、246.2亿元，达州减税降费缓税超29亿元，泸州市2022年1—7月减税降费缓税超57亿元。其他省省域经济副中心宁波退减缓税最高超过700亿元，徐州、珠海退减缓税分别为216.8亿元、189亿元，与绵阳宜宾税费减免相当。但从失业情况来看，绵阳、宜宾、泸州、南充城镇登记失业率分别以2.5％、3.1％、2.5％、3.7％排第3、第2、第4、第1名，高于其余省域经济副中心（见表8）。

表 8　2022 年苏浙粤鲁蜀省域经济副中心减税降费和城镇登记失业率情况

省域经济副中心	减税降费 （亿元）	排名	城镇登记失业率 （％）	排名
徐州	216.8	4	—	—
温州	—	—	—	—
宁波	—	—	1.7	8
珠海	189.0	5	2.4	6
汕头	—	—	2.4	5
湛江	75.9	6	2.3	7
青岛	585.7	1	—	—
绵阳	218.5	3	2.5	3
宜宾	246.2	2	3.1	2
泸州	60.0	7	2.5	4
南充	41.4	8	3.7	1
达州	29.0	9	—	—

资料来源：国民经济和社会发展统计公报。

从财政投入来看，宜宾、泸州、绵阳财政支出为 610.2 亿元、458.7 亿元、501.1 亿元，2022 年一般公共预算收入为 275.8 亿元、192.5 亿元、159.7 亿元，财政收支总额低于宁波、青岛、温州等省域经济副中心，高于汕头。上级补助收入方面，四川省省域经济副中心上级补助收入最高为南充 419.7 亿元，最低为泸州 256 亿元。反观发展较好的省域经济副中心，温州上级补助收入达到 868.4 亿元，徐州上级补助收入为 476 亿元。总体上，四川省域经济副中心上级补助力度并不比东部地区省域经济副中心小，在本身发展基础比较薄弱的现状下，未来还应该积极争取上级支持，不断提高区域竞争实力（见表 9）。

表 9　苏浙粤鲁蜀省域经济副中心财政收支和上级补助收入情况[①]

省域经济 副中心	一般公共预算收入 （亿元）	一般公共预算支出 （亿元）	上级补助收入 （亿元）
宁波	1680.1	2187.8	242.3
青岛	1273.3	1696.2	—
温州	573.9	1137.7	868.4
徐州	517.4	1031.8	476
珠海	437.4	754.1	—

---

① 徐州上级补助收入 476 亿元包括上级税收返还、转移支付、下级上解及上年结转等收入。

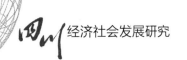

续表9

省域经济副中心	一般公共预算收入（亿元）	一般公共预算支出（亿元）	上级补助收入（亿元）
宜宾	275.8	610.1	283.3
泸州	192.5	458.7	256
绵阳	159.7	501.1	301.6
达州	150.1	482.7	374.1
湛江	146.9	521.8	410.1
汕头	128.0	385.2	216.5
南充	104.8	493.1	419.7

资料来源：各省域经济副中心2022年预算执行情况和2023年预算草案报告。

从人才政策来看，绵阳出台"人才十条"新政，设立10亿元人才发展专项资金，对创新创业团队支持力度最高可达2000万元；宜宾发布《宜宾市引进高层次人才项目管理办法》，项目专项资金标准为100万元/项；泸州实施"酒城创新人才聚集行动"方案；达州、南充组团建设川东北创新人才集聚地，对符合条件的创新型人才发放"南达英才卡"。与其他省域副中心相比，四川省域经济副中心重视人才与产业融合，徐州、宁波则以人才引进和培养为重心。

三、四川省域经济副中心发展面临的主要挑战

（一）地缘差异大，经济集聚辐射能力不足

四川省域经济副中心在整个西部地区规模最大，涵盖区域面积超过7万平方千米，常住人口近2470万人，位处成渝经济圈腹地，是衔接东中西部地区的经济组带。但是，四川省省域经济副中心地缘差异大，省域经济副中心经济集聚辐射能力不足。而其他省份比如浙江，2022年省会杭州地区生产总值为1.9万亿元，宁波、温州分别为1.6万亿元、0.8万亿元，差距并不悬殊。在四川，省会成都地区生产总值为2.1万亿元，相当于四川省域经济副中心总和的两倍，尤其是泸州、南充、达州的经济规模小，总量低，导致其对产业、人口、资本的经济集聚能力弱。同时，南充、达州距离省会成都较远，资源配置受到一定程度的限制，削弱了强省会成都集聚效应外溢的红利，在拉动周边城市经济高质量发展方面都缺乏足够的带动力。

（二）产业协作不够，空间联动效应不强

四川省域经济副中心之间的横向经济联系、纵向产业链联系不紧密，产业规划

有重合，产业协作度不高、空间联动效应不强。比如，绵阳电子信息、先进材料产业较强，泸州、宜宾白酒产业具有优势，南充特色产业为汽车汽配、化工轻纺，达州具有天然气、锂钾资源禀赋。副中心之间主导产业缺少关联，在生产、经营领域难以实现密切协作。相比之下，宁波促进产业集群协同发展力度较大，通过"山海协作"工程，2022年共组织40批次495名企业家赴对口地区投资考察，积极促进产需对接、产业链上下游整合。此外，省域经济副中心之间产业规划有重合，特别是新兴产业领域存在同题竞争。电子信息、装备制造、新材料等产业在副中心发展规划中均有涉及，在要素资源、项目、市场等方面存在相互博弈的情况。未来如何避免产业同质化竞争，增强省域经济副中心产业联动性，实现产业错位发展，成为省域经济副中心产业发展亟待解决的关键问题。

（三）绵阳科技创新"硬核"支撑不够有力

绵阳拥有科技城的优势创新基础较好，2022年绵阳R&D经费支出为204.1亿元，R&D经费与地区生产总值之比为5.6个百分点，申请专利授权量分别为9438件，发明专利授权量为2761件，科技创新实力和研发投入水平在四川省域经济副中心中排名第一。但跟其他省域经济副中心相比，温州2022年R&D经费支出为209.4亿元，研发投入水平跟绵阳相差不大，但是温州申请专利和发明专利授权量为55500件、3835件，分别是绵阳申请专利和发明专利授权量的5.9倍、1.4倍。同比之下绵阳科研投入转化率较低，科技创新的"硬核"支撑相对薄弱。

（四）宜宾、泸州开放枢纽门户潜能待激发

宜宾、泸州是四川省开放示范市，也是四川对外连通的枢纽门户，可依托向东长江黄金水道集装箱航线，向南西部陆海新通道和向北新亚欧大陆桥通道，成渝"4＋3＋N"综合货运枢纽体系，构建陆海内外联动、东西双向互济的开放布局，承担起链接全球、引领西部的国际枢纽功能。但现实情况是，宜宾、泸州对外互联互通受地形条件限制起步较晚，与东部沿海口岸差距很大。宁波舟山港海铁联运班列22条，宁波港域万吨级以上泊位累计118个。相比之下，西部陆海新通道西线通路成都经泸州（宜宾）、百色至北部湾出海口在建设当中，宜西攀丽大铁路在规划阶段，向北通道中欧班列（泸州号）2022年开通，宜宾铁水联运"最后一公里"2023年9月打通，等等，宜宾、泸州互联互通存在部分对外大通道建设未完成、竞争能力不强以及通道之间衔接不紧密等突出问题。

（五）南充、达州能级不高，组团发展体制机制未完善

受限于资源禀赋与生产能力，南充、达州虽有副省级高配领衔，仍存在城市能级不高，整体竞争力过低现象。南充、达州经济总量至今未突破3000亿元，开发区建设未进入国家队，南充国家级孵化器和国家级众创空间未实现零的突破。作为

省内组团培育的省域经济副中心，南充、达州在产业协同发展方面属于摸着石头过河。目前南充、达州在基础设施建设、现代化农业、应急救援、人才等10个方面明确了重点任务。成达万高铁、阆中至营山至达州高速公路、亭子口灌区一期工程等项目已经协同推进。尽管"组团式发展"取得了一定成效，但市场主体参与协同发展的积极性未凸显，暂未从根本上打破行政体制和发展模式的藩篱，组团发展体制机制仍需完善。

四、提升四川省域经济副中心发展能级的对策建议

（一）厚积薄发，促进科技创新与发展深度融合

一是坚持企业科技创新主体地位。加强以企业为主导的"产学研"深度融合，对行业共性技术需求和特色产业集聚区企业的技术需求进行把握，提高科技成果转化和产业化水平。支持校企联合建立创新平台。支持川渝高校、科研院所、在蜀国家重点实验室与省域经济副中心企业合作，坚持以区域发展需求为目标导向的科研活动，推动创新链、产业链、资金链、人才链深度融合，探索"产学研"融合发展的新模式，并积极探索高校职务科技成果混合所有制改革，明确科技人员可对其科技成果采取转让、许可、作价入股及混合实施等方式进行转化，提高高校成果转化落地和人才成果转化收益比例。同时加快培育科技创新领先企业。发挥绵阳国家级科技产业园资源优势，打造科技强市，力求企业在关键核心技术领域实现突破。

二是促进创新科技成果与产业发展的结构性匹配。利用科技增强产业链供应链的自主可控能力。集中优势资源，攻克关键技术，突破产业瓶颈，实现产业自立自强；加快布局人工智能发展。搭建人工开放创新平台，促进绵阳、宜宾、泸州、达州装备制造产业向智能装备制造转变，打造智能制造无人工厂示范基地，宜宾重点突破智能网联汽车创新应用试点示范。建立与企业常态化交流机制，定期举办"创新赋能高质量发展"院企现场观摩、区市科技局长创新平台观摩等系列活动，精准对接各副中心发展需求，推动科技成果落地转化，持续辐射和带动产业发展。

三是提升科技投入效能。健全一般公共预算支持科研稳定增长机制，引导企业、地方政府将更多的资金投入科学研究，明确企业用于科研发展的资金比例，并成立专项基金，对大数据、人工智能、智能制造等关键领域给予专项支持，从研发预算、人才、贷款、税收等方面给予强有力的政策支撑。加快培育科技创新领先企业，支持四川省省域经济副中心发展壮大，对科研潜力大、面向国家重点需求的企业加大支持力度，力求在一些关键核心技术领域实现突破，补齐关键核心技术受制于人、基础理论创新能力不足和系统创新能力不强等短板弱项。

（二）赋能增效，注重培育智能产业集群

一是着眼自身资源禀赋和产业基础，打造智能产业集群。围绕"5＋1"现代产业体系布局省域经济副中心智能产业发展，学习江苏智能制造产业发展经验，利用绵阳、宜宾、泸州、南充、达州装备制造产业发展优势，因地制宜探索本土化智能制造产业发展模式。鼓励绵阳加快电子信息产业、高端智能装备改造，支持泸州、宜宾传统产业开展智能升级优化。持续推进现代服务业同先进智能制造业深度融合，促进现代产业逐渐走向协作深化智能化发展。

二是实施数字智能产业提升行动。学习江苏产业集群"智改数转"发展经验，推动省域经济副中心制造业智能化改造和数字化转型，利用5G、物联网、大数据、智能装备等现代化信息技术，形成多层级、多要素的数字资源系统，编制产业数字化创新清单，发挥龙头企业创新主体作用，建立产业数字化创新发展优秀案例评比制度，推进省域经济副中心数字智能产业示范点建设。

三是持续加大智能产业调整力度。稳固智能产业基础，坚持把发展经济着力点放在建设智能现代化产业体系上，推动五大区域进行传统产业技术改造和环保改造，提升智能产业发展基础并提升智能产业优势，实施数字智能产业提升行动。加快建设四川省省域经济副中心数字智能产业大数据信息平台，形成多层级、多要素的数字资源系统，并推进数字智能产业示范点建设，以现代化智能产业为重点，利用5G、物联网、大数据、智能装备等现代化信息技术，对现代产业进行改造，实现生产加工高端化、智能化。

（三）提档升级，抢抓跨境外贸新机遇

一是积极推动跨境电商发展。抓住国家"丝路电商"合作先行区建设和举办"全球数字贸易博览会"的机遇，积极推动四川省域经济副中心跨境电商发展。学习温州跨境电商《实施意见》和《行动计划》经验，深化绵阳、泸州、南充跨境电商综合试验区建设，建设跨境电商支付机构、跨境电商物流体系，推动四川省省域经济副中心跨境电商发展。探索跨境电商新模式。探索跨境零售进口商品"线上下单、线下展示、定点配送"模式，加快传统外贸企业数字化转型。鼓励龙头企业在第三方跨境平台开设店铺，争取实现规模以上经营主体运营国际站店铺。

二是不断拓宽对外合作渠道，四川省省域经济副中心外资合作国家主要集中在"一带一路"沿线国家，合作国家和合作领域也应该逐步扩展，加强对新能源、新材料、智能装备制造等领域的跨境合作。同时持续扩大对外投资规模。四川省域经济副中心只有遵循比较优势，发挥后发优势和塑造竞争优势，才能够不断加强对外投资合作的扎实推进，抓住"一带一路"和西部陆海新通道建设的重大机遇，将四川省省域经济副中心打造成国内大循环战略腹地和国际大循环的门户枢纽。

三是加大跨境电商新业态支持力度。政府可以出台一系列政策，包括财税优惠政策、跨境电商税收政策、进出口手续简化等，为跨境电商新业态提供更加便利和优惠的环境。比如学习温州建立跨境电商企业奖励、跨境电商产业园区发展奖励、跨境电商人才建设补助、"店开全球"奖励、跨境电商海外仓奖励、跨境电商零售进口业务补助，进一步加大对跨境电商的扶持力度。同时打造跨境电商综合服务平台，通过建设跨境电商综合服务平台整合政策信息、行业资源、金融服务、物流信息等，为跨境电商企业提供全方位的服务和支持。通过促进信息共享和互动交流，提升企业在跨境交易中的竞争力和综合服务水平。

（四）夯基提质，促进产业结构优化转型

一是深化"亩均论英雄"改革。因地制宜建立健全"亩均论英雄"政策体系，四川省省域经济副中心可学习宁波做法，由工信局牵头联合税务局、招商局，结合省域经济副中心发展实际，坚持以"亩均论英雄"为目标导向，建立亩均增加值、亩均税收、亩均投资、全员劳动生产率、亩均营业收入等指标评估体系，逐项细化研究。四川省省域经济副中心可对标评估体系，将企业划分为 A、B、C、D 四个档次，提供差别化奖补、项目扶持、金融政策，倒逼低效企业提质增效。并建设"亩均论英雄"大数据平台，根据省域经济副中心亩均评价体系，采集指标数据，并进行评分分档，建立一站式企业综合评价绩效档案。

二是建立重点产业链上下游企业共同体机制。遴选产业链牵头企业，组建重点产业链上下游企业共同体，学习温州实施产业链链长制，对产业链遇到的重点、难点、共性问题，统筹协商解决。对省域经济副中心产业链、供应链基本情况进行摸排，绘制省域经济副中心产业链地图，对产业链企业情况、安全风险进行调研和预判，摸准产业链薄弱环节和短板，提出针对性的解决方案。同时，完善产业链上下游的统筹协调机制和产业链利益分配机制，推动产业链共同体单位在产品推广、技术创新、项目建设、高水平交流及科研成果转化等关键环节展开合作，为提升四川省省域经济副中心产业链的强链补链延链打好基础，提升省域经济副中心产业链竞争实力。

三是挖掘内需潜力，激发产业转型升级的内生动力。继续挖掘消费潜力，随着国际形势的不确定性、不稳定性的增强，扩大内需特别是消费需求成为促经济高质量发展的基本立足点。四川省省域经济副中心消费水平逐步增长，对经济增长的贡献还有很大潜力，经济大省省域经济副中心消费/地区生产总值比重最高可达70%，四川省省域经济副中心具有较大的消费潜力，随着城乡人均收入的进一步增长，依靠省域经济副中心消费市场带动产业发展、经济增长的特征更加明显，对经济高质量发展的效用不断释放。形成经济良性循环，从供给侧来看，通过拉动内需，形成区域大市场，并进一步带动要素流动、扩大就业和资源整合创新，促进经济良性循环，塑造省域经济副中心竞争新优势。

（五）互联互通，完善现代化立体交通网络

一是完善现代化立体交通设施建设，不断提升互联互通水平。完善跨城通勤交通基础设施，通过公交一卡通、出租车同城化运营、跨地域住房公积金贷款等措施，推动宜宾和泸州、南充和达州城市居民的跨城工作与生活，推动组团副中心的产业互动和生活同城化。

二是发挥毗邻北部湾港的区位优势，加强区域联动，畅通外贸物流通道。借助渝、黔、陇、桂、滇打造的北部湾港海铁联运线路，设立以绵阳、宜宾、南充为主的揽货点，增强区域协同联动。利用西部陆海跨境通道建设开拓向南贸易通道。加快连通四川省省域经济副中心连通东南亚的铁路联海战略通道。有序推进宜宾、泸州作为国家物流枢纽重要物流节点建设，建设南充物流园、泸州临港物流园、达州公路港、自贡无水港、宜宾临港物流园，改造宜宾一步滩铁路货运站。

三是搭载中欧班列拓展贯通欧亚北部通道，结合省域经济副中心产业优势（电子信息、先进材料、装备制造、食品饮料、能源化工、白酒等产业）与其他地区的错位发展，利用蓉欧班列、渝新欧班列辐射欧亚、北美、北非地区，探索外贸项目更可持续的国际竞争力。

四是鼓励企业拓展海外市场，将"一带一路"沿线国家作为绵阳、宜宾、泸州、南充、达州重点开拓领域，学习温州、宁波、青岛对外开放经验，支持龙头企业"品牌出海"，挖掘未开展外贸业务企业的出口潜力，积极参加广交会等重点展会，扩大外贸企业主体规模。

负责人：邓苏玲（四川师范大学）

成　员：范伊静（四川省统计局）

张秋容（四川师范大学）

袁迪嘉（四川师范大学）

陈彦婷（大连海事大学）

宋丽洁（三峡大学）

四川城乡融合发展研究

四川是人口大省、农业大省，城乡二元结构明显。省委十二届二次全会明确强调，实施"四化同步、城乡融合、五区共兴"发展战略，推动新型工业化、信息化、城镇化和农业现代化在时间上同步演进、空间上一体布局、功能上耦合叠加，以此统揽四川现代化建设全局。本文拟对四川城乡发展现状进行分析，构建城乡融合发展指标体系，对四川城乡融合发展水平进行评价，探讨四川城乡融合发展存在的问题和面临的挑战，借鉴国内外发达地区城乡融合发展的实践经验，提出几点建议，为决策部门提供参考。

一、研究背景和意义

（一）城乡融合发展的内涵

城乡融合发展是指以城乡生产要素双向自由流动和公共资源合理配置为重点，以工补农、以城带乡，统筹推进城乡基本公共服务普惠共享、城乡基础设施一体发展、城乡产业协同发展、农民收入持续增长，形成工农互促、城乡互补、协调发展、共同繁荣的新型工农城乡关系，加快农业农村现代化和乡村振兴。

（二）城乡融合发展的意义

推动城乡融合发展有着现实而深刻的时代背景，也有着重大而深远的历史意义：

1. 城乡融合发展是破解新时代社会主要矛盾的关键抓手

改革开放特别是党的十八大以来，我国在统筹城乡发展、推进新型城镇化方面取得了显著进展，但城乡要素流动不顺畅、公共资源配置不合理等问题依然突出。习近平总书记指出，城乡发展不平衡不协调，是我国经济社会发展存在的突出矛盾。解决发展的不平衡、不充分问题，不断满足广大农民群众日益增长的美好生活需要，很大程度上需要依靠城乡融合发展和乡村振兴。

2. 城乡融合发展是国家现代化的重要标志

我国的现代化是工业化、城镇化、信息化、农业现代化并列发展的过程，"四化"同步发展是我国现代化建设的核心任务。在"四化"里，工业化处于主导地位，是发展的动力；农业现代化是重要的基础，也是发展的根基；信息化具有后发优势，为发展注入新的活力；城镇化是载体和平台，承接工业化和信息化发展空间，带动农业农村现代化加快发展。习近平总书记深刻指出，如何处理好工农关系、城乡关系，一定程度上决定着现代化的成败。党的二十大报告指出，全面建设社会主义现代化国家，要坚持农业农村优先发展，坚持城乡融合发展，畅通城乡要素流动。

3. 城乡融合发展是拓展发展空间的强劲动力

2020 年习近平总书记在中央农村工作会议上指出，今后 15 年是破除城乡二元结构、健全城乡融合发展体制机制的窗口期，强调要把工业和农业、城市和乡村作为一个整体统筹谋划。即使未来我国户籍城镇化率达到 70%，也仍有 4 亿多农民生产生活在农村，我国最大的发展潜力和后劲在农村，推动城乡融合发展和乡村振兴、促进乡村资源要素与全国大市场对接，能够释放可观的改革红利，带动经济社会持续发展。

四川是人口大省、农业大省，城乡二元结构明显，全省农村户籍人口占总人口的 60% 以上，超过全国平均水平；农村居民与城镇居民人均可支配收入差距的比例虽在缩小，但绝对差距仍在扩大；农村在资源要素配置、公共服务供给、生态环境保护等方面与城镇存在较大差距。这些决定了四川实现现代化的重点和难点在农村，加快城乡融合发展，构建适应中国式现代化的新型城乡关系任务艰巨。

二、四川城乡融合发展现状

（一）城镇化水平不断提高

改革开放初期，四川城镇化率仅为 10% 左右，党的十六大特别是党的十八大提出要推进以人为核心的新型城镇化以来，四川城镇化发展水平大幅提升。2016 年全省城镇常住人口追平农村常住人口，常住人口城镇化率为 50%；2022 年城镇人口达 4886 万人，是 2000 年（2231 万人）的 2.2 倍，常住人口城镇化率为 58.35%，比 2000 年（26.7%）提高了 31.65 个百分点，年均提高 1.4 个百分点，与全国差距从 2000 年的 9.52 个百分点缩小至 6.87 个百分点。2022 年，四川户籍人口 9067.5 万人，其中户籍城镇人口 3523.9 万人，是 2000 年（1565 万人）的 2.3 倍，户籍人口城镇化率为 38.86%，比 2000 年（18.61%）提高了 20.25 个百分点（见表1）。

表1　2000—2022年四川城镇化率

年份	全国常住人口城镇化率（%）	四川常住人口城镇化率（%）	四川户籍人口城镇化率（%）
2000	36.22	26.70	18.61
2001	37.66	27.20	19.23
2002	39.09	28.20	19.80
2003	40.53	30.10	21.05
2004	41.76	31.10	22.27
2005	42.99	33.00	23.30
2006	44.34	34.30	23.74
2007	45.89	35.60	24.28
2008	46.99	37.40	24.74
2009	48.34	38.70	25.45
2010	49.95	40.18	26.17
2011	51.83	41.85	27.19
2012	53.10	43.35	27.61
2013	54.49	44.96	28.82
2014	55.75	46.51	29.41
2015	57.33	48.27	30.60
2016	58.84	50.00	32.81
2017	60.24	51.78	34.19
2018	61.50	53.50	35.86
2019	62.71	55.36	36.78
2020	63.89	56.73	38.27
2021	64.72	57.82	38.44
2022	65.22	58.35	38.86

资料来源：历年中国统计年鉴、四川统计年鉴。

（二）城乡劳动力流动提速

随着新型城镇化的加快推进，城乡劳动力流动制度障碍逐渐被打破。一是作为农村劳动力输出大省，四川农村劳动力转移就业规模持续保持高位，1998年全省农村劳动力转移人数突破1000万人，2007年突破2000万人；随着省内经济发展内生动力的不断增强，2012年农村劳动力转移出现结构性拐点，省内转移规模首次超过省外输出；2022 年，全省农村劳动力转移输出人数达到 2629.8 万人，其中省内转移 1512.6 万人，占比达 57.5％。二是大量农村劳动力向城镇转移，全省城镇就业规模不断扩大，2000 年全省城镇就业人员仅 1093.9 万人，乡村就业人员达 3564.5 万人，城乡就业结构为 23.5∶76.5；2019 年年末城镇就业占比首次超过乡村；2022 年年末，全省城镇就业人员达到 2508 万人，乡村就业人员减至 2198 万人，城乡就业结构为 53.3∶46.7，城镇就业人员比重较 2000 年提高了 29.8 个百分点（见表 2）。

表 2　2000—2022 年四川就业结构

年份	按城乡分（％）		按三次产业分（％）		
	城镇就业	乡村就业	第一产业	第二产业	第三产业
2000	23.5	76.5	56.7	18.7	24.6
2001	23.8	76.2	55.6	18.6	25.8
2002	24.1	75.9	53.9	19.2	26.9
2003	24.9	75.1	53.0	19.4	27.6
2004	25.8	74.2	52.2	19.5	28.3
2005	26.1	73.9	51.5	19.7	28.8
2006	26.8	73.2	48.9	20.1	31.0
2007	27.4	72.6	47.9	22.5	29.6
2008	27.6	72.4	46.1	23.4	30.5
2009	28.3	71.7	45.1	24.0	30.9
2010	34.0	66.0	43.7	24.9	31.4
2011	35.9	64.1	42.4	25.1	32.5
2012	37.7	62.3	41.1	25.3	33.6
2013	39.5	60.5	40.0	25.1	34.9
2014	41.2	58.8	38.9	24.9	36.2
2015	43.2	56.8	37.8	24.6	37.6
2016	45.3	54.7	36.7	24.3	39.0
2017	47.3	52.7	35.6	24.0	40.4
2018	49.1	50.9	34.5	23.7	41.8
2019	51.1	48.9	33.5	23.3	43.2
2020	52.5	47.5	32.5	23.1	44.4
2021	53.4	46.6	31.9	23.5	44.6
2022	53.3	46.7	34.0	22.8	43.2

资料来源：四川统计年鉴。

（三）三次产业融合发展

农村劳动力涌入城市向二、三产业转移，推动三次产业融合发展，促进生产要素重组和劳动生产率提高。一是就业结构持续调整，1978年第一产业就业人员比重高达81.8%，2000年降至56.7%，2022年为34%；第二、三产业就业人员比重从1978年的9.1%分别增至2022年的22.8%、43.2%。二是产业结构不断升级优化，第一产业增加值比重持续下降，第二、三产业增加值比重不断提高，1999年，四川三次产业结构为25.4：37.0：37.6，首次呈现"三二一"结构；2000年后四川工业化进程加快推进，2005年三次产业结构为19.5：41.2：39.3，呈现"二三一"结构，第一产业增加值比重首次降至20%以下，第二产业增加值比重超过第三产业比重；2015年第三产业增加值比重再次超过第二产业，2017年第三产业增加值比重超过50%；2022年三次产业结构为10.5：37.3：52.2，工业、服务业双轮驱动作用持续增强。三是三次产业生产效率较快提升，且提升速度基本相当，经测算，四川第一产业劳动生产率①从2000年的3508元增至2022年的38380元，年均增长11.2%；第二产业劳动生产率从2000年的17146元增至2022年的193658元，年均增长11.2%；第三产业劳动生产率从2000年的13770元增至2022年的143132元，年均增长11.1%（见表3）。

表3　2000—2022年四川三次产业结构及劳动生产率

年份	产业结构（%）			劳动生产率（元）		
	第一产业	第二产业	第三产业	第一产业	第二产业	第三产业
2000	24.1	36.5	39.4	3508	17146	13770
2001	22.9	36.6	40.5	3747	18082	14837
2002	22.2	36.7	41.1	4099	19655	15833
2003	21.1	37.8	41.1	4514	22414	17246
2004	21.1	38.7	40.2	5393	26770	19328
2005	19.5	41.2	39.3	5766	32147	21103
2006	19.0	43.1	37.9	6827	39076	22885
2007	18.6	43.6	37.8	8600	45809	27875
2008	16.8	45.2	38.0	9608	53049	34104
2009	15.2	46.9	37.9	9978	59142	36874
2010	13.8	48.1	38.1	11389	71836	44611
2011	13.6	47.6	38.9	14217	85903	54920

---

① 分产业劳动生产率＝分产业增加值（按现价计算）/平均就业人数，计算的年均增速为现价年均增速。

年份	产业结构（％）			劳动生产率（元）		
	第一产业	第二产业	第三产业	第一产业	第二产业	第三产业
2012	13.1	46.9	39.9	16211	95992	62248
2013	12.3	46.8	40.9	17331	106327	68315
2014	12.2	45.3	42.5	19271	112879	74538
2015	12.1	43.5	44.5	20553	114747	78692
2016	11.8	40.6	47.6	22499	118170	88566
2017	11.2	38.4	50.3	25293	129389	103058
2018	10.3	37.4	52.3	27001	143879	116592
2019	10.4	37.1	52.6	30070	155547	121948
2020	11.5	36.1	52.5	35604	159432	122850
2021	10.5	37.0	52.5	37151	180185	134223
2022	10.5	37.3	52.2	38380	193658	143132

资料来源：四川统计年鉴。

（四）城乡居民收支相对差距持续缩小

从城乡居民收入情况看，2022年，全省城镇居民人均可支配收入达43233元，是2000年（5886元）的7.3倍，年均增长9.4％；农村居民人均可支配收入为18672元，是2000年（1929元）的9.7倍，年均增长10.5％，高于城镇居民人均可支配收入1.1个百分点；城乡居民人均收入比（以农村居民人均可支配收入为1）从2000的3.1降至2022年的2.3，低于全国平均水平（2.4）。从城乡消费支出情况看，全省城镇居民人均消费支出达27637元，是2000年（4839元）的5.7倍，年均增长8.2％；农村居民人均消费支出为17199元，是2000年（1535元）的11.2倍，年均增长11.3％，高于城镇居民人均可支配支出3.1个百分点；城乡居民人均消费支出比（以农村居民人均消费支出为1）从2000年的3.2降至2022年1.6，低于全国平均水平（1.8）（见表4）。

表4　2000—2022年四川城乡居民人均可支配收入及人均消费支出

年份	城镇居民人均可支配收入（元）	农村居民人均可支配收入（元）	城乡收入比	城镇居民人均消费支出（元）	农村居民人均消费支出（元）	城乡消费支出比
2000	5886	1929	3.1	4839	1535	3.2
2001	6348	2022	3.1	5153	1566	3.3
2002	6595	2155	3.1	5383	1684	3.2

续表4

年份	城镇居民人均可支配收入（元）	农村居民人均可支配收入（元）	城乡收入比	城镇居民人均消费支出（元）	农村居民人均消费支出（元）	城乡消费支出比
2003	7022	2290	3.1	5720	1870	3.1
2004	7684	2599	3.0	6321	2185	2.9
2005	8354	2905	2.9	6829	2496	2.7
2006	9310	3126	3.0	7448	2660	2.8
2007	11045	3711	3.0	8592	3090	2.8
2008	12567	4334	2.9	9557	3562	2.7
2009	13759	4714	2.9	10710	4785	2.2
2010	15364	5400	2.8	11923	4550	2.6
2011	17787	6505	2.7	13491	5458	2.5
2012	20180	7432	2.7	14824	6265	2.4
2013	22228	8381	2.7	16098	7365	2.2
2014	24234	9348	2.6	17760	8301	2.1
2015	26205	10247	2.6	19277	9251	2.1
2016	28335	11203	2.5	20660	10192	2.0
2017	30727	12227	2.5	21991	11397	1.9
2018	33216	13331	2.5	23484	12723	1.8
2019	36154	14670	2.5	25367	14056	1.8
2020	38253	15929	2.4	25133	14953	1.7
2021	41444	17575	2.4	26971	16444	1.6
2022	43233	18672	2.3	27637	17199	1.6

资料来源：四川统计年鉴。

（五）城乡基础设施加快建设

四川加快构建综合立体交通网络，着力提升城乡通达性、畅通要素流动通道。2022 年年底，四川公路总里程达 40.5 万千米，居全国第 1 位，是 2000 年（仅 0.2 万千米）的 4.5 倍，"乡乡通油路、村村通硬化路"全面实现，客运覆盖所有乡镇和建制村，其中高速公路通达所有市（州），通车里程达 9179 千米，居全国第 3 位；铁路运营里程超过 5800 千米，其中高铁运营里程达到 1390 千米；城市轨道交通运营里程达到 558 千米，成资、成眉、成德跨市域轨道交通加快建设；民用运输机场增至 16 个。同时，城乡市政公用设施水平不断提升，城乡差距持续缩小，城市供水普及率从 2013 年的 91.8% 提升至 2021 年的 98.7%，与县城的差距从 8.7

个百分点缩小至 3.4 个百分点，与乡的差距从 27 个百分点缩小至 12.2 个百分点；城市燃气普及率从 2013 年的 89.7％提升至 2021 年的 98.1％，与县城的差距从 19.6 个百分点缩小至 8.1 个百分点；城市建成区绿化覆盖率从 2023 年的 38.4％提升至 43.1％，与县城的差距从 7.6 个百分点缩小至 4.5 个百分点。

（六）城乡公共服务水平不断提升

从医疗方面看，2013 年，四川城市、农村每千人口医疗卫生机构床位数分别为 6.2 张、3.6 张，2021 年分别增至 8.7 张、7.3 张，分别居全国第 10 位、第 2 位，城乡比从 2013 年的 1.7 降至 1.2；城市、农村每千人口卫生技术人员分别从 2013 年的 7.0 人、3.3 人增至 2021 年的 10 人、6.4 人，城乡比从 2013 年的 2.1 降至 1.5。从教育方面看，四川普通小学生师比（以教师人数为 1）从 2013 年的 17.2 降至 2021 年的 15.7，初中生师比从 2013 年的 13.4 降至 2021 年的 12.5，其中乡村好于城镇，2021 年乡村小学生师比为 12.6，低于城区（17.8）、镇区（15.6）；乡村初中生师比为 10.6，低于城区（13.3）、镇区（12.4）。

三、四川城乡融合发展水平评价

本文围绕全省城乡融合发展的发展目标和发展要求，从经济发展、生活消费、基础设施建设、公共服务四个方面构建城乡融合发展指标体系，运用综合评价法，对全国 31 个省（市、区）城乡融合发展水平进行评价，找出四川城乡融合发展的优势和短板。

（一）指标体系构建

城乡融合发展指标的选取基于以下思考：一是导向性，省十二次党代会提出"力争到 2027 年城乡区域协调性明显增强，人民生活品质实现新提升，共同富裕迈出坚实步伐，居民人均可支配收入增速高于全国、城乡收入比持续缩小，多层次社会保障体系更加健全，基本公共服务均等化水平明显提高"的发展目标。全国《"十四五"新型城镇化实施方案》从稳步推进农村土地制度改革、推进城镇基础设施向乡村延伸、促进城乡产业协同发展、多渠道增加农民收入等方面提出加快构建城乡融合发展新格局的具体路径，指标选取充分考虑发展目标，体现发展成效；二是科学性，城乡融合发展既要缩小城乡发展差距，也要提升整体发展水平，整体发展水平高但城乡发展差距大、整体发展水平低但城乡发展差距小，都不是高质量的城乡融合发展，因此指标选取既要包括发展水平指标，也要选取发展差异指标，客观、准确、全面反映城乡融合发展实际；三是可获得性，城乡融合发展内涵丰富，本文尽可能选取统计制度相对完善、容易获取、横纵向可比的指标，对于尚在研究中的指标将在以后进行丰富完善。

指标体系包括经济发展、生活消费、基础设施、公共服务 4 个一级指标，下设 16 个二级指标。具体为：一是经济发展方面，从城镇化水平、区域发展水平及差距、产业协同发展情况、就业协同情况等方面选取常住人口城镇化率、人均地区生产总值及县域人均地区生产总值差异系数、三次产业劳动生产率及差异系数、人口就业协调度①4 个指标；二是生活消费方面，从城乡收入情况、消费支出情况、升级类消费情况等方面，选取城乡居民收入及城乡比、城乡居民人均消费支出及城乡比、城乡恩格尔系数及城乡比、城乡教育文化消费比及城乡医疗保健消费比 4 个指标；三是基础设施方面，从交通基础设施、市政公用设施方面，选取单位面积公路里程及铁路里程、互联网宽带接入用户率及移动互联网用户率、供水普及率及城乡差异系数、燃气普及率及城乡差异系数、人均公园绿地面积及城乡差异系数 5 个指标；四是公共服务方面，从教育、医疗方面，选取城乡每千人口医疗卫生机构床位数及城乡比、城乡每千人口卫生技术人员及城乡比、初中及小学师生比 3 个指标（见表 5）。

表 5　城乡融合发展水平评价指标体系

一级指标	二级指标	权重
经济发展	常住人口城镇化率	7
	人均地区生产总值及县域人均地区生产总值差异系数	7
	三次产业劳动生产率及差异系数	6
	人口就业协调度	6
生活消费	城乡居民收入及城乡比	7
	城乡居民人均消费支出及城乡比	7
	城乡恩格尔系数及城乡比	6
	城乡教育文化消费比及城乡医疗保健消费比	6
基础设施	单位面积公路里程及铁路里程	6
	互联网宽带接入用户率及移动互联网用户率	6
	供水普及率及城乡差异系数	6
	燃气普及率及城乡差异系数	6
	人均公园绿地面积及城乡差异系数	6
公共服务	城乡每千人口医疗卫生机构床位数及城乡比	6
	城乡每千人口卫生技术人员及城乡比	6
	初中及小学师生比	6

---

① 人口就业协调度为城镇就业人员占比与常住人口城镇化率的比值。

（二）评价方法选择

本文采用综合指数法进行测算，在收集整理评价指标数据的基础上，对评价指标进行标准化处理，计算单指标指数，经加权计算后得到综合评价指数。

指标标准化处理采用阈值法，主要分为以下三类：

一是发展水平类指标采用极大极小值法进行标准化处理。公式为：正向指标 $Y_i = \dfrac{X_i}{X_{i,\max}}$；逆向指标 $Y_i = \dfrac{X_{i,\min}}{X_i}$。

二是城乡比较类指标采用倒数法进行标准化处理。城乡比较指标为逆向指标，其最优值为 1（表明城乡无差别），公式为：$Y_i = \dfrac{1}{X_i}$。

三是差异系数类指标采用指数法进行标准化处理。差异系数为逆向指标，其最优值为 0（表明无差别），公式为：$Y_i = \dfrac{e^{X_{最优值}}}{e^{X_i}}$。

综合评价指数计算公式如下：$F = \sum\limits_{i=1}^{n} W_i Y_i$。

其中，F 为城乡融合发展指数，Y_i 为第 i 个指标的个体指数，X_i 为第 i 个指标在评价年度的指标值，$X_{i,\max}$ 为第 i 个指标在 31 个省（市、区）中的最大值，$X_{i,\min}$ 为第 i 个指标在 31 个省（市、区）中的最小值，$X_{最优值} = 0$，W_i 为第 i 个指标的权重，n 为评价指标个数。

权重设置结合专家打分，一级指标中，经济发展权重为 26、生活消费权重为 26、基础设施建设权重为 30、公共服务权重为 18；二级指标总体等权，常住人口城镇化率、人均地区生产总值及县域人均地区生产总值差异系数、城乡居民人均可支配收入及城乡比、城乡居民人均消费支出及城乡比权重为 7，其他指标权重均为 6。

（三）计算结果分析

本文收集 2020 年、2021 年全国 31 个省（市、区）指标数据进行评价，评价结果显示，2021 年四川城乡融合发展水平总指数为 62.4，比 2020 年提高 1.4，居全国第 18 位，比 2020 年提高两位。其中，经济发展指数为 62.3，居全国第 24 位；生活消费指数为 62.1，居全国第 14 位；基础设施指数为 56.2，居全国第 19 位，比 2020 年提高两位；公共服务指数为 73.5，居全国第 10 位，比 2020 年提高 5 位（见表 6）。

表 6　2020—2021 年全国 31 个省（市、区）城乡融合发展水平评价结果

31 个省（市、区）	2020 年					2021 年				
	总指数	经济发展	生活消费	基础设施	公共服务	总指数	经济发展	生活消费	基础设施	公共服务
北京	75.9	82.7	67.5	72.3	84.4	76.7	82.4	66.4	74.3	87.4
天津	72.1	76.5	64.5	73.7	73.8	72.3	77.1	63.1	73.6	76.3
河北	62.5	64.0	61.3	62.0	62.9	64.4	64.0	64.5	64.2	65.0
山西	59.6	62.1	54.2	57.6	67.5	59.6	62.5	53.7	56.0	69.7
内蒙	61.7	65.7	65.1	50.5	69.9	62.1	65.8	62.8	51.3	73.9
辽宁	60.3	65.8	60.9	52.2	64.8	61.1	65.5	59.9	51.9	71.6
吉林	63.0	64.0	60.2	56.1	77.1	65.5	64.3	61.5	55.9	89.0
黑龙江	58.9	68.2	61.5	43.0	68.3	61.7	67.4	62.0	48.2	75.7
上海	74.0	83.0	65.0	71.8	77.6	74.6	82.0	66.5	71.7	80.4
江苏	73.8	78.0	67.8	79.1	67.7	73.9	78.1	65.7	78.7	71.6
浙江	71.4	78.6	71.9	66.2	68.9	70.3	77.1	71.0	65.1	67.8
安徽	63.7	65.5	66.1	63.5	58.3	65.0	65.4	65.9	63.9	64.7
福建	68.3	76.2	62.9	71.4	59.6	69.0	76.0	65.0	70.2	62.9
江西	61.4	64.3	62.9	60.0	57.1	62.9	64.5	62.6	60.4	65.0
山东	65.2	65.1	59.7	70.4	64.9	66.2	65.5	59.6	70.4	69.4
河南	62.0	62.9	63.9	60.9	59.8	63.2	63.6	63.7	60.8	66.1
湖北	64.5	66.4	66.7	61.3	63.7	65.1	66.5	64.0	61.7	70.2
湖南	62.0	64.9	63.0	57.2	64.0	63.2	64.7	63.9	57.9	69.3
广东	66.2	71.9	62.6	69.1	58.5	66.2	71.5	60.8	65.9	67.0
广西	60.6	60.6	60.9	61.7	58.5	62.4	60.7	61.1	63.1	65.3
海南	63.3	68.4	57.7	63.7	63.5	65.6	68.4	58.7	64.7	72.7
重庆	64.1	69.9	59.0	67.1	58.0	68.1	69.4	59.1	66.5	82.2
四川	61.0	62.6	61.5	55.6	67.0	62.4	62.3	62.1	56.2	73.5
贵州	58.1	61.4	58.4	53.6	60.4	59.1	61.2	54.2	54.2	71.2
云南	56.3	59.4	52.8	49.8	67.7	56.5	59.3	51.3	50.1	70.9
西藏	51.2	56.6	49.4	36.5	70.4	49.6	56.1	48.2	38.7	60.3
陕西	60.5	64.5	57.4	54.5	69.1	62.1	63.7	57.3	54.6	79.0
甘肃	55.6	55.1	53.4	50.6	67.7	56.9	55.2	53.9	50.9	73.6
青海	55.9	62.6	56.6	45.3	63.2	56.5	62.1	56.9	45.2	66.5
宁夏	61.5	65.0	59.7	60.3	60.8	61.1	64.5	57.8	60.2	62.7
新疆	59.5	62.0	57.0	50.7	74.2	59.8	61.7	57.7	52.7	71.9

四、四川城乡融合发展存在的问题

(一) 经济发展不充分问题较为突出

从城乡融合发展水平评价结果看,四川经济发展融合在全国位次靠后,与经济大省极不相称,发展不充分问题较为突出。主要表现在以下几个方面:一是经济发展水平还不够高,2022 年四川人均地区生产总值为 67777 元,仅相当于全国的79.1%,居全国第 20 位,21 个市(州)中仅成都、攀枝花高于全国平均水平,183 个县(市、区)中仅有 30 个高于全国平均水平;二是生产效率还需加快提升,2022 年四川三次产业劳动生产率分别仅相当于全国的 75.5%、85.8%、78.9%,在全国均位次靠后,特别是农业生产效率还不够高,粮食单产较低,2022 年四川省粮食单位面积产量为 5431.4 千克/公顷,居全国第 20 位,与农业大省的要求差距太大;三是工业化水平还比较低,以工促农能力不足,2022 年四川工业化率为28.9%,比全国低 4.3 个百分点,制造业增加值占地区生产总值的比重为 23.5%,低于全国 4.2 个百分点。

(二) 城镇化质量提升面临挑战

一是城镇化发展相对滞后,2022 年四川常住人口城镇化率居全国第 24 位,21个市(州)中仅成都、攀枝花高于全国平均水平,特别是以县城为重要载体的城镇化建设还需加力,183 个县(市、区)中仅有 28 个高于全国平均水平,还有 57 个县常住人口城镇化率低于 40%。二是城镇就业还不够充分,城镇就业人口比重为53.3%,低于常住人口城镇化率 5.05 个百分点,21 个市(州)中仅成都、攀枝花、德阳城镇就业人口比重超过 50%。三是劳动力资源比较优势有所减弱,四川人口老龄化程度较高,2020 年全省 65 岁及以上人口占比达到 16.9%,居全国第 3位,比全国高 3.4 个百分点,未来五年可能突破 20%,进入超老龄化社会;劳动力素质不高,15 岁以上人口平均受教育年限仅为 9.24 年,比全国低 0.67 年,与发达地区差距更大。

(三) 生活消费能级有待提升

一是居民收入水平低于全国,2022 年四川城镇、农村人均可支配收入分别相当于全国的 87.7%、92.7%,分别居全国第 16 位、第 20 位。二是生活水平还比较低,2021 年四川城镇、农村恩格尔系数分别为 34.3、36.3,均高于全国平均水平,分别居全国第 2 位、第 6 位。三是较高层次服务消费潜力有待挖掘,城镇、农村居民人均教育文化娱乐支出占消费支出比重分别为 9.5%、7.7%,均低于全国平均水平,分别居全国第 26 位、第 27 位。

（四）基础设施建设还需加快推进

一是交通基础设施建设还需加快，截至 2021 年年末，四川省铁路密度仅 0.012 千米/平方千米，低于全国平均水平，居全国第 28 位；公路密度仅 0.82 千米/平方千米，居全国第 21 位。二是互联网基础设施建设还需加力，2021 年四川移动互联网用户比率、互联网宽带接入用户比率分别为 95.4％、104.5％，均低于全国平均水平，分别居全国第 21 位、第 14 位。三是农村市政公用设施建设滞后，2021 年，建制镇、乡村供水普及率尚未达到 90％，建制镇、乡村燃气普及率分别仅有 70％、28.5％，建制镇、乡村人均公园绿地面积分别仅有 1 平方米、1.1 平方米。

五、国内外发达地区城乡融合发展经验借鉴

（一）国内部分地区城乡融合发展经验

一是北京"大城市带动大京郊、大京郊服务大城市"。主要做法有：加快农业现代化步伐，明确"保粮""保地""保种""保优"任务，优化提升现代农业产业技术体系创新团队，推进智能农机装备示范应用等农业基础要素支撑；建设宜居宜业和美乡村，深化农村人居环境整治，统筹乡村基础设施和公共服务布局，主城区对农村乡镇学校、卫生院开展手拉手帮带；坚持以改革激发农村发展活力，深化农村集体产权制度改革，基本完成农村承包地二轮延包试点任务，稳步开展房地一体的宅基地、集体建设用地地籍调查和确权登记，同时完善"村地区管"机制，稳妥推进农村集体经营性建设用地入市试点，将土地增值收益更多留在农村、留给农民。

二是江苏"富庶之城"和"鱼米之乡"融合发展。主要做法有：发展要素下行，推动人才、科技、资本等各类资源融入乡村，农村公路、物流快递、邮政服务等基础设施资源加速下沉至农村，使农村居民享受与城市居民相近的服务；特色资源上行，充分挖掘新时期乡村独特价值，实现乡村生态产品价值；重塑发展模式，积极探索"集体经营性用地入市""搭建城乡产业协同发展平台""建立生态产品价值实现机制"等重点改革任务。

三是浙江"千万工程"城乡一盘棋。主要做法有：生态优先、绿色发展，全面推进农村环境"三大革命"，全力推进农业面源污染治理，开展"无废乡村"建设，整治重污染高耗能行业，关停"小散乱"企业，大力创建生态品牌、挖掘人文景观，培育"美丽乡村＋"农业、文化、旅游等新业态；因地制宜、科学规划，立足山区、平原、丘陵、沿海、岛屿等不同地形地貌，区分发达地区和欠发达地区、城郊村庄和纯农业村庄，构建以县域美丽乡村建设规划为龙头，村庄布局规划、中心

村建设规划、农村土地综合整治规划、历史文化村落保护利用规划为基础的"1＋4"县域美丽乡村建设规划体系；以人为本、共建共享，厘清政府干和农民干的边界，激发农民群众的主人翁意识，广泛动员农民群众参与村级公共事务。

（二）国外部分地区城乡融合发展经验

一是美国城乡互惠型发展模式。主要做法有：建设联通城乡的交通运输体系，修建大量铁路、公路，开通五大湖区至东海岸的运河航路；大力发展个性化小城镇，推行"示范城市"实验计划，结合各地区位优势和地区特色，大力建设富有个性化功能的小城镇，建立带动乡村发展的人口中心和经济中心；支持农业产业加快发展，制定或调整支持农业农村发展的涉农法律体系，为农业发展、农业补贴等提供法律依据，同时加大农业科技发展、农业补贴、财政投入力度，支持农业龙头企业发展，大力推动农业机械化、企业化和服务社会化；建立完备的农村金融体系，针对农场主设计的政府贷款通过商品信贷公司以农产品营销援助贷款的形式发放。美国逐渐建立了以城市为中心、以个性化小镇为聚居区、以大型农场为农业经营主要载体的城乡发展融合格局，实现城市与乡村、工业与农业均衡发展，城乡居民收入差距相对较小且持续保持稳定。

二是德国等值化理念指导下的村庄更新。主要做法有：完善法律体系，以法律的形式对城乡土地规划作出具体规定；加强公共服务和基础设施建设，采取公私合营方式开展房屋更新、道路更新、水电气设施建设、教育卫生公共服务机构建设等项目；开展土地整治，发展规模农业，并大力推进农业科技、农业机械发展，提高土地利用率和农业生产率，同时划定专门区域开展生产用房建设，吸引工业企业下乡进村，为当地居民提供就业机会，如 20 世纪 70 年代初巴伐利亚州的宝马公司将生产基地迁到丁格芬市，为方圆 100 平方千米的乡村地区创造了 25000 个工作岗位；利用补贴、信贷等经济手段，调整农村土地结构和农民就业结构。经过多年努力，德国村庄更新取得明显成效，村庄房屋、道路、教育、卫生等基础设施和公共服务明显改善，村民生活水平不断提升，城乡经济发展差异大幅缩小。

三是韩国自主协同型新村运动。主要做法有：注重改善农村环境，通过组织修建桥梁、农村公路与农田基本设施改善农业生产基础设施，通过建设新房、村庄重建等不断改善农民生活环境，向农民无偿提供水泥、钢筋等物资，激励农民自主参与建设；大力发展非农产业，制定《促进农村所得源开发法》，推行"农工地区"计划，采取政府投资、政府贷款和村庄集资相结合的融资方式建立"新村工厂"，鼓励发展畜牧业、农产品加工业和特色农业，将以家庭为基础的小农经营方式逐渐转化为以面、邑为单位的集生产、销售、加工于一体的综合经营模式；开展"一社一村"运动，一个城市企业（集团）与一个村庄之间建立联系，进行一对一的扶持和援助。经过新村运动，韩国农村基础设施得到明显改善，到 20 世纪 70 年代末，基本实现了村村通车，农民收入提高，城乡居民收入差距保持较小，但 1996 年后

受东南亚金融危机影响，韩国加强城市经济重建，城乡收入差距又呈扩大趋势。

六、推动四川城乡融合发展的几点建议

（一）打破城乡要素流动障碍

一是在土地要素方面，以农村土地制度改革为突破口，以农村产权价值有效显化为基础，创新土地流转机制，提升乡村发展活力。二是在劳动力资源方面，加快农业转移人口市民化，继续深化户籍制度和社会保障制度改革，消除城市吸纳农业转移人口的体制障碍，放宽大城市农业转移人口的落户政策，加快实现城市公共服务体系对常住人口的全覆盖；建立健全新型职业农民培育制度，加强农村专业人才队伍建设，鼓励各类人才在城乡间合理流动，增强农村对人才的吸引力。三是在资本要素方面，加快完善农村金融体系，为农业生产、农民借贷提供更加便利的条件，降低农民借贷门槛，同时建立健全金融支持城乡融合的政策体系，对涉农资金进行整合，大力引导资本下乡，为农村发展提供充足的资金支持。四是在技术要素方面，加大对农业基础研究的投入，加强产权保护，完善农业科技创新的激励机制，提高农业科技成果转化效率，不断完善农业技术推广政策体系，加强城乡技术合作与交流，提升农业发展的科技含量。

（二）推动城乡产业深度融合

一是加快构建现代农村产业体系，树立粮食安全底线思维，全力打造新时代更高水平"天府粮仓"，确保粮食种植面积不减少、产能有提升、产量不下降，稳定并提高粮食自给率；大力发展川粮油、川畜、川菜、川果、川茶、川竹、川药等特色产业。二是以县城和重要枢纽节点为依托，全面推进三次产业深度融合，因地制宜发展休闲旅游、康养产业等新产业新业态，做大做强农产品精深加工，延长农业生产链、做强品牌价值链，筑牢城乡融合产业基础。三是推动新型工业化、信息化和农业现代化同步发展，加快研发适合四川丘区地理特征的农机产品和设施装备，搭建乡村大数据平台，发展智慧农场、数字种业等高科技农业应用场景，助力提高农业机械化、智能化水平。四是发展适度规模经营，完善新型经营主体扶持政策，鼓励新型经营主体开展专业社会化服务，不断拓宽和完善农民增收致富的途径和机制。

（三）优化城镇化空间布局和形态

一是持续提升成都发展能级，以高质量发展为引领，做大成都经济规模，科学确定城市规模和开发强度，合理控制人口密度，加快培育成都都市圈，有序疏解中心城区功能、设施以及过度集中的公共服务资源，带动周边城市和区县加快发展。

二是加快培育区域中心城市，优化城市规模结构，完善对外交通通道及设施，优化文化体育资源供给，提升城市生活品质，做强中等规模城市支撑。三是加大强县强区强镇培育力度，统筹县域城镇和村庄规划建设，推进县城产业配套、市政设施、公共服务设施提档升级，实现县乡村功能衔接互补，提高县域城镇化率，增强带动农村发展功能，夯实城乡融合发展的底部支撑。

（四）统筹城乡基础设施规划

一是加快推进城乡交通网络建设，持续提升公路、铁路路网密度，改善道路品质，尽快实现县县通高速、乡乡通公交、村村通客车；优化公交铁路站点线网布局，加强各种运输方式有机衔接，不断提升通达能力。二是加快农业物联网等信息化基础设施建设，实现5G网络向农村全覆盖，完善农产品流通配套服务设施，建立健全联结城乡的冷链物流、直销配送、电商平台和农贸市场网络。三是加快城乡供水供气等一体化进程，推进城市水电气等地下管网建设和改造，推动水电气等市政公用设施向农村延伸，不断改善农村人居环境。

（五）合理配置城乡公共服务资源

一是落实把农业农村作为财政支出的优先保障领域的政策要求，加大农业农村财政投入，强化乡村公共基础设施建设，增加乡村基本公共服务供给。二是大力推动城乡基本公共服务均等化，加快建立城乡一体、同等水平的医疗、教育和社会保障体系，加快推进乡村文化教育、医疗卫生等领域发展，努力让城乡公共服务无差别、生活品质无落差。三是大力推进美丽宜居乡村建设，持续改善农村生产生活环境，加大传统村落民居、历史文化名村名镇、民族地区村落保护力度，尊重乡村发展规律，厚植绿色本底，留住文化根脉。

负责人：徐　莉（四川师范大学）

成　员：周　怡（四川省统计局）

吴晓伟（四川师范大学）

文梅力（四川师范大学）

廖国呈（四川师范大学）

丁　娟（四川省统计局）

乡村振兴战略下促进四川农民农村共同富裕对策研究

共同富裕是社会主义的本质要求，是中国式现代化的重要特征。四川省在推动实现共同富裕过程中形成了一定的实践经验，但地区发展不平衡不充分问题仍然存在，城乡区域发展和收入分配差距较大，推动实现共同富裕的基础条件各不相同。持续推动全省实现共同富裕，探索破解经济社会发展难题，为全国实现共同富裕提供四川示范具有重要意义。

一、四川推动实现共同富裕的三大重点难点问题

（一）区域发展差异较大，县域产业竞争力不强

一是区域发展不充分不协调。2022 年成都平原经济区地区生产总值 34670.8 亿元，占全省的 61.1%，远高于其他四个经济区经济规模，区域经济发展差异较为明显。二是高新技术企业区域分布集中，战略性新兴产业规模偏小。2022 年全省高新技术企业数量 1.2 万余家，主要集中在成都、绵阳、德阳、宜宾、达州，其中成都数量占比近 80%；战略性新兴产业总产值规模较小，仅占工业总产值的 28.4%，云制造、人机协同、光伏发电、新型储能等新兴产业拓展不够。三是县域产业竞争力不强。一方面，县域主导产业优势不明显，产业规划同质化较为严重，同时县域产业链条深加工处于起步阶段，产业聚集效应不明显；另一方面，在产业发展中存在城乡协调发展不够、产业融合功能开发不足、产业转型升级步伐较慢、产业融资机制不完善等问题。

（二）城镇化发展参差不齐，城乡发展质量存在差距

一是城镇化发展存在不平衡不充分现象。城镇化发展水平总体不高，2022 年全省常住人口城镇化率 58.4%，较全国低 6.8 个百分点，居第 24 位，全省常住人口城镇化率最高的成都为 79.9%，在全国 45 个重点城市中仅排第 27 位。市（州）城镇化发展不平衡，2022 年成都、攀枝花常住人口城镇化率分别为 79.9%、

70.2％，还有 8 个市（州）城镇化率低于 50％，其中最低的甘孜藏族自治州仅31.9％。城镇化体系有待完善，全省除成都外仅有绵阳、南充、宜宾、泸州 4 个Ⅱ型大城市，尚无城区常住人口 500 万～1000 万的特大城市和 300 万～500 万的Ⅰ型大城市。二是城乡基本公共服务均等化不足。城乡教育资源配置需精准投放和优化。2022 年全省高等教育毛入学率为 54％，低于全国平均水平（59.6％），技能人才占就业人员的比重不到 30％，县域义务教育校际差异系数仍需缩小。城乡社会保障体系仍需完善。2022 年全省参加城乡居民基本养老保险人数超 6490 万人，但参保覆盖率仍低于 95％；全省 65 周岁及以上老年人健康管理率低于 70％，养老社区建设进度缓慢。城乡公共文化服务供给仍需优化。全省文化数字化建设处于起步建设阶段，"城市 15 分钟文化圈、农村十里文化圈"覆盖率较低。三是城乡治理挑战不断增多。保障城市运行、居民生活的市政公用设施、公共服务设施、环境基础设施普遍存在短板弱项，城市运行系统日益复杂，存在数据壁垒和信息孤岛等问题。面对全省自然灾害多发频发，夏秋防汛、冬春防火、四季防地灾、全年防地震、时时防事故，亟待提升城市安全韧性水平。基层村（社区）人少事多、权小责重，治理能力不强，人居环境不优，与城乡治理体系和治理能力现代化的要求还不相适应。

（三）居民收入水平总体较低，城乡居民收入差距较大

一是居民收入低于全国平均水平。2022 年全省城乡居民人均可支配收入为30679 元，居全国第 18 名，低于全国平均水平（36883 元）。二是各市（州）居民收入差异明显。2022 年成都城乡居民人均可支配收入为 47948 元，攀枝花为 40884元，位居全省前两位，仅有绵阳、德阳等 9 市城乡居民人均可支配收入超过全省平均水平，而排名靠后的凉山彝族自治州、甘孜藏族自治州分别仅为 26006 元、23147 元。三是城乡居民收入差距较大。2022 年，四川城镇居民人均可支配收入为43233 元，农村居民人均可支配收入为 18672 元，城乡居民人均可支配收入比为2.32，全省有 16 个市（州）城乡居民人均可支配收入比在 2 以上。四是农村居民财产净收入占比较低。2022 年全省农村居民人均可支配收入 18672 元，其中，财产净收入 628 元，占比仅 3.4％，只比 2018 年增加了 249 元。近 5 年全省农村居民的经营净收入和工资性收入仍然是农村居民收入的主要部分，财产净收入增长较慢且占比偏低。

二、四川推动实现共同富裕的六大优化路径

（一）提升经济发展质效，夯实共同富裕根基

一是增强自主创新能力。加快建设具有全国影响力的科技创新中心，推动西部

（成都）科学城和成渝（兴隆湖）综合性科学中心建设。完善支持重点产业园区对接国家实验室、天府实验室、重大科技基础设施等重大创新平台。深化院校科技创新合作，优化创新资源配置方式。二是提升经济循环效率。提高资源要素循环利用效率，持续推动实施循环利用和绿色生活方式转型八大重点工程。推动生产要素市场化改革，不断完善产权保护、市场准入、公平竞争等制度。畅通城乡区域经济循环，破除制约城乡区域要素平等交换、双向流动的体制机制障碍。三是激发市场主体活力。推进重点领域战略性重组和专业化整合，培育壮大具有全国影响力和竞争力的大集团。持续提升政务服务"三化"水平，优化政务服务环节。持续深化三项制度改革，推动企业"双脚踏入市场"。强化财税、金融等政策支持力度，拓宽市场主体融资渠道。

（二）促进产业转型升级，激活共同富裕动能

一是打造产业竞争新优势。持续实施优势产业提质倍增行动，聚焦电子信息、装备制造、食品轻纺、能源化工、先进材料、医药健康六大产业，打响"四川制造"品牌。做优做强战略性新兴产业，抓好人工智能、生物技术、卫星网络、新能源汽车、无人机等新兴产业。二是加速产业数字化转型。支持链主企业发挥技术和资源优势，分行业打造一流标杆企业。推进新一代信息技术与制造业融合，培育国家级跨行业跨领域工业互联网平台。探索建立统一规范的数据管理制度，培育规范的数据交易平台和市场主体。三是健全现代农业产业体系。做强农业产业基地，聚焦"10＋3"现代农业产业体系，加快升级农业产业集聚区、创业园区等平台。推进农业产业品牌化，做大做强做优"川字号"特色产业。加快培育产业融合示范园，加速"农业＋"融合，构建三产交叉融合的现代农业产业体系。

（三）缩小城乡收入差距，筑牢共同富裕屏障

一是实施中等收入群体递增计划。完善扶持中等收入群体政策，激发专业人才、技能人才、科研人员、创业者等重点群体增收潜力。完善高校毕业生、退役军人和农民工等重点群体就业支持体系。完善党政机关、企事业单位和社会各方面人才顺畅流动的制度体系，保障不同群体发展机会公平。二是拓宽农民增加收入渠道。增加农民工资性收入，实施农民工职业技能提升计划，加强农民工输出输入地劳务对接。增加农民财产性收入，积极探索盘活农村资产资源的模式，推动村级集体经济健康发展和农民持续增收。增加农民转移性收入，完善对农民直接补贴政策，探索建立以奖代补、先建后补等创新方式。三是提高低收入群体收入。健全县乡村三级劳务服务体系，鼓励发展家政、养老、护理等生活性服务业和手工制作等特色产业。积极开发公益性岗位，优先安排符合条件的脱贫人口、监测对象就业。完善低收入农民帮扶机制，实施差异化的"帮促＋保障"。

（四）推进新型城镇化建设，强化共同富裕支撑

一是优化城镇体系结构。建强现代化成都都市圈，持续深化成德眉资同城化发展，加快建设交通通勤圈、产业生态圈、优质生活圈。提升大中城市功能品质，推动大中城市主动承接发达地区产业转移、功能疏解。增强小城市发展活力，分类引导小城市差异化发展。二是推动城乡基础设施一体化发展。推动城乡交通、供水、电网、通信、燃气等基础设施统一规划、统一建设、统一管护。完善乡村道路、供水、供电、供气、信息、广播电视、防洪和垃圾污水处理等基础设施，健全乡村基础设施管护机制。推进城乡智慧化建设，鼓励和支持新基建在城乡重点区域布局，促进城乡智慧中心建设。三是加快推进农业转移人口市民化。全面落实城市落户政策，促进在城镇稳定就业和生活的农业转移人口举家进城落户。通过新建、改建等多种方式，积极引导多渠道筹集、多主体建设保障性租赁住房，因地制宜发展共有产权住房。建立农业转移人口市民化奖励政策，奖励资金分配向吸纳农业转移人口规模大、新增落户多的地区倾斜。

（五）均衡城乡公共服务，厚植共同富裕底色

一是推动公共服务优质共享。推动普通高中多样化特色化发展，推动普职融通实现重大突破，构建资源共享、协同发展的城乡学校共同体。健全整合型医疗卫生服务体系，推进三甲医院从中心城市向县（市）延伸，建设县域医疗卫生次中心。推动县级失能老人养护院和医养服务中心建设，打造居家社区"15分钟养老服务圈"。二是增强公共文化服务供给。实施"文化记忆"工程，保护历史文化名城名镇和历史文化街区。培育"乡村文化"项目，挖掘农耕文化故事，提升农耕文化内涵。探索"文化＋"模式，打造"传统文化＋红色文化＋农耕文化"体系。构建县域文化中心，推动"1＋5＋N"建设运营模式。三是健全多层次社会保障体系。开展助力困难群众共同富裕行动，建立救助服务联合体。建立困境妇女、留守儿童关爱服务体系，完善特殊群体的福利保障政策。加快发展残疾人福利事业，健全残疾人保障和服务体系。开展社会救助行动，扩大社会救助覆盖人群。

（六）增强城乡治理效能，提升共同富裕品质

一是高水平建设美丽四川。探索"生态＋""公园＋"等模式，打造蓝绿生态空间。深化"五水共治"碧水行动，构建安全美丽"四川水网"。严格落实禁塑限塑制度，实现全省城镇生活垃圾分类全覆盖。遏制耕地"非农化"，严格管控"非粮化"。创新生态补偿机制，培育发展生态产品和生态资产交易市场。二是深入推进基层治理。实施农村基层党组织带头人队伍整体优化提升行动，探索"党建＋"模式。坚持和发展新时代"枫桥经验"，健全网格事项准入退出机制和网格信息收集、问题发现、任务分办、协同处置、结果反馈工作机制。探索"一核三化四协

同"发展机制，形成"共治保共享、共享促共建"的良性循环。三是强化法治平安建设。深入实施"八五"普法规划，大力实施公民法治素养提升行动。完善基层公共法律服务体系，加强和规范村（社区）法律顾问工作。完善立体化智能化社会治安防控体系，严厉打击各类违法犯罪，畅通群众利益表达、协商沟通和救济救助渠道。

负责人：何鹏飞（四川城市职业学院）

成　员：兰　想（四川省统计局）

　　　　杨珂为（四川省统计学会）

　　　　伏　雪（四川省统计学会）

四川行政区和经济区适度分离改革研究

经济区和行政区适度分离一直是伴随我国经济发展的一个不可回避的问题，改革开放以来，经济区与行政区适度分离改革历经多个变化阶段，从建立蛇口工业区，设立深圳、珠海、汕头、厦门以及海南经济特区，到设立上海浦东新区、重庆两江新区等国家级新区。经济区的范围经历了"包含于行政区""与行政区重合"到"跨行政区"的多重阶段，表现为从单一的权限赋能，逐渐演变为包含纵向的体制机制和横向的国土空间及产业规划等方面的全面赋能，其核心是处理好政府和市场的关系，根本在于协调处理好经济区和行政区之间的关系。以天津滨海新区、重庆两江新区为代表的一批国家级新区，打破了经济区范围内行政区之间的界限，找到了政府与市场关系的最佳耦合点，成功打造千亿级产业集群，形成了区域经济的重要增长极和新的动力源，为探索经济区与行政区适度分离改革提供了宝贵的实践经验。四川有不同层次的经济区，高层次的如成渝双城经济圈，也有现在"五区共兴"过程中的如成德眉资同城化、川南经济圈、川东北经济圈、川西经济圈等次级经济区，还有如天府新区、成都东部新区、高竹新区、宜宾三江新区、南充临江新区等跨行政区新区，另外有众多各级高新技术开发区、经济开发区等。2020 年 1月，中央财经委员会第六次会议作出"支持成渝地区探索经济区和行政区适度分离"部署。探索经济区与行政区适度分离对四川乃至全国有着极其重要的理论意义和现实指导性。

一、行政区与经济区适度分离改革基本理论

（一）行政区与经济区适度分离的理论依据

1. 行政区和经济区的概念

行政区是指一个国家根据相关法律法规的规定，根据行政、建设和治理的需要合理划分的区域。经济区是以经济中心为依托，以专业化生产为主要内容，将自然条件和经济发展方向大致相同的行政区结合起来构成的一个区域。因此，经济区和

行政区在行政级别、管理体制、决策权和调控权等方面存在差异。

经济区和行政区既相互区别又相互依存。经济区的发展离不开行政区的支持和保障，行政区也需要依靠经济区的经济实力和产业基础来推动发展。因此，经济区和行政区之间的协调和合作至关重要。在实践中，需要加强区域合作，促进资源优化配置，推动区域协调发展。同时也需要加强法治建设，规范经济区和行政区的关系，确保双方的权利和利益得到保障。

2. 行政区与经济区适度分离的本质

行政区与经济区的适当划分，本质就是在不破坏行政隶属关系的情况下，将一些经济和社会的管理权下放出去，从而在经济区与行政区的利益之间找到平衡点。行政区与经济区的适当划分有助于提高经济发展的效率。新时期，行政区与经济区的适度分离既有助于实现高质量发展，更好地适应市场经济的发展需求，促进地区间的分工与合作，提高经济发展的速度和质量，也有助于提高政府的治理能力。

3. 行政区与经济区适度分离改革的动因

在传统行政区开发模式中，地方经济发展主要依靠政府投入，而地方政府过度执行产业政策，导致市场机制无法正常运作。行政区方式则过分注重发展速度与规模，忽视发展质量。新形势下，这两种方式都无法适应经济高质量发展。经济区发展模式更注重经济规律和市场的作用，行政区与经济区适度分离，有利于突破各行政区域的利益屏障，使区域经济规律更好地发挥，消除地方部门因追求自己的利益而妨碍要素的自由流动和空间分配，更好地适应高质量发展。

（二）行政区与经济区适度分离改革的实践逻辑与典型模式

1. 行政区与经济区适度分离的实践逻辑

行政区与经济区适度分离的实践逻辑可以从区域发展权力分配入手，区域权力划分分为纵向差别和横向差别。纵向差别是指不同行政层级的行政管理权限存在差异，这是行政权力划分的典型逻辑。以此逻辑，行政区与经济区的适度分离改革就是根据各地区的经济发展基础和需求，对各地区上下层级行政区的发展权限进行合理分配，突破以行政层级进行区域发展权力分配的惯例，重新进行权力分配，达到最大限度地发挥经济发展的效能。横向差别指同一种行政层级的行政管理体制存在差异，导致同一层级权力分配不完全相同。以此逻辑，行政区与经济区的适度分离改革就是充分利用横向权力分配差异特点，重新配置行政区与经济区权力，改变"以单一行政区域为主"的方式进行要素资源配置，实现"跨行政区域"的发展模式。

2. 行政区与经济区适度分离的典型模式

基于纵向差异逻辑，行政区与经济区适度分离改革有三种典型模式。第一种模式为"高放低"，就是所谓的"放权"，将更高级别行政等级区域的经济管理或者行政管理权限下放给较低一级行政等级区域，使其可以按照自己的发展需求，对发展策略进行适当的调整和优化，以此来解决由于开发权限不够而造成的发展瓶颈。第二种模式为"普变特"，就是所谓的"特权"，是因国家发展需要而给予某地区发展"特权"，重点实现某项任务或某项改革，权力由国家层面赋予。第三种模式为"低升高"，就是所谓的"扩权"，是把开发权限较低的地区直接提升为高开发权限地区，通过调整整个区域的制度结构与状态，实现对区域发展权力的扩张。

基于横向差异逻辑，行政区与经济区适度分离改革的典型模式有两种。第一种模式是以"趋高"实现"趋同"，不同区域都选择参与合作主体区域中的最高水平的发展权限和政策，主要针对不同行政层级区域合作共建经济发展区，以合作区内较高一级行政区权力为基础，其他各行政区向其看齐。第二种模式是以"趋新"实现"趋同"，各地区在新的发展领域、新的发展模式中寻求"趋同"，尽量不改变存量特征，这种主要适合新区域开发，在此基础上进行空间协作和整合，形成一种新型的开发机制。

二、行政区与经济区适度分离改革典型案例分析

（一）长三角一体化发展

长三角一体化发展是以"趋新实现趋同"的横向改革模式的典型。长三角经济一体化进入加快推进阶段，区域经济实现了快速发展，沪、苏、浙、皖地区生产总值持续增长，四地生产总值合计数从 2018 年的 21.72 万亿元增长到 2023 年的 30.50 万亿元，累计增长 8.78 万亿元，年均增速 7%，高于全国平均增速 0.5 个百分点。

构建国家主导的高层次的协调机制。2006 年提出实现长三角地区区域协调发展，2018 年 11 月长三角一体化发展上升为国家战略。国家成立了一个指导小组，由中共中央政治局常委和国务院副总理领导，推动长三角一体化发展。该小组负责全面领导和协调长三角一体化发展战略的实施。指导小组办公室设在国家发展改革委，负责指导小组的日常工作。上海、江苏、浙江、安徽三省一市成立了一个高规格领导小组，由省委（市委）书记担任组长，省长（市长）担任第一副组长（或双组长）。

持续优化完善区域合作机制。随着长三角一体化发展上升为国家战略，长三角区域合作机制由"三级运作、统分结合"转变为"上下联动、三级运作、统分结

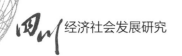

合、各负其责"。

以示范区探索一体化制度创新。本着先易后难、软硬并重的原则，一体化进程从破除显性的行政区障碍开始，从发展规划统筹对接、基础设施互联互通、产业分工协作、科技协同创新、生态联合保护等，逐步深入到消弭隐性的制度障碍，如消除户籍障碍、要素跨区域自由流动、项目跨区域管理、税收跨区域征管等。通过促进融合，撬动聚变，释放红利，打破行政界限约束，促进要素有序流动，最终实现经济效率提升和区域融通共赢。

（二）京津冀通州区与北三县一体化高质量发展示范区

京津冀通州区与北三县一体化高质量发展示范区建设属于典型的纵向型"普变特"模式。国家发展改革委 2020 年 3 月 17 日发布《北京市通州区与河北省三河、大厂、香河三县市协同发展规划》，从国家层面为推动通州和北三县协同发展进行"顶层设计"。国务院 2021 年 11 月印发《关于支持北京城市副中心高质量发展的意见》，提出积极推进北京城市副中心、通州区与北三县一体化的高质量发展。通州区与北三县按照"四统一"要求，紧紧抓住承接北京非首都功能疏解这一"牛鼻子"，实现规划、交通、产业、公共服务、生态"五新联动"。

主动承接大城市功能产业转移。聚焦北京"摆不下、离不开、走不远"的功能和产业，紧邻通州区的北三县主动承接非首都功能疏解任务，推动北京部分产业和功能向北三县等周边地区延伸布局。

加快交通生态设施一体化建设。实施交通一体化，四条跨界道路签订两省道路接线协议。北运河京冀段实现互联互通试验性通航，推动教育医疗养老等资源的各种延伸。

按照"四统一"要求创新体制机制。深入落实"统一规划、统一标准、统一政策、统一管控"，确立常态化联合招商机制与项目会商机制、重大项目评审和统筹落地联合审议机制，制定重大项目统筹管理办法，研究供地方案，探索政策一体化覆盖，同事同标机制。推动区域利益共享与风险共担，形成可复制、可推广的区域协同发展模式。

推动教育医疗养老等资源辐射延伸。通州区与北三县通过签署协同发展协议，组织拉手联盟校、"点单"式共建精准对接需求等方式，共建教育协同共同体。多家央属、市属医院与北三县医疗机构签署合作协议，北三县定点医疗机构已纳入京津冀异地就医普通门诊直接结算范围。北京的环卫、热力和水务服务正在加速覆盖北方三县全域，实现了数百个高频公民问题和数十个政务服务事项的"区域通办"。

（三）高竹新区跨省市合作推进

在成渝双城经济圈建设大战略背景下，2020 年 12 月由川渝两省市政府批复设立了川渝高竹新区，总面积 262 平方千米，下辖广安市邻水县高滩镇、坛同镇部分

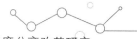

行政区域和重庆市渝北区茨竹镇、大湾镇部分行政区域，是川渝两省市唯一的跨省域新区。高竹新区跨省市合作是一次"以趋高实现趋同"的重要尝试，以成渝双城经济圈发展战略为契机，在改革方面实现了广安市级与重庆（直辖市）级的趋同，大大提升了高竹新区的发展权限。

明确改革发展思路。川渝高竹新区按照"一家亲、一盘棋、一体化"理念，秉持"经济活动一体开展，社会事务属地管理"改革思路，经济区和行政区之间初步形成了一条适度分离的改革道路，包括"五个一体化"和"三个属地化"，即坚持发展规划、基础设施、公用事业、建设发展、整合运营管理；在村镇管理、人民事务、基层治理等方面实施属地化，加快了"不破行政隶属，破除行政壁垒"体制机制的形成，有力推动了新区的发展。

推进发展规划一体化。坚持"统一编制、联合审查、立法确认、一体实施"原则，按照"先定山水后定城""产城景融合"思路，打破行政区划，统一编制概念性规划、国土空间规划和产业、交通、城市设计等专项规划。实行"一个本子、两家同步"审批机制，确保与渝广两地规划同图、实施同步，强化规划的统一性和权威性，确保项目落地。

推动政策协同联动。按照"政策就高不就低、成本就低不就高"原则，川渝党政联席会议审议通过《关于支持川渝高竹新区改革创新发展的若干政策措施》，明确提出政策措施。提出新区统一行政审批标准，梳理形成申请两省市拟下放行政权力行政审批事项。川渝两省市市场监管部门将"高竹"作为高竹新区市场主体专属字样，实现市场准入异地同标、营业执照异地互办互发。创新统计指标的初步分算方法，实现数据共享和发展成果跨省分享。

创新市场化开发建设机制。广安、渝北坚持股权共同投资，各自注入 5 亿元等值股权，共同组建公司高珠发展集团，建设集融资、建设、运营管理于一体的综合城市运营商。追求"小管委会＋大公司"的经营模式，将所有资源、综合发展和利润集中在高竹发展集团公司，实现新领域"长周期、大平衡"的经营目标。建立时间、现状、"三锁定"边界机制，以及"存量收益各自分享、增量收益五五分成"机制，形成高竹新区的库存锁定和过渡运营管理计划，创新了投资成本分担和区域间利益分享的新模式。

构建高效的运行管理机制。实施"领导小组＋管理机构＋开发公司"三级管理模式，以管理集团为决策层，管理委员会为执行层，高竹开发集团为实施层，扁平推进新区开发和建设。建立了全国首个省域一体运行的税费征管服务中心，实现新区企业税费征管、税费政策、纳税服务、风险应对、税费监管 5 大类 122 个涉税事项一体化即时办理。实行跨省法务联动，使两地公安部、检察院和司法部能够共同建立警务中心、检察服务中心和公共法律服务中心，建立综合法务区。

（四）国内经济区与行政区适度分离经验借鉴

1. 搭建统一领导组织机制

在推进经济区和行政区的适当分离改革过程中，确实需要建立一个统一的、统筹的领导机构，以为现代化区域经济圈建设提供坚实、集约、高效的组织保证。

2. 确立互惠互利共享原则

各个地区的经济区与行政区都应该进行适度分离改革，应本着互惠互利、共同承担代价、分享利益的原则，加强对区域经济一体化发展的信心。区域经济的持续、健康发展是构建经济圈的根本目标。既要把"蛋糕"做大，也要把"蛋糕"分好。对此，改革区域要进行积极的探讨，建立成本分担和利益共享原则，为稳定的经济发展打上"强心剂"。

3. 打造改革先行试点新区

经济区与行政区的适度分离改革要以周边区域为重点，坚持稳扎稳打，充分发挥"先行区"的示范作用。新机制、新政策的实施效果还有待试点区域的实证检验。选择"新区"作为试点，探索"适度分权"的行政区划改革。

（五）四川经济区行政区适度分离的效果分析

第一，优化城市发展和区域发展的空间结构，有助于"打破自家一亩三分地的思维定式"。目前，国家发展改革委批复的都市圈发展规划大多是省会都市圈。不难发现，作为行政区划的省会城市，基本都存在空间结构不合理，影响或制约其发展的问题。通过都市圈规划建设，尤其是基础设施，将实现省会城市与周边地区更大范围的资源要素的自由流动，为建设全国统一大市场创造条件。

行政区和经济区的区域划分是我国地方政府"一亩三分地"思维模式的直接体现和主要原因。探索经济区和行政区之间的适度分离改革有助于打破区域行政利益的传统障碍，使区域经济发展能够遵循市场规律并发挥更大作用。这是直接打破地方政府"一亩三分地"思维定式的有效工具。

第二，形成若干空间布局，作为建立高质量发展的区域集群。这有助于形成具有互补优势和高质量发展的区域经济布局。由于地方政府在发展自身的工业体系方面发挥着重要甚至决定性的作用，形成了具有互补优势和高质量发展的区域经济结构，地方政府在制定发展战略时必须遵循自身的比较优势，并选择符合自身要素配置结构的主导产业。只有在不同地区才能真正培养具有市场竞争力的产业，并在不同地区之间形成互补的产业分工体系。

区域集群的内涵是创新集群和产业集群。京津冀、长三角、珠三角和成渝等地区的都市圈是我国科技创新的策源地、产业创新的承载区，都将成为国家建设现代化产业体系和经济体系的主要空间载体。因此，探索经济区与行政区适度分离改革是确保政府与市场各司其职的重要举措，也是形成优势互补高质量发展的区域经济布局的必要条件。

第三，通过整合社会资源并优化配置，实现自然生态和社会生态的共同治理。这有助于贯彻落实"行政区划本身也是一种重要资源，用得好就是推动区域协调发展的更大优势"这一理念。统筹推动基本公共服务和社会保障一体化发展，实现公共服务均衡普惠和整体提升，持续提高共建共享水平，为区域乃至全国共同富裕水平的提高做出榜样。这是都市圈协同发展的重要组成部分。

探索经济区与行政区适度分离的改革本质上是一种特殊类型的行政区划调整。这种方法可以通过将区域发展空间与发展布局重新调整，促进区域的协调发展，而不损害原始区域经济和社会发展的稳定。在新时代，社会治理和生态治理越来越需要跨越行政区划，以实现和完善都市圈和城市群范围内的协同区域治理。因此，推行经济区域与行政区域适度分开的改革，可以在行政区划层面探索更可行的途径和办法，从而促进区域的协调发展。

三、四川主要经济区与行政区适度分离的问题

（一）天府新区

1. 政策灵活性、一致性不匹配

天府新区直管区与其他区域之间的政策联系度和要素集成共享水平较低，资金、人才、技术等要素自由流动的政策环境尚未形成。不同行政区域地理位置和交通条件差异较大，生产要素区域差异较大；不同行政区域在制定生产要素价格政策时存在一定的自主权，导致价格难以统一。

政策一体化水平较低，直管区与非直管区没有与所属产业生态圈内其他产业功能区联合出台招商政策，如没有联合开展招商引资、人才招引、融资对接、技术交流、市场拓展等。

直管区与非直管区之间以单一部门单一领域的协调为主，多部门综合协调机制尚不健全。行政区划层级多，信息不对称现象突出。协同推进相关改革时，税收、要素价格、产业政策、项目审批等领域的部分环节涉及省级和国家权限，难度较大。

2. 机制体制适合度、配套度不完善

天府新区经济区和行政区适度分离的顶层设计较为完善，但部分产业功能区没

有与产业生态圈内其他产业功能区联合编制发展规划或者联合申报重大项目，没有通过产业协同的方式集聚产业联盟和集群发展。产业功能区没有联合设立产业投资基金、联合建立产业投资分享机制。

直管区与非直管区在项目审批、土地管理、财税政策等方面所管辖的行政事权不一致，彼此之间对同一项行政审批事项的标准和流程存在差异，导致企业在不同区域办理同一项审批事项面临不同的审批标准和流程。

没有建立统一的地方性立法和动态性立法执法标准和制度（如行政规范性文件制定权、控制性详细规划审批权、自由贸易区相关审批）等，市场监管政策、标准以及执法力度等都存在管理机制体制的错位。

3. 利益共享机制不健全、不合理

由于行政级别不对等，直管区与非直管区在综合考核指标、核算方式上存在明显差异。各区域之间的考核目的与绩效认定不同，导致产业协同创新发展缺乏有效的监督和约束机制，导致利益分配不公平或不合理。双方因财权与事权不对等存在一定的利益冲突，在征地、人员安置、行政部门配合等方面存在矛盾。

财政收入和支出的划分以区域行政区为基础，整个天府新区没有财政方面的自主权和决策权，难以充分发挥天府新区整体产业发展的潜力。税费征收管理方面，直管区与非直管区的财政收入来源和规模存在差异，税收政策存在差异，税率、税收优惠政策会影响整个天府新区跨区域经济合作和投资。不同的行政区域存在数据发布和共享障碍，限制了统计数据的流通和应用。

（二）南充临江新区

2023年以来，经济下行压力加大，地方财政收支不断承压，导致地方财政的可持续性面临巨大挑战，新区发展急于突破资金筹措难、招商引资难等瓶颈。

1. 周边发展提速压力加大

2021年南充市的生产总值为2601.98亿元，市州排名第五位；同比增长7.8%，低于全省8.2%的增速0.4个百分点，低于周边达州、遂宁、广安8.3%、8.2%、8.1%的增速。四个省级新区中，与临江新区面积和人口相似的宜宾三江新区2021年地区生产总值达到300.3亿元，地区生产总值增速为23.10%，高于临江新区7.5个百分点；成都东部新区地区生产总值增速为20.29%，也高于临江新区4.69个百分点。周边区域发展明显提速，区域同质化竞争局面尚未打破，且面临成都、重庆两个超大城市较强的虹吸效应，临江新区发展压力加大。

2. 产业创新发展质量不高

2021年，临江新区汽车汽配、电子信息、高端装备制造三大主导产业产值分

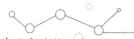

别达到 93.6、37.2、18.1 亿元，产业规模不大，产业基础还比较薄弱，产业关联度低、链条不全、层次不高，重点企业不多，企业分布较散，集聚效应不强，产业引领带动不够。南充虽然拥有 11 所高等院校，但对产业创新支撑作用不强。临江新区已创建两个省级工程技术中心，建成三环研究院院士工作站等两个联合研发基地和两个成果转化基地，新区规划布局南充大学城及三环研究院、南充农科院等科研机构，但创新实力整体不强，创新能力还有待进一步提高。

3. 协同发展机制还需完善

临江新区成立以来，一些行政体制障碍尚未理顺。新区与属地政府行政主体的权责划分尚欠清晰，新区内部权力主体的权责交叉增加了行政成本，降低了管理效率。扁平化的组织架构引发了职责异构的矛盾，这与"上下对口、左右对齐"的职责同构体制冲突，能承接下放权力、具有较高专业能力的人员较为短缺。行政区隔障碍尚未清除，新区一体化治理体系尚待完善，还面临政策配套、资金安排等保障机制尚不完善、共建共享的利益协调机制尚不健全等现实挑战。

（三）四川经济区、行政区适度分离的风险分析

第一，双区适度分离可能会带来一定的经济风险。经济区和行政区的分离可能会导致资源配置不均衡，使得地区在经济发展上出现严重不平衡的两极分化。此外，双区适度分离还可能导致地方政府之间的竞争加剧，出现资源浪费和重复建设的情况。

第二，双区适度分离也可能会对社会稳定产生一定的影响。行政区和经济区的分离可能会导致一些地区的社会管理和社会服务出现问题，进而影响居民的生活质量和社会稳定。在推进适度分离的过程中，需要加强社会管理和公共服务建设，确保人民群众的利益得到充分保障。

第三，双区适度分离还可能对环境保护和生态建设带来一定的挑战。经济区和行政区的分离可能会导致环境治理的责任分散和监管不到位，从而对生态环境造成损害。在推进适度分离的过程中，需要加强环境保护和生态建设力度，确保可持续发展的目标得以实现。

第四，双区适度分离还可能会导致法律和政策的不统一。由于经济区和行政区属于不同的管辖范围，政府在制定和实施法律、政策时往往会出现差异和矛盾。这可能会导致一些经济区得不到公平的待遇和发展机会，另一些经济区则可能会出现过度开发和资源浪费的情况，进一步加剧法律和政策的不统一。

第五，双区适度分离也可能会导致资源浪费和重复建设。由于缺乏统一的规划和管理，资源可能会被分散到不同的经济区域，导致资源浪费和低效利用，并且不同地区可能会出现类似的发展需求，从而导致重复建设的现象。

四、四川经济区与行政区适度分离政策建议

（一）加强顶层设计与政策指引

1. 强化整体区域协同一体化发展战略

经济和行政区域分离的适度改革需要一种充分协调和一体化的发展理念，加强合作和包容机制，提高对合作发展的认识，并且树立一致的目标。同时，为新区重要问题建立统一的推进机制，确保经济和行政区内的定位和步伐一致。在毗邻区试点、经济区内国土空间规划、产业集群、协同发展战略等全局性、重要性事项上，实现统一规划、联合行动、共同协商和行动一致。构建"总体规划—专项规划—详细规划"三级国土空间规划体系，实行多规合一，确保规划协调一致。从理念和机制上共同发力，构建一体化发展体系。

2. 创新政策协同联动机制

加强政策内容的合法性和科学性，划清各自的权利和责任，解读实施政策，通过联合论证、相互协商和联合制定减少各自政策之间的冲突。

在政策执行过程中，建立常态化政策反馈机制和有效的评估机制，核实政策制定的可行性和规范性，评估政策对经济和行政区域适度分离改革和区域经济一体化发展战略的影响，通过销能反馈，有针对性地调整政策改革战略。充分利用两区政策结合的优势，解决经济和行政区域适度分离的问题。

（二）完善要素保障和市场化配置

1. 完善资源配置机制

一是加快政府职能转变，在提高政府治理现代化水平的同时，减少政府行为对微观经济活动的直接干预和市场资源的直接配置，大力保护和激发市场主体活力，更好地发挥市场经济在资源配置中的决定性作用，实现各生产要素、资料的合理高效配置。二是对各地区发展政策体系进行监督，维护市场公平和竞争中性。三是完善资源交易新机制，在"有效政府"和"有为市场"的机制下，双区政府结合当地经济发展程度、资源情况等，就土地要素确权、交易模式、定价机制、交易市场、交易监管等方面开展探索，重点解决要素确权困难、交易成本高的问题，促进土地、劳动力、技术、数据等要素高效流动。

2. 强化要素保障机制

一是健全用地保障机制，根据城市总体空间布局规划的合理性，综合整体配置

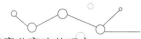

的土地指标交易资源，探索建立跨行政区土地指标交易机制和结算体系。二是优化要素价格形成机制，确保水电气等基本生产要素"同区同价"。三是构建多层次、多渠道、多方式人才引育机制，加快户籍制度改革进程，引导人才要素在区域范围内畅通流动和重组；推进产教融合、职普融通、科教融汇，构建现代职业技能教育培训体系。四是完善科技金融服务体系，完善天使投资母子基金的设立和产业引导基金"募投管退"资金闭环体系，支持重点产业链组建专业领域子基金，为其提供资金保障。

3. 健全市场监管机制

一是建立市场监管机构，负责监督市场秩序、打击违法行为、保障市场公平竞争。二是完善市场准入制度，本着"公平、透明、非歧视"的原则明确市场主体进入经济区的条件和程序，避免行政区域之间的壁垒和不公平竞争。三是加强市场监测和信息公开，加快市场监管信息化建设，及时掌握市场动态和行业发展趋势，提高监管效能和监管水平。四是健全消费者权益保护机制，设立投诉平台，畅通投诉通道。

经济区应该实现立法决策与改革决策衔接的统一，通过立法直接授权、行政权力"清单式"授权以及行政委托三种方式，最大限度地依法赋予经济区经济社会管理权限。

（三）推进产业链供应链融合发展，打造产业集群

1. 构建区域产业发展格局

一是制定产业发展规划，根据区域特点和优势，确定主导产业和支撑产业，引导资源和资金向重点产业倾斜，形成产业集聚效应。二是优化产业布局，集中资源在核心区域的高能级平台培育产业链龙头企业，在周边次级园区布局产业链上下游配套企业。三是推动产业结构升级，加强对战略性新兴产业和高技术产业的支持力度，鼓励技术创新，提高产业附加值和竞争力。四是建立统一的产业发展集群和联盟制度，统一招商政策，优化产业链条布局。

2. 健全区域产业协作体系

一是谋划构建科学的区域现代化产业体系，推进优势产业链、特色产业集群，促进产业错位布局和功能化、特色化发展。二是制定创新引领产业合理布局的激励政策，推进跨行政区联动招商，三是建立"核心产业＋基地"的产业链条联盟机制，充分利用经济区的优势，行政区和经济区联动招商，建圈强链，促进产业联盟发展。四是建立基础研究和产业体系应用之间转化的问题，各区域协作科技成果转化体系要素和资源，建立产业协作集群与联盟。

（四）优化政绩考核与利益分配机制

1. 调整地方政府政绩考核机制

深化完善"协调"工作考核内容，增加指标数量和评价权重，符合经济区建设标准和要求，更好地发挥评价指导作用，突出科技创新效益，增强科技产业核心竞争力。使区域政府更加关注该区域的长期利益。以跨行政区协调机制运行情况、区域内产业关联度、合作共建区域发展情况等为考核指标评价领导干部为区域一体化发展做出的贡献，鼓励地方政府积极参与区域一体化的发展。对于让渡部分管理和生产要素的行政区，把毗邻区的综合发展视为全面评估地方政府工作的唯一重要内容，更加全面地评价地方政府的工作。

2. 探索共建共赢利益联结机制

借鉴成渝地区初步搭建的成本共担、利益共享的框架，进一步优化利益分享机制。一是加快完善财税一体统筹机制，重点解决耕地占用税、大气污染税、资源税等的跨区域差异，以形成统一意见。二是确定税收共享阶段和分配比例，综合考虑税收制度、生产要素投入、项目异地迁移、两区企业迁移利益分享等因素，设计不同阶段的初期、中期、长期的增量利益分配机制。可以学习长三角示范区的经验，在初期提前将增量地方税收全部留给新区，用于建设主要基础设施和开发公用服务项目；中期产生的增量地方税收将按投资比例分摊和分配，对于大型项目，将"一事一议"，协商分摊和分配；从长期来看，将增量地方税收按照经济规模比例确定。

（五）搭建空间示范载体

1. 强化工业用地集聚

制定工业用地规划，根据园区产业发展方向和需求，确定工业用地分布区域和规模，整合现有用地资源，规划和建设工业园区。

2. 探索"飞地模式"创新

一是在川内已建立的飞地试验区探索新的飞地模式，可以借鉴长三角区域的"反向飞地""双向飞地"新模式，实现区域创新资源与产业结构互补，弥补欠发达地区科技创新资源相对匮乏的短板；二是建立行政区域间的联动机制，加强不同行政区域之间的合作，加强政策协调和资源整合，实现资源共享；三是加强交通基础设施建设，提升经济区内外交通连通性，便利人员流动和物资运输。

3. 加强政策支持力度

一是健全智能化、信息化政务服务体系，简化行政审批流程；二是探索"市场

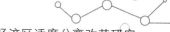

准入异地同标"机制，加强产业链的协同发展；三是提供用地政策支持和税收优惠，吸引企业集聚，形成产业集群效应；四是加强人才培养和引进机制，与高校、研究机构、企业合作，建立人才培养基地，吸引和留住各类人才。

负责人：肖东华（西华大学）

成　员：赵修文（西华大学）

姚世斌（西华大学）

陈昌华（西华大学）

郑　义（西华大学）

江　文（西华大学）

张高勋（西华大学）

张薇薇（西华大学）

尹艺霏（西华大学）

杨珂为（四川省统计局）

提高人力资源利用效率支撑
四川现代化建设研究

2023 年 5 月，二十届中央财经委员会第一次会议提出，要加强人力资源开发利用，稳定劳动参与率，提高人力资源利用效率。四川是人口大省、人力资源大省，但人力资源开发利用不够充分，从人口大省向人力资源强省转变还存在突出矛盾和问题，尤其在当前人口发展进入少子化、老龄化、区域人口增减分化的新常态下，需要更加重视人口与经济的良性互动，提升人力资源开发利用水平，为经济高质量发展提供有效的人力资源支撑，为四川现代化建设提供坚实的基础和持续的动力。

一、人力资源利用与中国式现代化的关系

（一）人力资源利用的相关文献梳理

改革开放以来，学界就开始了对人力资源开发利用的研究，并取得了丰硕的成果，为新时代人力资源开发利用提供了理论支持和有益的经验借鉴。本文将国内外现有人力资源开发利用的文献总结为以下五方面。

1. 人力资源开发概念相关研究

国外学者主要以人力资本理论为基础对人力资源开发进行研究。著名经济学家阿尔弗雷德·马歇尔（1890）指出"对人本身的投资是最有价值的投资"。舒尔茨（1960）在《人力资本投资》中提出人力资本投资是经济增长的主要源泉，包含人力资本的资本概念才是完整的经济发展概念。学校教育和家庭培养是人力资本投资的重要组成部分，教育投资是促进经济增长最重要的因素。著名管理学家彼得·德鲁克（1954）提出了"人力资源"的概念。他认为人力资源拥有特有的属性，能通过协调和整合作出判断，还拥有想象的能力，具有不可替代性。

国内在 20 世纪 80 年代中期才开始引进人力资源相关理论。在人力资源开发概念和特征等方面，很多学者进行了系统研究，如胡君辰、郑绍濂阐述了人力资源开

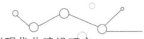

发和管理的基本理论，提出人力资源的重要性，能提高生活质量、提高工作生产效率等的可操作方法。① 刘昕（2012）概述了人力资源的内涵，人力资源的结构特征，人力资源规划、教育培训和开发对策等内容。刘智超（2016）从把人力资源转化为人力资本理论方面展开论述，借鉴国外的经验解决中国人力资本开发的教育、社保、人口流动等问题。萧鸣政、饶伟国阐明了人力资源观点，从研究角度、焦点和计量方式三方面区分人力资本和人力资源。② 很多学者从不同角度对人力资源进行了系统的理论分析，丰富了国内人力资源理论知识。

在讨论人力资源开发时，有学者对人力资源及劳动力资源的概念进行了明确的区分界定。张振华认为，从数量的角度来说，劳动力资源小于我们所说的人力资源的数量，它是指一个国家或地区有劳动能力并在法定劳动年龄范围内的人口总和。劳动力资源这个概念一般指 16 岁至 60 岁处于离休、退休之前具有劳动能力的人口数量，同时也强调劳动者应具有一定的劳动能力。在不太严格的情况下，人们往往把劳动力资源和人力资源作为同一个概念使用。但是，与"劳动力资源概念相比，人力资源概念还包括虽已离退休但仍从事工作的劳动者，并且是指具有较高素质的劳动者。因而人力资源概念不仅突出数量方向，而且重视质量方面，是质量和数量相统一的概念"③。徐晓玲等指出，劳动力资源是现实中被利用或用作投资的劳动力的总和，它的内涵接近劳动年龄人口。而人力资源除包括劳动力资源的概念以外，还包括潜在的可被利用的劳动力和本地区之外的劳动力。④ 武忠远进一步指出，劳动力资源这一概念侧重数量，将人力资源中的未达到法定劳动年龄和已达到退休年龄的人员排除在外。⑤ 通过学界对劳动力资源和人力资源概念的区别界定，不难发现劳动力资源和人力资源的概念存在诸多共同之处，二者都包含了人口构成中最为活跃的部分，即推动经济发展主体力量的劳动年龄人口。因而，本文在进行数据分析时，为保证结果的准确性和科学性，将采用劳动年龄人口代替人力资源或者劳动力资源。

2. 基于政府视角的人力资源开发研究

不少学者基于政府宏观管理的视角对人力资源开发进行研究。汪士寒认为政府从政策、制度多方面着手开发农村人力资源并提出对策，促进了农村劳动力流动、教育、培训等的有机结合。⑥ 姚先国等从政府户籍制度改革的角度，论证了户籍制度改革对农村人力资源流转和就业的影响，肯定了政府出台的新户籍制度改革有利

① 胡君辰，郑绍濂. 人力资源开发与管理 [J]. 中国人力资源开发，1999（7）.
② 萧鸣政，饶伟国. 基于人力资本的人力资源开发战略思考 [J]. 中国人力资源开发，2006（8）.
③ 张振华. 对人力资源概念内涵与外延的界定 [J]. 阴山学刊，2004（6）.
④ 徐晓玲，陶加煜，丁云霞. 人力资源是第一资源 [J]. 铜陵职业技术学院学报，2006（3）.
⑤ 武忠远. 人才资源及其相关概念探析 [J]. 商场现代化，2006（23）.
⑥ 汪士寒. 互联网促进城乡资源互动机制研究 [J]. 农村经济与科技，2018，29（1）.

于扭转城乡区别的二元劳动力市场局面，促进城乡整合。① 顾昕等针对医疗领域劳动人力资源存在的危机，指出医疗服务公共治理体系中劳动力市场机制的积极作用发挥不足，需要政府转变职能，推进市场机制的发展，以早日达成医疗行业全员劳动合同制的既定目标。②

3. 人力资源开发对经济的影响研究

人力资源开发与地区经济发展息息相关，诸多学者对人力资源开发对经济发展的影响展开了研究。于卫雁认为人力资源开发已经成为影响区域经济发展的重要因素，并通过解析我国高等职业教育对促进区域经济发展的作用，指出高等职业院校采用校企合作人才培养模式，可以更好地促进区域经济的发展。③ 扶涛分析了产业结构转型升级与人力资源开发适配度，认为人力资源与产业转型升级匹配是产业转型升级的重要影响因素，并通过构建产业结构转型升级与人力资源开发适配度评价指标体系，运用适配度评价模型评价了 2000—2015 年产业结构转型升级与人力资源开发两者的适配度，结果表明我国人力资源开发与产业转型匹配度总体呈不断上升态势，并呈现出非对称性特征。④

4. 老年人力资源开发研究

在全球老龄化加速的背景下，学界对老年人力资源开发进行了研究。

一方面讨论了老龄化背景下对老龄人力资源开发的必要性。程杰等认为退休人口重返劳动力市场已成为全球老龄化进程中的一个新趋势，挖掘老年人力资源潜力是世界各国积极应对老龄化的重要举措。⑤ 陈功认为积极开发利用老年人力资本，把"老有所为"同"老有所养"结合，是全面挖掘人才红利、积极践行老龄化国家战略和落实新时代人才强国战略的新思维。⑥ 阳义南、高娜在系统梳理和回顾新中国成立以来涉及老年人力资源开发的政策的基础上，从范式变迁的角度追溯了从被动应对式到主动积极式的发展进程与演变模式，从理念逻辑、组织架构、利益群体三个方面分析了范式转变的内驱动力机制，认为新时代老龄政策应致力于建设中国特色社会主义制度下"不分年龄，人人共享"的社会，释放并挖掘老年人力资源的潜力。⑦

---

① 姚先国，叶环宝，钱雪亚. 人力资本与居住证：新制度下的城乡差异观察 [J]. 广东社会科学，2016 (2).

② 顾昕，惠文. 遏制"看病难"：医疗人力资源开发的治理变革 [J]. 学习与探索，2023 (2).

③ 于卫雁. 人力资源开发视野下高等职业院校人才培养模式的选择 [J]. 高教探索，2017 (S1).

④ 扶涛. 人力资源开发与产业转型升级的交互影响机理与适配效应研究——基于中国 2010—2015 年数据 [J]. 湖北社会科学，2016 (6).

⑤ 程杰，李冉. 中国退休人口劳动参与率为何如此之低？——兼论中老年人力资源开发的挑战与方向 [J]. 北京师范大学学报（社会科学版），2022 (2).

⑥ 陈功. 以时间银行开发利用我国老年人力资本 [J]. 人民论坛·学术前沿，2021 (24).

⑦ 阳义南，高娜. 我国积极开发老年人力资源的政策求索与变迁 [J]. 社会保障研究，2022 (2).

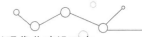

另一方面，对老年人力资源开发的主题和客体进行研究。首先是对开发主体的研究，丁盼盼认为老年人力资源开发应该以社会组织为开发主体，同时老年协会、慈善组织等也可以成为老年人参与社会的主要渠道。① 其次是对开发客体的研究，梁淑雯调查了陕西省低龄老年人力资源开发情况，并对调研数据进行了实证分析，根据分析结果提出促进城镇老年人开发的几点建议：完善法律政策，保障低龄老年人力资源权益；设立开发咨询平台，服务低龄老年人力资源；促进老年教育发展，兴办老年培训课程；提升老年人力资源质量。② 徐杰对公共部门老年人力资源开发进行了研究。公共部门人力资源主要指科技、教育、文化、卫生领域的老年人力资源，这些人力资源是各行各业的专家和人才。③

5. 重点领域和人群的人力资源开发研究

当前，我国人力资源开发充满了机遇与挑战，有学者对我国人力资源开发的重点领域展开了研究。

一是对乡村振兴背景下农村人力资源开发的研究。刘晓红在界定乡村人力资源开发概念的基础上，分析了乡村人力资源开发的应然要求，归纳了乡村人力资源开发的影响因素；围绕有利于形成谁来投、投给谁和怎么投的系统合力，提出乡村人力资源开发投入机制的对策建议。④ 杨丽丽认为农村人力资源开发问题实质上是人力资源的开发和评价问题，下大气力开发新时代农村人力资源是乡村振兴的必由之路，是落实乡村振兴战略"产业兴旺、生态宜居、乡风文明、治理有效、生活富裕"总要求的有力抓手，是实施乡村振兴战略强有力的资源保障。对农村人力资源开发进行评价，有助于农村人力资源开发质量的持续提升。⑤

二是对国际人力资源开发的研究。我国人口发展已进入负增长阶段，人口负增长形势将保持常态化，且这一阶段的人口变动将呈现诸多新特征。葛珺沂等认为，应积极推动人力资源开发路径向"质量型、配置型、开放型"转变，优化人力资源开发导向，不断挖掘人口质量红利；顺应人口流动性增强的趋势，持续优化人力资源配置；放眼国际人力资源市场，着力集聚海外智力资源。⑥ 庄西真分析了"一带一路"倡议人力资源的开发，认为在互利共赢基础上推动"一带一路"沿线国家的工业化和现代化进程，关键在于高素质的人力资源，并指出"一带一路"沿线国家的人力资源在劳动力数量、成本方面则处于优势，在劳动力受教育程度、技能水

① 丁盼盼. 福建省老年人力资源开发研究［D］. 福州：福建农林大学，2012.
② 梁淑雯. 渐进式延迟退休背景下城镇低龄老年人力资源开发研究［D］. 咸阳：西北农林科技大学，2018.
③ 徐杰. 新疆公共部门老年人力资源开发对策研究［D］. 乌鲁木齐：新疆大学，2013.
④ 刘晓红. 乡村振兴视角下乡村人力资源开发研究［J］. 西南民族大学学报（人文社会科学版），2023，44（4）.
⑤ 杨丽丽. 乡村振兴战略与农村人力资源开发及其评价［J］. 山东社会科学，2019（10）.
⑥ 葛珺沂，段成荣. 推动人力资源开发"三型"转变有效应对人口负增长［J］. 人口研究，2023，47（2）.

平、生产率方面具有劣势。①

三是对退役军人这类重点人群的人力资源开发的研究。解决好退役军人人力资源开发与管理问题，既是一个民生问题，也是一个社会问题。科学有效地开发退役军人这一"人力资源库"，对新时代中国特色社会主义建设具有重要意义。崔成、王艳涛认为解决当前退役军人人力资源开发与管理中的现实问题，需要从转变观念入手，不断完善退役军人人力资源开发与管理政策，同时创新其运行机制，真正让退役军人成为中国特色社会主义建设的重要人力资源财富。②

（二）提高人力资源利用效率是现代化建设的关键举措

人力资源是决定区域经济高质量发展的核心要素，总量充裕、素质优良、结构优化、分布合理的人力资源是推动实现创新发展和转型发展的关键支撑。中国式现代化包括五大基本特征：人口规模巨大、全体人民共同富裕、物质文明和精神文明相协调、人与自然和谐共生、走和平发展道路。其中，"人口规模巨大、全体人民共同富裕、人与自然和谐共生"三大特征都与提高人力资源利用效率密切相关。

1. 提高人力资源利用效率是人口高质量发展的必然要求

党的二十大报告强调"人口规模巨大的现代化"是中国式现代化的首要特征，要以人口高质量发展支撑中国式现代化。人口问题始终是我国面临的全局性、长期性、战略性问题，随着经济社会发展和人口年龄结构的变化，我国人口发展呈少子化、老龄化、区域人口增减分化的趋势。在人口总量开始减少的条件下，必须更加重视人口素质和质量提升，加强人力资源开发利用，加快塑造新时代人才红利，推动经济发展由依靠劳动力等要素投入驱动转向依靠人力资本提升和创新驱动。

2. 提高人力资源利用效率是实现共同富裕的基础

共同富裕是中国特色社会主义的本质要求，是全体人民的共同期盼，是中国式现代化建设的重要内容。"人"始终是实现共同富裕过程中绕不开的话题，个人和家庭的物质富裕是共同富裕的基础，人力资本则是创造财富、实现富裕的核心能力。提高受教育程度、增强发展能力，创造更加普惠公平的条件，提升全社会人力资本和专业技能是实现共同富裕的基础。

3. 提高人力资源利用效率是实现绿色发展的有效途径

人与自然和谐共生是中国式现代化的重要特征之一，绿色发展必须抓住资源利用这个源头，提高资源利用效率是化解经济发展和资源环境矛盾的一个重要途径。

---

① 庄西真. "一带一路"沿线国家的人力资源开发：现状与问题 [J]. 教育发展研究，2017，37 (17).

② 崔成，王艳涛. 新时代退役军人人力资源开发与管理研究 [J]. 行政管理改革，2019 (7).

人力资源是最重要的生产要素，人是经济社会发展的第一要素，提高人力资源利用效率对加快转变经济发展方式、推进生态文明建设意义重大。

二、四川省人力资源开发利用现状及存在的问题

（一）人力资源开发利用现状

1. 人力资源总量丰富，劳动年龄人口超 5000 万人

四川省较大的人口规模决定了人力资源数量供给较为充裕。2022 年四川常住人口实现逆势增长，在全国总人口负增长的情况下，比上年增加 2 万人，达 8374 万人，占全国总人口的比重为 5.9%。其中，15～64 岁劳动年龄人口为 5596 万人，比上年增加 4 万人；占全省常住人口的比重为 66.8%，与上年基本持平。本文课题组预测，到 2030 年四川常住人口总量仍在 8300 万人以上，其中 15～64 岁人口将超过 5400 万人。

表 1　2000—2020 年四川省劳动力资源情况

单位：万人、%

年份	总人口	15～64 岁人口	比重
2000	8234.8	5751.8	69.8
2010	8041.8	5796.5	72.1
2020	8367.5	5603.6	67
2030	8353.9	5453.7	65.3

资料来源：四川省历次人口普查数据和本文课题组预测数据。

2. 劳动力素质整体提升，劳动生产率持续提高

第七次全国人口普查数据显示，2020 年四川 15 岁及以上常住人口的平均受教育年限为 9.24 年，比 2010 年提高 0.89 年。其中，15～64 岁劳动年龄人口中，高中及以上受教育程度的占 37.8%，比 2010 年提高 14 个百分点，比 2000 年提高 23.8 个百分点。全员劳动生产率[①]从 2010 年的 36829 元提高到 2020 年的 102421元，提高 2.8 倍（如图 1 所示）。

---

① 全员劳动生产率＝地区生产总值/年平均从业人员数。

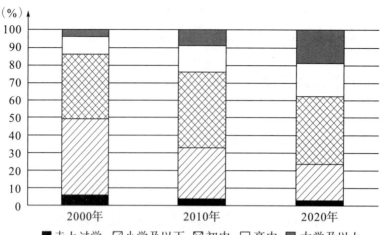

图1 2000—2020年四川省15～64岁人口受教育程度分布图

资料来源：四川省历次人口普查数据和本文课题组预测数据。

3. 劳动力转移就业促进人力资源合理配置，省内就业吸引力逐步增强

2020年四川流出人口1035.8万人，居全国第3位，仅次于河南、安徽；跨省流入人口为259.0万人，人口净流出776.8万人。流出省外人口以农村转移劳动力为主，劳动力转移就业有利于提高人力资源的利用效率。随着省内与省外劳动生产率和工资差距的缩小，省内就业的吸引力逐步增强，人口回流现象明显，目前农村转移劳动力以省内就业为主。2012年四川省农村劳动力省内转移就业首次超过省外就业；2022年农村劳动力省内转移就业达到1512.61万人，占转移就业农村劳动力的57.5%，省内转移就业前5位的地区是成都、眉山、宜宾、绵阳和乐山，合计占省内转移就业的40%左右。

四川省人力资源向成都聚集。2020年，成都市劳动年龄人口1530.6万人，占全省的27.3%，是全省唯一一个劳动年龄人口占比超过两位数的市。劳动年龄人口占比排名第二、第三的分别为南充（6.4%）、达州（6.2%），分别与成都相差20.9个、21.1个百分点。排名倒数三位分别是攀枝花、甘孜藏族自治州、阿坝藏族羌族自治州，分别仅占全省的1.5%、1.4%、1%（见表2）。

表2 2020年四川省15～64岁劳动年龄人口区域分布表

单位：万人、%

区域	劳动年龄人口	占比	区域	劳动年龄人口	占比
四川	5603.6	100.0	南充	356.6	6.4
成都	1530.6	27.3	眉山	195.0	3.5
自贡	156.7	2.8	宜宾	300.6	5.4
攀枝花	85.0	1.5	广安	204.7	3.7

区域	劳动年龄人口	占比	区域	劳动年龄人口	占比
泸州	272.8	4.9	达州	348.7	6.2
德阳	230.5	4.1	雅安	97.0	1.7
绵阳	328.7	5.9	巴中	170.9	3.0
广元	151.8	2.7	资阳	140.0	2.5
遂宁	181.9	3.2	阿坝藏族羌族自治州	57.8	1.0
内江	202.3	3.6	甘孜藏族自治州	76.0	1.4
乐山	210.8	3.8	凉山彝族自治州	305.5	5.5

资料来源：四川省历次人口普查数据。

（二）四川人力资源开发利用存在的问题

1. 劳动年龄人口呈下降趋势，劳动参与率逐步走低

在人口总量确定的前提下，人口年龄结构成为影响人力资源数量供给的主要因素。2022年四川15～64岁劳动年龄人口小幅回升，但仍低于2020年的水平，与2010年相比减少了200万人以上；占常住人口的比重从2010年的72.1%下降至66.8%，降低了5.3个百分点。由于少子老龄化程度不断加深，劳动年龄人口数量及比重双降的趋势不可避免。据本文课题组预测，未来四川劳动年龄人口规模先略微上升再快速下降，2030年只有5453.7万人，比2020年约减少150万人，2027—2030年将减少超过200万人。

人力资源中参加或要求参加社会经济活动的比重就是劳动力参与率，劳动参与率的高低决定了人力资源的有效供给。2000年和2010年两次人口普查、2015年人口抽样调查数据显示，四川劳动参与率分别为88.6%、80.3%、72.1%（目前第七次全国人口普查的劳动参与率数据未公布），呈不断走低的趋势。同时，不同年龄段的人群劳动参与率各不相同，劳动参与率的峰值与谷值之间的差距越来越大，其中低龄组（16～24岁）劳动力的劳动参与率下降幅度较大，高龄组（50～64岁）人口劳动参与率也有下降的趋势（如图2所示）。人均受教育年限增长、就业观念改变等是导致劳动参与率下降的重要因素。

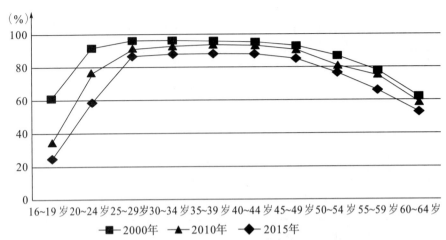

图2　三次人口普查中四川省劳动参与率变化情况

资料来源：四川省第五次、第六次人口普查资料，2015年四川省1‰人口抽样调查资料。

2. 劳动力老化趋势明显，老年人力资源开发有待加强

人口老龄化程度日益加深。2020年四川全省60岁及以上人口为1816.4万人，居全国第三位；65岁及以上人口为1416.8万人，居全国第二位，占常住人口的比重为16.9％，比全国平均水平高3.4个百分点，已进入深度老龄化阶段。预计到2030年全省60岁及以上老年人口将超过2400万人，较2020年增加约620万人；到2030年65岁及以上老年人口占比将超过20％的警戒线，进入超老龄化社会。

劳动力老化趋势进一步凸显。2020年，四川45岁以下青壮年劳动力资源减少，45岁及以上劳动力资源增加。2020年，四川15～44岁人口占劳动年龄人口的50.7％，比2010年下降11.4个百分点，比2000年下降12.1个百分点；45～64岁人口占劳动年龄人口的49.3％，比2010年上升11.4个百分点，比2000年上升12.1个百分点。

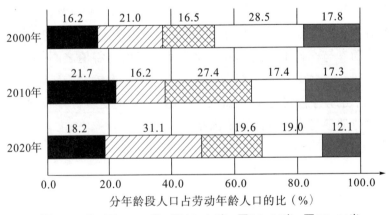

图3　2000—2020年分年龄段人口占劳动年龄人口的比

资料来源：四川省历次普查数据。

2030 年，55～64 岁组人口占劳动年龄人口的比由 2020 年的 18.2％上升至 28％，上升 9.8 个百分点。在劳动年龄人口数量总体下降的情况下，高龄组劳动年龄人口占比上升，青壮年劳动力的数量和比重都将下降。

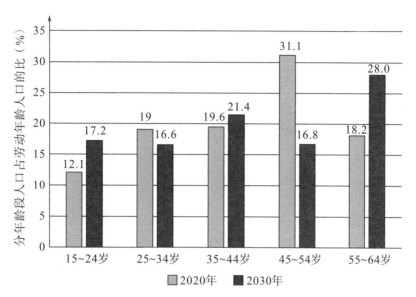

图 4 2020 年、2030 年分年龄段人口占劳动年龄人口的比

资料来源：根据四川省第七次全国人口普查数据预测所得。

3. 人才总体偏低，人才结构不合理

人才资源是高质量的人力资源，是推动创新发展的中坚力量。四川全省人才队伍内部高中低结构性矛盾突出，初级人才多，高层次人才缺乏，技术技能人才储备还难以满足高质量发展需要。全省专业技术人员共 393.7 万人，其中具有高级专业技术职称的人员数共 45.4 万人，占专业技术人员总量的 11.5％。技能人才总量达到 902 万人，其中高技能人才只有 174 万人。人才的区域和产业分布不平衡，人才效能与创新驱动发展需要匹配度不够。

4. 农村劳动力持续减少，农村人力资源开发利用问题凸显

一是农村劳动力总量明显下降。2020 年四川乡村人口为 3620.9 万人，比 2010 年减少 1189.7 万人；其中，15～64 岁劳动年龄人口为 2191.9 万人，占 60.6％，比 2010 年减少 1031.6 万人，占乡村总人口的 86.7％。从农民工情况看，2013 年农民工总量达 2454.9 万人，之后总体呈平稳小幅增长态势，数量变动基本趋于稳定。"十四五"期间及此后的中长期，农民工每年退出城市劳动力市场有 60 多万人，只能弥补 30 多万人，每年净减少 30 多万人，可以预测农民工总量将逐年下降。

二是农村剩余劳动力面临需要转移和转移就业困难的矛盾。一方面，农村人口在统计数据上尚有较大转移空间，采用主要农作物的播种面积乘以每亩作物生产所

需工日数的测算方法，得到四川全省种植业所需劳动力为 600～700 万人，仍然有 700 多万的农村剩余劳动力需要继续向城镇或非农产业转移。另一方面，留在农村的劳动力超过一半大于 45 岁，其中 55～64 岁人口有 469.6 万人，这些人技能缺乏，转移意愿弱，继续向城市转移就业面临极大困难。

三是农村人力资源状况难以适应乡村振兴需要。四川农村 16～64 岁劳动力年龄人口中，小学及以下文化程度占 36.7%，初中占 45.5%，高中占 11.3%，大专及以上只占 6.5%。随着城镇化进程中农村剩余劳动力不断向城市转移，农村青壮年劳动力基本上都选择进城务工，农村人力资源已进入总量过剩与结构性短缺并存阶段，局部地区已经出现农村劳动力季节性短缺现象。

5. 大学生就业形势较为严峻，青年人力资源利用不充分

2023 年四川省应届高校毕业生达 62.8 万人，较上年增加 6.87 万人，再创历史新高，给当前就业带来了较大压力。1—4 月全省 16～24 岁青年调查失业率单月均超过全国水平，且呈逐月走高态势。特别是 4 月份，青年调查失业率达到历史峰值，高出全国 3 个百分点，就业压力明显加大。其中，一般本科院校毕业生就业更加困难，2022 年全省本科院校毕业生约占高校毕业生总数的 60%，其中普通本科毕业生约占 80%。根据近几年的就业数据来看，高校毕业生就业呈"哑铃状"，重点大学和高职毕业生就业情况较普通本科毕业生好。本科毕业生存在缓就业、慢就业现象，考研和体制内就业意愿更趋强烈，调研显示，有 43.9% 的毕业生倾向于国有企业和党政机关。此外还存在就业质量不高、入职薪资水平总体偏低、就业专业相关度不紧密、就业满意度较差等问题。

三、提高四川省人力资源利用效率的几点建议

深入实施新时代人才强省战略，坚持面向市场、服务发展、促进就业的人力资源开发导向，加快建设创新人才集聚高地，全方位培养引进用好人才，破除妨碍劳动力、人才社会性流动的体制机制弊端，以改善人力资源环境为基础，以人力资源素质提升为重点，着力优化人力资源结构，激发人力资源活力，提高人力资源利用效率，积极推动人力资源优势向人力资本优势转变，为四川现代化建设提供有效的人力资源支撑。

（一）促进人口长期均衡发展，奠定人力资源可持续供给的人口基础

人口因素具有基础性、战略性、客观性和复杂性，在科学把握人口发展规律的基础上，把促进区域人口长期均衡发展摆在省委、省政府工作大局和现代化建设全局中谋划部署。优化生育政策不能只简单地追求生育率目标，应统筹考虑人口数量、素质、结构、分布等问题，着力降低生育、养育、教育成本，大力提高优生优

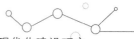

育服务水平，稳妥实施三孩生育政策及配套支持措施，保持适度人口规模，为人力资源总量供给奠定人口基础。

（二）加强技术技能人才队伍建设，激发人才创新创造活力

专业技术人才和高技能人才是推动经济社会高质量发展的关键因素。完善和实施省学术技术带头人及后备人选、省有突出贡献优秀专家制度，加快培养创新型领军人才。推动博士后事业创新发展，实施博士后创新人才支持计划，加强博士后科研流动（工作）站和创新实践基地建设，加速培养造就青年拔尖人才。完善海内外高层次专业技术人才来川创新创业特殊支持政策，引导人才向产业带和经济区聚集。深入实施知识更新工程，健全完善分层分类的专业技术人员继续教育体系。持续推进职称和职业资格制度改革，健全完善科学高效的人才评价机制。基本建成适应经济转型升级的现代职业教育体系，建立教育链、人才链、知识链和产业链协同发展机制，强化校企协同育人，实现现代职业教育体系与现代产业体系建设有机融合。积极发挥技工院校在技能人才培养中的重要作用，加大对本地技工院校的扶持力度，加强校企合作人力资源开发模式，引导产业园区和大型企业开展定制化培养、专业定向吸纳。建立覆盖城乡劳动者的终身职业培训制度，大规模开展岗前、在岗职业技能培训和创业培训，推动职业培训由服务特定群体向实行普惠培训转变，由侧重就业技能培训向强化岗位技能提升培训转变。

（三）强化农村人力资源开发利用，引导城乡人力资源合理流动

适应乡村振兴和新型城镇化需要，坚持农民工输出与回引并举，完善促进农村劳动力就地就近转移的政策措施，健全城乡统一的人力资源市场体系，优化农村人力资源开发利用的环境。推进以县城为重要载体的城镇化建设，吸引各类生产要素向县城流动聚集，扩大县城就业需求。支持乡镇提升服务功能，增加生产生活要素供给，为发展产业、带动就业创造良好条件，把乡镇建设成拉动农村劳动力就业的区域中心。科学制定涉农产业规划，加快形成一、二、三产融合发展新格局，推动农村劳动力的新型兼业转移。完善农村土地制度，加大涉农产业在税收、贷款等方面的优惠政策，鼓励支持农民工等人员返乡下乡创业。统筹各类引导大学生到基层服务、创业的项目和政策，完善大学生服务农村的长效机制，积极引导高校毕业生到农村就业创业。

（四）促进高校毕业生高质量充分就业，更好实现青年人力资源利用

高度重视高校毕业生尤其是一般本科院校毕业生就业工作，突出落实就业工作"一把手"工程，建立健全"大就业"工作机制。大力转变高等院校人才培养模式，充分尊重人才培养规律和市场经济规律，兼顾素质教育和就业导向，加快高等教育结构优化调整。积极推动形成正确的就业文化和就业观念，政府应进一步明确促进

大学生就业的责任边界，重点是建立公平的就业环境，制定和落实促进就业的政策措施，引导企业树立正确的用人观，为就业困难大学生提供兜底性就业帮扶。高校加强职业生涯规划教育，引导毕业生树立健康的择业观，积极参与求职活动。强化就业指导机构建设，建议在一般本科院校独立设置"就业创业工作处"，统筹负责就业创业工作。用好公共就业资源和吸引经营性人力资源服务机构进校园提供服务，帮助离校未就业毕业生尽早落实岗位，开展对就业困难高校毕业生的重点帮扶。

（五）消除影响平等就业的不合理限制和歧视，加强老年等群体人力资源开发利用

健全平等就业政策体系，提升就业歧视治理能力，建设就业友好型劳动力市场，引导企业树立正确的劳动用工观念，按照用工实际情况制定招聘标准，消除劳动力市场中的年龄歧视、性别歧视和户籍歧视。在国家适时推出渐进式延迟法定退休年龄改革后，稳妥做好养老保险政策与就业政策的衔接，积极有效开发老年人力资源，加强职业技能培训，优化退休后返聘管理机制，探索老年人灵活就业模式，促进老年人再就业。加大女性人力资源开发力度，进一步推进家务劳动社会化，提升职业女性发展空间。加强脱贫家庭、低保家庭、零就业家庭、残疾人等困难人员就业兜底帮扶。

（六）建设高标准人力资源市场体系，更好发挥市场在人力资源配置中的决定性作用

完善人力资源市场政策体系，加快人力资源服务标准化建设，制定网络招聘服务规范、人力资源服务机构诚信评价规范等行业标准。增强人力资源供求匹配效能，持续开展"国聘行动""智汇天府""高校毕业生就业服务周"等专项活动，全力促进高校毕业生、农民工、就业困难人员等重点群体就业创业。大力发展人力资源服务业，实施好人力资源服务业创新发展行动计划，持续推进人力资源服务产品创新、技术创新、模式创新，统筹打造多层级、多元化的线上服务平台及灵活就业、共享用工对接平台，提升人力资源服务供给效能。开展清理整顿人力资源市场秩序专项执法行动，落实人力资源服务机构和网络招聘管理规定，持续推动诚信示范体系建设，强化人力资源市场规范监管。建立以人口普查、人才普查和劳动力调查为基础，以人力资源市场供求监测为主体，以就业失业登记、重点调查、统计报表和模型推算为补充的人力资源监测统计制度体系，规范指标口径，增强数据的代表性、真实性和时效性，运用大数据等新技术推动人力资源有效开发、高效管理和优化配置。

负责人：唐　青（四川省人力资源和社会保障科学研究所）
成　员：丁　娟（四川省统计局）
杜云晗（四川省人力资源和社会保障科学研究所）
邓彬婷（四川省人力资源和社会保障学会）

四川省"一老一小"突出问题与对策研究

人口问题始终是我国面临的全局性、长期性、战略性问题。四川同全国一样，人口发展进入少子化、老龄化、区域人口增减分化的新常态。本研究聚焦四川省"一老一小"人口[①]发展特征及突出问题，并提出政策建议，以供相关部门决策参考。

一、四川省"一老一小"人口特征

（一）"一老一小"人口规模快速扩大，但比重提升幅度小于全国

第七次全国人口普查数据显示，四川省"一老一小"人口（0～14 岁和 60 岁及以上人口）超过 3000 万人，达到 3163.5 万人，比 2010 年增加 487.8 万人，年均增长 1.7%，占全省常住人口的 37.8%，比重较 2010 年提高 4.6 个百分点，升幅比全国[②]低 2.2 个百分点。与全国相比，四川"一老一小"人口占常住人口比重在全国排第九位。

（二）人口抚养负担总体上升，但少儿抚养负担将进入下降通道

一是人口抚养负担总体上升。2020 年，四川省总人口抚养比、老年抚养比和少儿抚养比分别为 49.3%、25.3% 和 24.0%，分别较 2010 年上升 10.6 个、10.1 个和 0.5 个百分点。二是少儿抚养负担较轻，老年抚养负担较重。2020 年，四川省少儿抚养比低于全国平均水平 2.2 个百分点，老年抚养比高于全国平均水平 5.6 个百分点。三是少儿抚养负担将减轻。到 2030 年四川省少儿抚养比将降至 18.2% 左右，较 2020 年下降 5.8 个百分点，较上个十年回落 6.3 个百分点（见表 1）。

---

① "一老一小"人口指的是 0～14 岁和 60 岁及以上人口。无特殊说明，2020 年和 2010 年人口数据分别为全国第七次和第六次人口普查数据。

② 2020 年全国"一老一小"人口比重较 2010 年提高 6.79 个百分点。

表 1   2010 年、2020 年四川省人口抚养比

单位：%

抚养比	2010 年	2020 年	变动幅度
总抚养比	38.7	49.3	10.6
少儿抚养比	23.5	24.0	0.5
老年抚养比	15.2	25.3	10.1

资料来源：四川省第六次、第七次全国人口普查数据。

（三）少子化与老龄化叠加

2020 年四川省 0～14 岁少儿人口为 1347.1 万人，较 2010 年减少 17.6 万人，占常住人口的比重由 2010 年的 17.0％降至 16.1％，下降 0.9 个百分点；60 岁及以上老年人口 1816.4 万人，较 2010 年增加 505.4 万人，占常住人口比重较 2010 年上升 5.4 个百分点。

（四）人口高龄化趋势显现，农村人口老龄化更加严重

一是各年龄段老年人口规模增大。2020 年四川省低龄、中龄、高龄[①]老年人口分别有 930.6 万人、622.1 万人和 263.8 万人，分别较 2010 年增加 170.6 万人、222.3 万人和 112.5 万人。二是中、高龄老年人口比重上升。与 2010 年相比，2020 年四川省除低龄老年人口比重下降外，中龄和高龄老年人口比重分别上升 3.8 个和 3.0 个百分点。三是未来高龄化程度将加剧。据预测，2030 年四川省 80 岁及以上人口将增至 392.4 万人左右，高龄老年人口占老年人口比重将达到 16.1％，较 2020 年上升 1.6 个百分点。四是乡村人口老龄化程度远高于城镇。2020 年，四川省乡村中 60 岁及以上老年人口比重达到 54.5％，分别比城市、镇的 60 岁及以上老年人口比重高 26.7 个和 36.7 个百分点（见表 2）。

表 2   四川省老年人口年龄组结构

单位：万人、%

年龄组	2010 年		2020 年	
	人数	占老年人口比例	人数	占老年人口比例
60～69 岁	759.9	57.9	930.6	51.2
70～79 岁	399.7	30.5	622.1	34.3
80 岁及以上	151.3	11.5	263.8	14.5
合计	1310.9	100.0	1816.4	100.0

资料来源：四川省第六次、第七次全国人口普查数据。

---

① 注：低龄老年人口（60～69 岁），中龄老年人口（70～79 岁），高龄老年人口（80 岁及以上）。

（五）老少人口健康水平持续向好

1. 老年人口自评健康状况存在地区及城乡差异

一是成都市老年人口健康水平最高。2020 年成都市自评"健康"或"基本健康"的老年人口占全部老年人口的 92.2%，明显高于其他地区。二是部分地区老年人口健康水平较低。其中，南充市和巴中市老年人口自评健康状况较差，"不健康，但生活能自理"和"生活不能自理"的老年人口占比分别达 19.2% 和 19.9%。三是城镇老年人口健康水平高于乡村。城市 60 岁及以上老年人口自评健康状况为"健康"或"基本健康"的占 92.4%，镇次之（87.4%），乡村最低（82.7%）（如图 1 所示）。

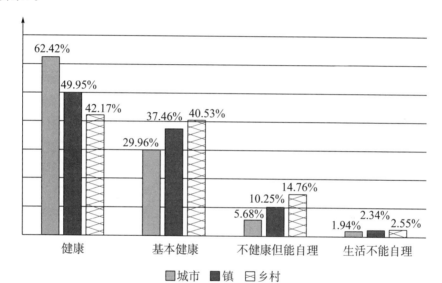

图 1　分城乡 60 岁以上老年人口健康状况

资料来源：四川省第七次全国人口普查数据。

2. 婴幼儿和 5 岁以下儿童死亡率在波动中下降，死亡率城乡差异逐步缩小

2021 年，四川新生儿死亡率、婴儿死亡率、5 岁以下儿童死亡率为 2.6‰、4.7‰、7.0‰，较 2017 年分别下降 0.6 个、0.9 个、0.7 个千分点。分城乡看，农村婴幼儿死亡率及 5 岁以下儿童死亡率均高于城市，其中 5 岁以下儿童死亡率差异最大，2021 年高出城市 3.4 个千分点。不过总体来看，新生儿死亡率、婴儿死亡率、5 岁以下儿童死亡率的城乡差异均由 2017 年的 1.1‰、2.8‰、3.9‰降低至0.8‰、1.8‰、3.4‰，城乡差异逐步缩小（如图 2 所示）。

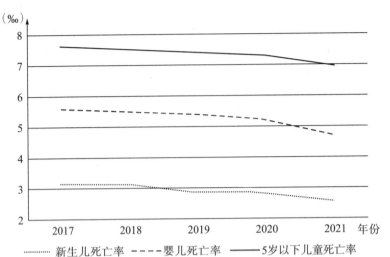

图 2　2017—2021 年监测地区婴幼儿和 5 岁以下儿童死亡率

资料来源：四川卫生健康统计年鉴（2021）。

（六）人口生育水平连续下跌

一是人口出生率波动下降。2002 年以来，四川省人口出生率有所波动，但总体呈下降趋势，2002—2016 年在 8.9‰至 10.5‰之间波动，2017 年回升至 2002 年以来的最高位 11.3‰，此后连续下降，2022 年已处于 2002 年以来的最低位（6.4‰），较 2002 年降低 4.0 个千分点。二是 2019 年以来出生人口规模快速缩小。2002—2017 年四川省出生人口在波动中增加，总体维持在 72.5～93.7 万人，随后开始减少。2019 年四川省出生人口 89.4 万人，较 2017 年减少 4.3 万人，此后出生人口规模迅速缩小，到 2022 年仅有 53.5 万人，较 2002 年以来的最高位（93.7 万人）减少 40.2 万人（如图 3、图 4 所示）。

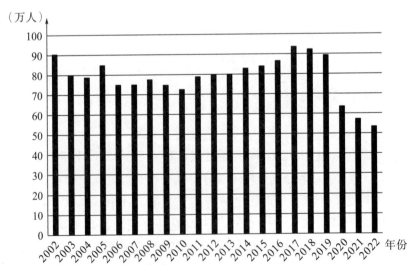

图 3　四川省 2002—2022 年出生人口规模

资料来源：2002—2015 年出生人口数来源于四川统计年鉴，2016—2022 年出生人口数来源于四川省统计部门。

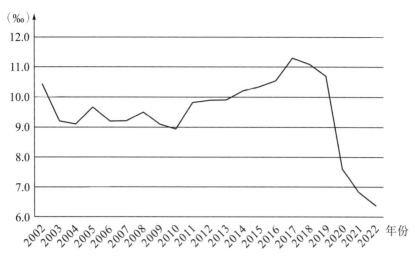

图4　2002—2022年四川人口出生率变动趋势

资料来源：2022年四川统计年鉴、2022年四川省国民经济和社会发展统计公报。

（七）地区间"一老一小"人口分布不均衡

2020年成都市"一老一小"人口654.5万人，占四川省老少人口的20.7%，排名第一；阿坝藏族羌族自治州最少，为27.3万人，比重为0.9%。除成都市外，凉山彝族自治州0～14岁人口最多，为134.3万人，较2010年增加10.4万人，年均增加0.8%；南充市60岁及以上老年人口最多，为145.8万人，较2010年增加32.1万人，年均增加2.5%（见表3）。

表3　四川省各市（州）老少人口规模

单位：万人

地区	2020年		2010年	
	0～14岁	60岁及以上	0～14岁	60岁及以上
成都市	278.1	376.4	153.7	202.6
自贡市	39.2	68.1	44.7	50.1
攀枝花市	17.0	24.0	20.4	17.4
泸州市	77.6	97.8	89.2	69.0
德阳市	45.1	89.2	47.0	62.4
绵阳市	68.8	115.4	63.7	80.2
广元市	35.4	56.5	41.3	41.7
遂宁市	43.7	70.9	49.0	55.5
内江市	48.8	79.3	61.6	63.6
乐山市	44.6	77.4	45.2	57.5
南充市	88.2	145.8	105.6	113.7

续表3

地区	2020 年		2010 年	
	0~14 岁	60 岁及以上	0~14 岁	60 岁及以上
眉山市	41.4	73.1	41.5	57.4
宜宾市	85.9	94.4	92.7	68.7
广安市	57.1	80.7	69.4	60.3
达州市	93.1	120.4	111.3	92.3
雅安市	22.1	30.8	24.4	23.3
巴中市	47.1	66.3	69.8	54.1
资阳市	38.7	65.1	67.1	73.7
阿坝藏族羌族自治州	15.5	11.8	17.8	9.8
甘孜藏族自治州	25.5	12.6	25.3	10.6
凉山彝族自治州	134.3	60.4	123.9	47.1

（八）不同区域间老年和少儿人口增减分化

一是成都平原经济区"一老一小"人口占全省比重上升。2020 年，成都平原经济区 0~14 岁、60 岁及以上人口分别占全省的 43.2% 和 49.5%，分别比 2010 年上升 7.6 个和 3.5 个百分点。二是攀西经济区少儿人口占全省比重略有上升，老年人口占比小幅下降。三是其他区域"一老一小"人口占全省比重均下降。与 2010 年相比，2020 年川东北经济区、川南经济区和川西北生态示范区 0~14 岁人口占比分别下降 5.8 个、2.4 个和 0.1 个百分点，60 岁及以上人口占比分别下降 2.8 个、0.4 个和 0.1 个百分点（见表 4）。

表 4　四川五大经济区老少人口规模及占全省比重

单位：万人、%

经济区	0~14 岁				60 岁及以上			
	2020 年		2010 年		2020 年		2010 年	
	人数	占比	人数	占比	人数	占比	人数	占比
成都平原经济区	582.4	43.2	50.9	35.7	898.3	49.5	64.9	45.9
川东北经济区	320.9	23.8	42.3	29.6	469.8	25.9	40.5	28.7
川南经济区	251.6	18.7	30.1	21.0	339.6	18.7	26.9	19.1
攀西经济区	151.3	11.2	15.2	10.6	84.4	4.7	6.8	4.8
川西北生态示范区	40.9	3.0	4.5	3.1	24.4	1.3	2.1	1.5

资料来源：四川省第七次全国人口普查数据。

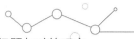

二、四川省"一老一小"突出问题

（一）少子化和老龄化叠加不利于人口长期均衡发展

1. 老年健康问题突出

一是老年人口规模快速扩大，老年医疗资源缺口加大。根据第六次、第七次全国人口普查数据，2020 年四川省 60 岁及以上人口为 1816.4 万人，65 岁及以上人口为 1416.7 万人，占总人口比重较 2010 年分别上升 5.4 个和 5.9 个百分点。据预测，到 2030 年四川省 65 岁及以上人口将由 2020 年的 1416.8 万人增至 1685.3 万人，增加 268.5 万人，增长 19.0%。老年人口是医疗资源的主要需求群体，在人口老龄化持续加剧的趋势下，老年人因身体健康问题而产生更多的医疗资源需求，医疗资源供给压力加剧。二是患心理疾病的老年人增多。研究显示，丧偶与失独会增加老年人的抑郁症状，流动会带来孤独感与失落感。[1] 丧偶、失独、流动、空巢等特殊老年人家庭增多，由于其家庭、社区及社会系统的剧烈变化，患心理疾病的可能性也随之增大。2022 年，国家卫生健康委、教育部、科技部等十五部门联合印发《"十四五"健康老龄化规划》，强调持续发展和维护老年人健康生活所需要的内在能力，促进实现健康老龄化。由于老年健康问题突出及老年医疗资源缺口巨大，不仅老年人的内在能力（即脑力和体力）会受到影响，老年人在获得其生活环境中存在的各种资源时也存在障碍，十分不利于老年人口的生存及高质量发展。

2. 生育焦虑及生育能力下降影响人口生育水平

一是生育成本上升增加生育焦虑、弱化生育意愿。居民对子女养育质量、个人发展及自我实现等需求增强，育龄人口家庭在生活质量考量、生育养育成本预期等多方面因素的影响下容易产生生育焦虑。同时，女性仍面临较大的家庭—职场冲突问题，从而导致生育意愿弱化，影响人口生育水平。二是不孕不育患病率总体上升且呈年轻化趋势，人口生育能力下降。调查显示，我国不孕不育情形逐渐增加，且 25～30 岁不孕不育患者最多。不孕不育主要受饮食、居住环境、生活作息、工作压力等多重因素影响，正值生育旺盛期的人口一般正处于职场压力大、生活不规律的年龄段，不孕不育情况增多。并且，不孕不育通常伴随身体疾病合并心理问题，根据成都医学院就诊调查数据，就诊的不孕症患者中 50%～80% 存在心理障碍，育龄妇女心理健康问题也是影响人口生育水平的潜在因素。生育意愿低下及生育健

---

① 俞国良，黄潇潇. 老年心理健康问题：基于生命历程—生态系统观模型的探索 [J]. 北京师范大学学报（社会科学版），2023，296（2）.

康问题带来的长期低生育水平将使人口长期均衡发展面临巨大风险。

3. 人口结构性矛盾突出

2020 年四川省 0～14 岁少儿人口较 2010 年减少 17.6 万人，60 岁及以上老年人口较 2010 年增加 505.4 万人；2020 年四川省人口出生率仅有 7.6‰，较 2017 年的峰值下降了 3.7 个千分点。生育率不断下降，老龄化程度不断加深，少子化情况下没有充足的年轻人口补充进总人口中，老龄化趋势愈发难以消解，这种叠加将导致劳动年龄人口来源严重不足、供给减弱，人口长期均衡发展难以实现。

（二）应对"一老一小"问题制度保障力度不够

1. 养老托育政策法规体系不健全，服务机构缺乏监管

一是政策的系统性亟待加强。养老托育机构及其服务质量的可靠性是社会关注的重要问题，当前"一老一小"领域依然存在政策碎片化、体系不完善等问题。涉老相关制度尚不健全，养老服务条例尚未出台，现行生育支持政策多在于执行上位要求，因地制宜创新不够，生育政策配套措施尚不具备体系化、本地化特征。二是对市场主体监管力度不够。不少营利性、普惠性养老托育机构都存在服务质量不高、收费不合理、管理质量低等问题，机构"跑路"现象也不鲜见，市场主体在准入评估、诚信建设、质量保障等方面还需政府各部门协同监管。

2. 管理部门职能交叉且执行合力不足

针对"一老一小"人口的服务管理，全国和省级层面都实行跨部门综合管理，但部门合作发挥合力仍困难重重。以托育机构管理为例，涉及教育、卫生健康、民政、工商等部门权限，各职能部门真正做到协同管理还存在一定的壁垒，尤其在机构备案登记方面，各部门和条块管理职责难以厘清。养老方面，对无证无照从事养老服务的行为监管不够，监管缺位、越位问题明显，碎片化办事处置现象突出。由于部门职责分工和组织架构的科学性、明晰度还不够，制定政策常存在一定的局限性，缺乏有关养老托育相关管理服务的通盘考量，不利于立足全局解决"一老一小"问题。

（三）养老托育服务体系不完善

1. 家庭式托育服务点少

家庭式托育是一种相对于机构集中式托育而言的新型托育方式，家庭托育点[①]

---

① 家庭托育点是指利用住宅为 3 岁以下婴幼儿（以下简称"婴幼儿"）提供全日托、半日托、计时托、临时托等托育服务的场所，且收托人数不应超过 5 人。

是家庭式托育的一种实现方式。第七次全国人口普查数据显示，四川省家庭户均人口由 2010 年的 2.9 人缩小至 2020 年的 2.5 人，家庭规模小于全国平均水平，2020 年四川省 0～3 岁婴幼儿 313.5 万人，其中 2～3 岁婴幼儿托育需求十分旺盛，但婴幼儿总体入托率却极低。目前，家庭式托育服务点建设主要为偏机构式运营模式，家庭互助式托育较少且市场接受度低，同时还缺乏人员设置、托育内容及卫生安全等方面的管理规范，导致家庭式托育服务点的建设阻碍较多、点位少。

2. 托育服务供给不足且价格偏高

一是现有托位无法满足送托意愿。2021 年四川省托位总数约 15.3 万个，计划至 2025 年新增托位 11.3 万个，每千人口托位达到 4.5 个以上①，但实际上全省 3 岁以下婴幼儿家庭有送托意愿的达 71.5 万个。二是托育服务收费价格偏高，收费均价在每月 2000～3000 元，但 69.8％的育龄家庭可接受价格在每月 2000 元以下。

3. 家庭照护关系代际错位，婴幼儿社会化照护存在短板

一是家庭照护关系存在代际错位。从当前托育服务供给率来看，婴幼儿照护服务机构主要接收 2 岁以上婴幼儿，0～2 岁仍以家庭照护为主，由于父母参与婴幼儿照护较多的家庭往往面临强烈的工作与家庭冲突，大多数家庭会选择隔代照护、亲戚代管等形式。二是婴幼儿社会化照护欠佳。一方面，四川省公办的婴幼儿照护体系仍不够成熟，机构发展受投资、风险等因素的制约，社会化照护市场发展受限；另一方面，由于多数 0～3 岁的婴幼儿父母对托育机构教育方式的合理性、科学性存疑，大都不愿选择社会化照护。

4. 养老托育服务人才普遍短缺

在极大的养老和托育服务需求面前，四川省养老护理员和婴幼儿照护服务人才严重不足。截至 2022 年年底，全省有养老护理员 2 万人、保育员 5.5 万人，养老托育人才总量不足、专业人才供应缺口巨大、从业者年龄普遍偏大（以 40 岁至 60 岁的中年人为主）等问题突出。此外，由于养老护理员及保育员收入低、劳动强度大、心理压力大及职业发展存在瓶颈，养老托育服务人才流动及流失问题十分严重。目前，薪资待遇低已成为影响养老托育服务人才队伍建设的重要阻碍因素。

---

① 《四川省促进养老托育服务健康发展实施方案》。

（四）公共服务资源配置效能不高

1. 养老托育服务机构布局有待优化

一是全省老年及婴幼儿养老托育机构供给不优。截至 2023 年 7 月，四川省已备案养老机构 3160 家，平均每万名老年人口拥有养老机构 1.7 家；已备案托育机构 908 家，平均每万名 0～3 岁婴幼儿人口拥有托育机构 2.9 家，养老托育机构协同发展不够、差异较大。二是成都平原经济区养老托育机构数量最多。0～3 岁婴幼儿人口拥有托育机构 641 家，60 岁及以上老年人口拥有养老机构 1397 家。三是成都平原经济区托育和养老机构发展不平衡。平均每万名 0～3 岁婴幼儿人口拥有托育机构数 4.2 家，高出全省平均水平（2.9 家）1.3 家；但每万名 60 岁及以上老年人拥有养老机构数仅有 1.5 家，低于全省平均水平（1.7 家）0.2 家。四是各经济区养老托育机构资源分布均衡程度低。除成都平原经济区外，各经济区每万名 0～3 岁婴幼儿人口拥有托育机构数均低于全省平均水平。但在养老机构数上，川东北经济区、川南经济区、川西北生态示范区的每万名 60 岁及以上老年人拥有养老机构的数量分别为 1.8 家、2.3 家、2.2 家，均超过全省平均水平。五是养老机构"一床难求"和资源闲置情况并存。公办养老机构"价廉物美"，经常出现排队入住情况；农村敬老院却总体呈现"小、远、散、乱"的现状，平均入住率仅为 50％，且入住人员的 93.5％为特困人员（如图 5 所示）。

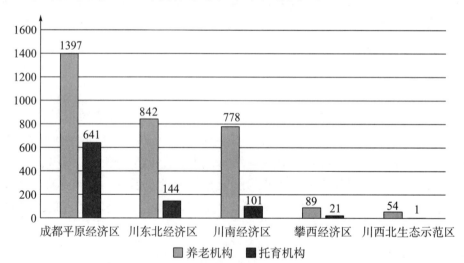

图 5　四川分经济区养老育幼机构数

资料来源：养老机构数来源于"四川省养老关爱地图"，托育机构数来源于"国家卫生健康委员会托育机构信息公示平台"。

2. 老年教育资源需求与供给存在矛盾

老年教育资源包括教育投入、教育机构供给、专业师资及课程内容等方面。四川省老年人口快速增加，老年教育需求也随之加大。一是老年教育资金投入没有政策保障。从现有教育经费投入看，民政对老年教育投入较多，其次是教育部门；但省级层面却未出台与老年教育经费投入相关的文件，投入标准不明确、地区投入差异大将影响老年教育事业的协调发展。二是教育机构建设与专业师资配备不合理。老年教育机构大多分布在经济较为发达的地区，其他地区老年人的学习需求很难得到充分响应。老年大学等老年教育机构的教师多为兼职，缺乏针对老年群体的专业教师。三是老年课程资源的开发有待优化。老年人对学习课程的需求包括法律、艺术、心理健康、实用技能等，但目前老年教育课程内容多为娱乐及健康知识类内容，缺乏职业技能类教学、游学等学习活动形式。

3. 社区日间照护服务功能难以匹配家庭实际需求

社区是养老托育较为理想的服务场域，但社区所提供的养老托育服务却存在形式化严重、内容单一等问题。面对"空巢老人""失独老人""留守儿童""孤独症儿童"等特殊群体，社区几乎无法提供精神支持。并且，社区所提供的老年护理服务也主要集中在"生活护理"① 方面，"专业护理"② 欠缺。社区对 0～3 岁婴幼儿的照料也局限于协助看护，家庭实际所需的婴幼儿的生长发育、动作、语言、认知、情感与社会化等方面的专业化照护服务无法在社区得到有力支撑。

4. 智慧养老托育服务资源建设及适老化服务分配不合理

一是智慧养老产品供给受地区经济发展影响大。在老年人口规模持续壮大的背景下，健康、安全等问题逐渐增多，传统养老资源无法满足养老需求。经济发展较好的地区能结合老年人口的年龄、失能等级、安全风险等要素为老年人安装智能红外传感报警器、智能居家安全监护支持等设备；但在乐山、宜宾、凉山彝族自治州等地区，仍然面临智慧养老产品供给严重不足问题。二是智慧托育区域发展差距大。如成都目前已建设"蓉易托"社区智慧托育中心 40 余家，带动新增普惠托位万余个，有效解决了地区"入托难"问题；而在广安等欠发达地区，托育服务不仅面临托位少等问题，而且在托育服务专业化、智能化的进程上发展更为缓慢。三是适老医疗服务覆盖率低且服务质量参差不齐。老年群体作为慢性病发病的高危人群，就医需求极大，但医疗服务适老化建设却明显滞后。尽管大多数医疗服务机构已设置了老年人绿色通道、爱心窗口、关爱老人服务站、提供共享轮椅服务等类似的适老化服务，总体来看，适老化就医服务场景的易用性和使用体验都还亟待提升。

---

① 生活护理的内容主要是照顾病人的清洁卫生，如洗头、口腔清理、沐浴、更衣、铺床、清理指甲等，以及如厕、消毒。

② 专业护理是指在生活护理的基础上提供医疗救治服务。

（五）养老托育市场活力不足

1. 社会资本参与度不高

社会资本参与养老托育市场往往面临运营经费不足、场地资源缺乏、投资回报时间长、经营风险高等困境，从全省范围看缺乏大规模、品牌化、旗舰型养老托育服务机构。此外，社会组织性质的养老托育服务机构在办理金融抵押贷款时往往会遭到金融机构的拒绝，融资十分困难。

2. 养老托育相关项目难以有效匹配社会资本投资偏好

大多数有能力、经验的企业往往侧重于高端养老托育项目的投资，造成中低端与高端服务供给失衡，养老托育服务市场总体活力不足，影响持续发展。

3. 养老托育产业市场化发展缓慢

现阶段的托育产业及养老机构医养康养结合还处于起步阶段，且帮扶政策碎片化问题明显；还需继续探索在商业发展及经营管理等方面形成的可推广的经验借鉴模式。以养老为例，以"康复护理""医养结合"为特色的养老机构建设占比还不足 30%，社会资本参与水平有限、热度不高。

三、政策建议

（一）强化"一老一小"制度保障

一是加强"一老一小"行业监管。完善养老托育机构建设和发展相关法规和行业标准。强化养老托育机构安全监管，推广成都市关于养老托育机构在出入口、接待大厅、值班室、楼道等重要点位安装视频监控设施等方面的安全监管做法。归口管理部门定时公开养老托育机构监管情况，促进行业自律和良性发展。指导养老托育机构提高突发事件预警、应急处置与救援等方面的能力，切实防范各类风险。

二是完善"一老一小"政策体系。以试点方式探索将托育机构、养老机构分别纳入以教育部门、民政部门管理为主，卫生健康部门管理为辅的体制中，提升养老托育机构管理的科学性。完善政府主导、社会广泛参与的日间养老托育服务体系，有效解决居民"托育难""托育贵""养老照料不足"的问题。推动养老托育一体化建设，将老年人及婴幼儿照护服务体系建设纳入区域发展重点规划。探索建立更大力度的企业或个人养老托育税收优惠机制。完善家庭托育点管理办法，加快家庭托育点建设，根据托育点场地情况合理确定收托婴幼儿规模。支持有条件的用人单位为职工提供福利性托育服务。根据区域养老托育发展特点，因地制宜确定养老托育

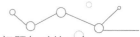

机构护理员、教师、保育员的人员配置标准，提高家庭对养老托育机构的认可和信任程度。

（二）完善养老托育服务体系

一是加大社区养老托育服务投入。加强街道（乡镇）、社区（村）养老托育服务设施建设，完善社区（村）老年人、婴幼儿活动场所和服务设施。充分利用社区闲置资产，以"公益载体＋市场化运营"方式发展社区养老托育模式，建设老幼复合型社区综合体，统筹打造"老幼共融"生活场景，为老人与儿童搭建共同学习与情感交流的空间。扩大全省范围内社区"物业服务＋"模式，在推进"物业＋养老"服务模式的基础上探索"物业＋养老＋托育"模式，全面建设 15 分钟养老托育服务圈。积极推广泸州市"1573"、眉山市"五个一"普惠托育模式，抓好政策配套。加大政府对社区养老优质服务机构的补贴力度。发展社区健康医疗养老和护婴模式，融合家庭教育理念建设社区育儿指导站、托育中心等。

二是强化养老托育人才队伍建设。深化"校企合作"模式，定向培养新型养老托育专业化人才。加强养老托育领域经营管理、科学研究、社会服务人才及在新业态中提供养老托育服务的专业技术人才队伍建设。做好人才激励工作，继续通过开展"最美养老护理员""最美保育员""最美育婴员"等从业人员表彰活动，提高从业人员的自豪感和职业认同感。增强成都都市圈协同发展能力，充分发挥成都的核心带动功能，加强与德阳、资阳、眉山等周边城市养老托育机构的人才交流合作。积极推动养老托育人才培养，依托四川省民政干部学校，定期对从业人员进行医学知识、康复护理、幼儿教育等方面的培训。

（三）扩大公共服务有效供给

一是加大老年教育发展力度。继续高质量推进成都市、泸州市等地区的老年教育提升示范行动，逐步扩大试点范围。积极开展银龄互助教育，提升老年人使用智能设施设备的能力，缩小老年"数字鸿沟"。创新教育模式，丰富办学形式，统筹考虑社区存量资源，拓展老年群体生活、学习、健身等场景，开展如书画、旅游英语、视频剪辑等特色专题课程，培育"老年教育＋文化养老"新模式。

二是提高医疗卫生服务能力。着力推动优质医疗公共服务资源下沉到社区和省内偏远地区。推广雅安市、绵竹市"流动医疗服务"民生项目，支持有条件的地区开展送医上门、家庭医生签约服务。完善乡村"互联网＋医疗健康"服务体系，提高边远乡村医疗卫生数字化、智能化服务水平。利用四川大学华西医院、四川省妇幼保健院等医疗资源，定期在成都都市圈范围内（尤其是周边乡村）开展青少年及老年心理健康状况筛查；注重心理健康专业医疗人才的培养和引进，通过打造特色心理门诊等提升心理卫生服务能力，建立常态化心理健康专业支持机制。

三是加快推进住房适老化改造。支持川内有较好发展基础的家政连锁品牌有序扩大服务范围，提供个性化的适老化改造服务，满足不同年龄段老年人的定制化需求。加强信息技术手段对适老化改造的过程管理，释放"科技＋养老"效应，动态掌握老年人居家设备使用情况。对不同类型的家庭给予不同的补贴标准，提升适老化改造的市场活力。

四是做好小学教育阶段师资城乡统筹。加大城乡、地区师资互派工作力度，促进城乡学校教育资源共享和教师成长。鼓励退休的教学名师、学科带头人、骨干教师等发挥余热，回到家乡开展教学教研活动。根据各地区经济发展和居民收入实际，切实提高小学教师的收入水平。

（四）激活家庭养老托育功能

一是强化家庭抚育赡养功能。增强产假的灵活性及家庭化的生育支持。支持社区为儿童及老年人照料、青少年发展等提供专业、持续的公共服务，增强家庭抗风险能力。多渠道、多形式开展养育课程、父母课堂、为老服务等公益性养老及育儿实践指导活动。通过扩大服务对象覆盖面、加大补贴力度等方式继续强化对特殊家庭的"兜底"机制。引导、支持有意愿、有能力的企业和社会组织为农村和欠发达地区提供婴幼儿照护及老年帮扶服务。

二是多措并举支持家庭生育。落实好托育服务、现金补贴、税收优惠、教育优惠、购房倾斜、就业帮扶等方面的生育支持措施，对生育不同孩次的家庭采取差异化、精准的支持措施。鼓励各市（州）探索实践"家庭＋跨龄"互助等照护模式。引导企业将工作家庭责任平衡理念纳入人力资源管理流程，重视单位职工需求，强化企业对年轻夫妇幼儿哺育、照护的时间支持。

三是支持老年人社会参与。加大老年人再就业权益保障力度，帮助老年人避免在再就业过程中可能遭遇的劳动权益困境。营造支持有意愿就业老年人继续参与生产劳动的舆论氛围。以基层需求为导向，充分利用退休教师、医生、技术人员等不同人员的职业特点和优势，鼓励老年人在知识宣传、教育、流动医生等方面参与各种社会服务。

（五）引导社会力量加大投入

一是优化市场发展环境。探索并逐步落实在土地、金融、税收、人力资源等方面对养老托育机构的支持政策，做好政策宣传和服务对接。在全省范围内建立示范性养老托育机构以奖代补制度和普惠性养老托育机构床位、托位补贴制度，如成都市对市级示范性托育机构、"蓉易托"社区智慧托育中心均设立一次性奖补。充分发挥养老及托育行业协会商会的作用，搭建行业交流平台，优化行业发展环境。

二是做强养老托育产业。加快形成并完善政府引导、国有资本示范带头、大型社会资本参与的养老托育产业发展模式，拓宽养老托育服务市场主体范围。根据成都都市圈总体发展格局，跨区域共建养老托育产业生态圈。支持大型医药企业等社

会力量发展养老托育服务，推动生物医药、运动康复、生态康养、母婴产品及服务等行业产业融合发展，开发衍生产品，促进养老托育产业和服务体系融合发展。支持四川省中医药大健康产业投资集团等大健康龙头企业加快打造康养医养新业态及养老托育示范基地。

负责人：杨　帆（西南财经大学）

成　员：丁　娟（四川省统计局）

谭伟俊（西南财经大学）

陈　洁（西南财经大学）

四川智能化养老服务研究

四川已进入深度老龄化社会，老年人口规模居全国第三，老龄化形势严峻。在数字时代背景下，四川省委、省政府高度重视数字化、信息化在养老服务体系中的重要作用，将智能养老纳入《四川省贯彻落实〈国家积极应对人口老龄化中长期规划〉实施方案》《四川省老龄事业发展和养老服务体系规划（2023—2025）》重要内容，持续推进智能养老服务发展，为突破四川省养老服务压力带来新的契机。本文分析四川智能养老服务发展现状，探究四川智能养老服务发展存在的问题和主要瓶颈，借鉴国内外智能养老服务发展实践经验，并尝试提出几点对策建议。

一、研究背景和意义

（一）智能化养老服务的内涵

智能化养老的概念最早由英国生命信托基金会提出，这种养老方式也被称为"全智能老年系统"，是指通过利用互联网信息技术，为老人提供打破空间和时间限制的智能化养老服务。随着我国人口老龄化的加速发展以及新一代网络信息技术在养老服务领域的应用，智能化养老的概念被引进到国内的研究领域，国内学者将智能化养老定义为指通过物联网、云计算、大数据等信息技术，围绕老年人的生活起居、医疗卫生、安全保障、娱乐休闲等各方面进行智能化管理，对相关信息自动监测、预警甚至主动处理，为老年人提供更加安全、舒适、便捷的生活服务，是高度现代化和智能化的养老模式。

基于对智能化养老的理解，智能化养老服务是基于物联网、云计算、大数据、人工智能等信息技术手段，向老年群体提供智慧养老服务，既要确保老年人的基本生活照料需求、精神慰藉需求、健康护理需求等得到满足，即"老有所养""老有所乐"；更要保证老年人得到高水平、高质量、高效率的养老服务，比如养老需求能得到及时快捷的回应，养老服务水平能使老年人基本满意等。

可以说，智能养老服务是传统养老服务与信息技术融合发展的新模式，其本质是依托基于物联网、云计算、大数据、人工智能、区块链等信息技术的养老服务平台，实现养老服务供给和需求的精准对接，为老年群体提供全方位、及时、低成本的养老服务，从而提升养老服务的效率和质量。

（二）智能化养老服务发展的意义

推动智能化养老服务发展有深远的现实意义。

发展智能化养老服务是顺应数字化时代的必然要求。党的二十大报告指出，实施积极应对人口老龄化战略。《"十四五"国家老龄事业发展和养老服务体系规划》明确提出"建设兼顾老年人需求的智慧社会"的发展目标，目的是积极应对人口老龄化国家战略，显著提升老年人的获得感、幸福感和安全感。智慧社会是数字化时代的必然产物，其建基于以物联网、云计算、大数据和人工智能等为主要代表的新一代网络信息技术之上的高度网络化、数字化和智能化的社会，随着智慧社会在我国的不断建设和发展，其智慧理念渗透到社会生活的政务、安防、医疗、交通和养老等各个环节，智能化的养老服务创新模式便应运而生。

发展智能化养老是养老高质量发展的重要标志。党的二十大报告指出"高质量发展是全面建设社会主义现代化国家的首要任务"。党的十九届五中全会提出要实施积极的人口老龄化战略，推动养老服务高质量发展，逐渐探寻符合我国国情的养老服务模式。在人口老龄化加速发展的社会背景下，养老服务同样需要以高质量为目标，助推中国式现代化的实现。随着物联网、云计算、大数据等技术的发展，高质量养老服务必然要对接新技术、新设备、新产品，实现智能化养老。

发展智能化养老是实现养老服务模式不断创新的重要抓手。智能化养老服务的供给主体包括政府、市场和社会，涉及民政、财政、公共卫生、医疗、市场监管等多个部门，离不开省市、县区、乡镇、街道、社区等各部门的协同。由于传统养老服务模式缺乏统一的信息处理平台，存在职能重复交叉、部门之间沟通不畅、服务供给碎片化等问题。智能化养老服务模式基于信息化服务平台，对各参与主体的职责和功能进行结构性重塑，打破各多元主体之间的信息壁垒，实现政府、家庭、社区和社会等的优势互补和协同合作，使养老服务由传统模式下的单向度、碎片化、分散性朝着智能化模式下的多向度、一体化的创新方向发展。

四川省老龄化人口绝对规模大、老龄化程度高，60周岁及以上人口占全省常住人口比重的20%以上，高出全国平均水平；过去十年间，四川省60岁及以上人口的比重上升5.41个百分点，65岁及以上人口的比重上升5.98个百分点；从整体人口年龄构成看，65岁及以上人口比重为16.93%，仅次于辽宁和重庆，位列全国第三，表明四川省已进入深度老龄化社会，老龄化程度较全国多数省区更为严重，加快数字技术与养老服务融合、不断创新养老服务模式任务艰巨。

二、四川智能化养老服务发展现状

（一）智能化养老服务发展进程逐步深化

当前，四川智能化养老服务的发展历经三个阶段。一是基于语音呼叫系统的技术应用起步阶段。2012 年，成都市锦江区"长者通"呼援中心成立，四川探索智能化养老服务的序幕正式拉开。该阶段智能养老的雏形——信息化养老开始出现，但主要是围绕简单的语音呼叫系统开展试验。二是基于互联网技术试点的探索阶段。2014 年，成都市锦江区获批为全国唯一"智能化养老实验区"，随后，四川省开始布局市级（覆盖全域）的"12349 居家养老服务信息平台"建设，各市场主体也纷纷推出创新型的智能养老产品，包括可穿戴终端设备、养老看护终端、智能家居产品等。三是开展智慧健康养老应用试点示范工作的深度推广阶段。2017 年至2021 年期间，国家公布的智能养老试点示范名单中，四川共入选 38 家示范街道（乡镇）、14 个示范基地、8 家示范企业。在该阶段，四川省超过 88.9% 的市县已建成养老服务平台，成都温江区"虚拟养老院"平台、青羊区孝行通照料中心、高新区"2＋N"养老体系等是重要实践成果。

（二）智能化养老服务集群发展格局初步显现

近两年，四川和重庆两省市围绕成渝双城经济圈建设背景，实施了"1＋3＋3＋N"川渝两地养老服务共建共享工程，成渝双城经济圈智能化养老服务集群初步形成。至此，我国初步形成了包括珠三角、长三角、海南、京津冀、成渝双城及贵州等在内的六大智能化养老服务集群，且随着四川、重庆和贵州以省会或直辖市为中心点向外逐步扩散，未来将集聚形成"川渝黔智能养老服务集群"。

为推动集群集聚格局发展，川渝地区相继出台了以《川渝养老服务协同发展蓝皮书》为代表的一系列智能健康养老行动方案。2020 年举办的第十五届中国（重庆）老年产业博览会共签订 9 个项目约 21 亿元资金，包含了成渝双城经济圈在养老产业领域的服务合作和体系建设，以及在"互联网＋"项目与康养项目等方面的投资合作与机构运营等。

（三）智能化养老服务支持政策力度不断加大

目前，四川省层面支持智能化养老服务的政策包括规划发展类、意见导向类和行动实施类。一是规划发展类政策，智能化养老的规划和发展主要包含在正常的养老政策规划之中，老龄事业发展规划对智能化养老服务的发展指明了方向。2022年《四川省人口发展中长期规划》指出，要"强化科技对养老服务产品供给的支撑作用，创新开发智慧健康产品，建设老年友好型社会"。2023 年颁布的《四川省老龄事业发展和养老服务体系规划（2023—2025）》提出促进老龄产业智能化升级，推动适用技术在养老服务领域的应用、推进新基建智慧养老设施建设、强化老年用品的科技支撑。二是意见指导类政策，对智能化养老服务的发展目标与任务、服务内容与方式提出了具体要求和专门规定。2021 年发布的《四川省人民政府办公厅关于印发四川省促进养老托育服务健康发展实施方案的通知》提出，要"创新发展智慧养老服务，培育区域性、行业性综合信息和服务平台"。三是行动实施类，明确了智能化养老服务发展的重点任务和实施路径。2020 年 9 月发布的《四川省公共服务适老化改造提升 2020 年 10 项行动及任务清单》旨在推进养老服务数字化改革，全面实施公共服务适老化改造。

（四）智能化养老服务体系初步建成

首先，服务主体多元共治格局基本形成。四川省已经初步形成"一主多元"的合作治理格局。一是政府：智能养老服务主导者。政府直接出资建设综合养老服务中心、智能养老服务平台，参与制定智能养老相关政策、监督服务质量等。二是社区：智能养老服务资源整合者。社区将智能养老服务所需的资源整合在一起，再通过"线上＋线下"两个平台将服务输送给需要的老年人。三是企业：智能养老服务具体提供者。政府通过公开招投标和定向委托的形式，将需要向老人输送的智能养老服务委托给第三方企业，企业负责提供具体服务。四是家庭：智能养老服务重要参与者。在智能点餐、在线预约家政服务和协助决策等参与场景方面，家庭发挥着重要作用。五是志愿组织：智能养老服务潜在主体。调研发现，许多低龄老年人愿意参加志愿服务。挖掘老年人志愿服务潜力，培育志愿组织，是智能养老服务发展的一项重要工作。

其次，服务平台促进资源有效整合。四川省智能养老服务平台建设主要采用"线上＋线下"相结合的方式。一是线下平台：综合养老服务中心。属于智能养老综合体，承载着赋能中心、聚能中心两个核心功能。既发挥资源枢纽和资源汇聚作用，又能通过资源调度调配，辐射和服务辖区范围需要服务的老人。二是线上平台：智能养老信息服务平台。这是智能养老服务体系的核心，依托信息技术，汇聚智能养老基础数据、业务数据、服务数据，实现"主动发现、精准施策、智能养老"，不断创新智能化服务模式。

（五）智能化养老服务模式特色鲜明

经过不断探索，四川省形成了 4 种特色明显的智能化养老服务模式。一是以成都市武侯区"颐居通"为典型的"线上＋线下"社区居家综合服务模式。2021 年，"颐居通"社区居家养老服务综合信息平台被国家发展改革委遴选为首批全国推广的先进做法。二是以眉山市东坡区"一个平台＋两种终端＋一部热线"为典型的智能居家养老服务模式。该模式基于地理定位的居家养老服务平台，依托智能手机、

SOS 呼叫器、"12349"热线呼叫服务，实现服务的供需对接。三是以攀枝花市"智慧医养结合"为典型的养老服务模式。攀枝花市作为全国首批医养结合试点城市，以阳光康养产业为统领，大力推进智慧医养结合体系建设。四是以成都市青白江区万瑞健康养老中心为典型的智能养老机构模式。该中心积极打造普惠型智能养老院，依托青白江区养老综合服务平台，嵌入智能养老服务一体机及智能感应床垫等设施设备，可远程观察老人的心率、呼吸等基本情况。

（六）智能化养老服务内容多层次发展

服务内容基本满足多层次需求发展。智能养老服务主要分为三个层次。一是生活照料服务：可圈可点、体验感好。比较有特色的服务包括智慧助餐、辅具租赁及智能家居体验服务。二是医疗护理服务：规划完善、仍需落地。智能医疗护理服务分为两部分：一部分在社区综合养老服务中心实现，主要依托智能康复中心；另一部分居家实现，即"互联网＋"居家护理服务，但目前尚未完全落地。三是精神慰藉服务：积极探索、力求创新。涉及文化娱乐、学习教育、心理咨询等精神慰藉服务，仍需在实践中不断探索创新。

三、四川智能化养老服务发展存在的问题

（一）智能化养老服务区域差距明显

从省内智能养老示范基地分布看，四川省的 14 个国家智能养老示范基地集中分布在成都市（13 个）和攀枝花市（1 个），省内分布差距较大。同时，智能养老示范街道（乡镇）在区域分布上和智能养老示范基地分布基本一致。整体上，四川智能化养老服务主要分布在市级，且多数处于试点阶段，主要围绕街道和社区推进，尚未在全省范围内推广。相比较而言，我国珠三角、长三角、京津冀等省份的智能化养老服务已经以市为中心向县、乡、村地区大范围辐射。

从全国智能养老服务的发展水平看，"智能医养结合"是未来智能化养老的主流发展趋势，目前上海、江苏、浙江、广州等地区已大范围开展"智能医养结合"试点工作。四川省早在 2018 年出台的《四川省医疗卫生与养老服务相结合发展规划（2018—2025 年）》中就提出"迫切需要医养相融合的优质服务资源"，但是近年来对"智能医养结合"的探索力度不够，目前仍以建设智能社区居家服务为主。

（二）智能化养老服务供需失衡严重

从整体服务供需结构看，一是在服务供给端，四川智能化养老服务供给主要依赖直接财政补贴，但公共财政资源有限，导致服务供给的有效性不足；同时，由于目前家庭和志愿组织对智能化养老服务的参与深度不够，也限制了服务供给的能力

和范围。二是在服务需求端，现有支付体系不健全、医疗保险未全部接入养老机构、长期护理保险试点未全面铺开，直接限制了消费能力，无法形成有效需求。

从具体服务供需内容看，一是虽然理论上养老服务内容较为全面，但实际提供的服务多为生活照料和医疗保健，少有涉及精神慰藉、文化娱乐，老年人多元化、个性化的服务需求难以满足。二是智能养老相关产品供需信息不对称，用户体验感较低，导致智能设施设备的闲置率较高。对四川省 6 个国家智慧养老示范街道的调查显示，智能养老设施设备的总体使用率仅为 43.6％，而且 6 个街道之间也存在较大的差异，有的街道使用率甚至仅有 13.1％。

（三）智能化养老服务信息平台建设滞后

一是四川省的智能养老服务平台系统建设并不乐观，省、市级统一平台建设进程缓慢。二是由于平台系统建设缺乏一定的标准，智能家居系统、互动交流系统、健康监控系统、远程护理系统、物业管理系统、紧急救助系统、医疗服务系统、第三方养老机构照护服务系统、政府机构养老服务保障系统等智能应用系统之间缺乏连通性和共享性。三是由于信息服务平台与政府、社区、社会、企业之间的关系定位模糊，老年人基本信息、社会养老服务信息、健康保健服务信息、健康档案等数据资源无法实现有效对接，难以支持智能化养老服务应用平台系统功能的运行。

（四）智能化养老服务资金与人员短板突出

一是资金来源单一。智能养老行业投资大且回收期长，产品研发成本和安装维护成本较高，主要依靠地方财政拨款以及少部分社区或街道自筹资金和使用者付费，并不足以支撑提供全面的智能养老服务。二是人员短缺严重。目前提供养老服务的主要是社区内部管理人员、志愿者和社会自愿服务人员，养老服务专职人员数量少且增长速度缓慢。

四、国内外智能化养老服务发展经验借鉴

（一）国内部分地区智能化养老发展经验

一是浙江"智能居家"模式。主要做法如下：

首先，线上搭建能覆盖智能化养老服务各环节和全过程的信息系统，以会员服务管理系统、服务需求评估系统、照护服务管理系统、社区服务交互系统、服务数据分析系统、信息综合管理系统等六大系统为核心，其功能在于将老年人的综合信息进行汇总与分析，按照需求推送给照护人员、家属、医疗机构、社区商业，对老年群体的服务需求及时响应。

其次，基于物联网设备建立居家智能照护系统，包括 U-Care 远程健康照护设

备、智能居家照护设备、应急报警设备，实现人体感应、门窗感应、离床感应和应急报警，主要面向高龄、独居、空巢和失能老人。例如，当老人独自外出时，户外GPS定位和报警设备会跟踪其位置信息，当老人跌倒或按动报警按钮后，服务人员将第一时间进行响应，并跟进危险处理过程，将其记录在系统中。

最后，建立居家上门照料的智能化养老服务体系，畅通"信息采集、需求评估、居家服务、数据分析"四大服务流程，为居家老人提供电商服务（水电维修、物资配送等）、远程健康照护（U-Care）、乐享生活服务（老年教育、健身运动、文娱活动服务等）、照护服务（日间照料服务、上门照料服务）、在线订餐服务等。

二是北京"智能机构"模式。主要做法如下：

首先，基于互联网、物联网大数据等技术对传统的养老机构进行信息化改造，并逐步推进现有养老机构向智能化康复护理院转化，安装智能健康监测仪、紧急呼叫器等设备，为有重大疾病患者、长期卧床患者及其他需要长期护理服务的患者提供基本生活护理、实时健康监测和精准康复促进等服务。

其次，借助社区信息养老服务平台，嵌入智能养老服务一体机及智能感应床垫等设施设备，便于护理人员实时在线观察老人的心率、呼吸等情况。

最后，将全方位监控器和最新移动终端设备广泛应用于养老机构各管理层，引进一卡通系统，配置门禁管理、实时定位以及紧急呼叫等功能，实现一人呼叫、全体工作人员知晓、邻近优先的服务方式，有效提高服务效率。

三是武汉"智能社区"模式。主要做法如下：

首先，依托社区养老服务站或养老服务中心，打造老年食堂、健康中心、文娱课堂、日常保洁等功能区，通过线上"信息综合管理系统"将老年人的服务需求精准推送给社区照护人员、家属、医疗机构、社区商业等，对老年群体的服务需求进行及时响应。

其次，搭建社区养老信息平台，老年人可以通过微信、网站和手机APP等多种渠道，在家庭、社区和社会等之间建立联系，让老年人更便捷地享受生活照料、健康管理、专业照护、社区文化等服务，社区养老服务机构或人员通过系统对接或线上填报的方式，将服务记录和服务评价反馈至平台，相关数据将作为查询服务历史记录、服务质量定期考核的依据。当前武汉市各个地区或街道推行的智慧健康养老示范社区建设试点工程基本均属于上述类型。

四是重庆市"智能一体化"模式。重庆市依托互联网、物联网、移动通信网络等智能化技术，打造"派单制"的居家养老、社区养老、机构养老"一体化"服务新模式。主要做法如下：

首先，就居家养老而言，开发健康管理系统和"天下健康APP"，采取"派单制"上门服务的形式，定期安排专业医护人员上门为老人进行体检、疾病评估和监测，并建立健康档案，以保证健康管理的系统性和持续性；对老人居家环境（厨房、老人卧室和卫生间）进行智能化改造，增设居家安全实时监控系统、智能看护设备、紧急呼叫按钮等，当居家老人在家中发生意外时，能立即向居家养老呼叫中心报警；开发"子女关爱APP"，用以方便老人和子女视频互动。

其次，就社区养老而言，在社区服务中心安装视频监控系统、智慧护理系统、远程照护系统、跌倒预警系统等，为社区老人提供便捷的生活照料、健康管理、精神慰藉等服务。

最后，就机构养老而言，开发养老机构管理系统、床位管理系统、床位安排系统等，使智能化的技术与养老机构进行护理人员相结合，实现人、技术、设备的融合性，提高养老机构的服务水平，也便于政府相关部门对养老机构进行监管。

（二）国外部分地区智能化养老发展经验

一是美国的"线上社区"模式。主要做法如下：

首先，建设完善的养老保险制度、医疗照顾保险制度和长期护理保险制度。

其次，着力发展社区居家养老模式，明确养老目标为"安养、乐活、善终"，重点支持生活自理型社区、生活协助型社区、持续护理社区的建设；其中，生活自理型社区的服务对象为具备一定自理能力的低龄老年群体，社区内配备文娱、体育、餐饮、看护及综合活动设施等基本服务，用以满足自理老年群体的独特和专用服务需求；生活协助型社区主要为无重大疾病，但是生活不能完全自理，有一定生活协助需求的老年群体提供基础生活辅助、看护及护理服务；持续护理社区主要面向当前自理能力较强且不愿变更居所，但是未来可能存在一定健康风险的老年群体。

最后，形成以市场化运营为主要特色的"线上社区"，根据"线下社区"的建设类型，"线上社区"设置相应的社区单元，系统涵盖老年群体的养老路线的整个阶段，即"生活全自理—需要生活协助—晚年特殊护理"，老年人基于自身需求和经济条件，便能通过"线上社区"享受"一站式"养老服务。

二是日本的"合作型科技助老"模式。日本是当今世界上老龄化程度最高的国家，为应对重度老龄社会带来的养老压力，日本在养老制度设计、服务模式创新和信息技术支持等方面探索出宝贵的经验。主要做法如下：

第一，以社区为单位建设综合护理系统，进行社区养老资源和医疗整合，打造"30分钟服务圈"，精准对接居家患有慢性疾病或残疾人的医疗服务需求。

第二，基于社区综合护理系统，扩大整合医院、福利机构、社工组织以及邻里互助等养老服务资源，鼓励家庭、社区、邻里和社会共同参与养老服务照料的渠道，简化医疗机构诊疗和福利机构护理的程序，极大地提高了养老服务的质量和效率。

第三，加大财政预算对养老领域物联网和人工智能技术开发的支持，政府直接派遣人工智能专家指导中小企业研发养老机器人，当前日本的家庭、社区、养老机构和医院等遍布助老机器人，诸如广播体操机器人、喂饭机器人、用药机器人、机器宠物等。

第四，建立护理管理平台，通过养老信息电子化，实现养老数据的集成和共享，医院、社区、福利机构等养老相关机构可以通过护理管理平台将数据同步存储于云端，诸如老年人在医院看病时，医生可以实时获取存储于云端的各种信息，避免重复检查。

三是德国的"智能居家"模式。主要做法如下：

首先，根据区域特征，推行多代屋建设，在安装有智能家居系统的独立房子或公寓中，经过协商把不同年龄层没有血缘关系的人按照自愿原则组成共同生活的"大家庭"，形成一种建立在合作关系之上的"居住共同体"，不同年龄层的住户在生活上相互帮助，诸如娱乐、买菜、购物、就医等。

其次，依托现代智能手机安装健康状况监护应用或传感器，用以实时监测老年人的身体健康状况及在老年人跌倒或受伤时发出求助信号。

最后，建立专门的智能居家养老系统，诸如智能监控、红外线感应报警、智能监护床位等，为居家老年人提供远程医疗、日常护理、生活用品配送项目等。

五、推动四川智能化养老服务发展的几点建议

（一）创新智能化养老服务制度建设，形成规划统一、政策发力、多方共同参与的治理局面

一是设立由民政、卫生健康委共同筹建的专门机构，负责统一规划和整体部署智能化养老服务发展战略，制定明确的智能化养老战略目标、运行机制和监督管理等。二是加大税收优惠和金融支持力度，支持基础性和长期性智能化养老项目，扶持试点工程建设，形成"以点带面，从线到面"的集约化效应。三是制定《智能养老建设规范》，明确智能养老的技术标准和服务标准，及时更新《四川省老年人权益保障条例》《四川省社会保险法实施办法》等法律法规，将智能化养老相关内容纳入其调整范畴。四是发挥政府主导作用，引导市场、社区、家庭和社会组织共同参与，对老年群体的养老需求进行分类分级管理。同时，鼓励各市场主体自发形成行业组织，合理规范行业标准和监督手段。

（二）坚持以老年人需求为根本导向，完善智能养老服务供给体系，提高全省服务人群覆盖率

一是试点建设智能养老社区，在社区、家庭等地布局 SOS 呼救器、自助式检测设备、智能健康服务机器人等终端设备，对电梯、道路、文化与娱乐等场所或设施进行适老化改造，打造家门口的"15 分钟智能养老服务圈"。二是重点拓展安全防护、照料护理、健康促进、情感关爱等智能养老场景落地，提升养老服务能力。三是推动智能产品适老化设计，提升老年人智能技术应用能力。四是大力发展"智

能医养结合"服务，加速推进老年人家庭医生签约工作，落地在线医生咨询、终端智能配药等服务。

（三）加快推进智能养老服务信息网络建设，实现智能服务平台一体化运行，打通服务供给端和需求端的隔阂

一是在各地市现有综合信息平台的基础上，进一步推进智能家居系统、互动交流系统、健康监控系统、远程护理系统等智能养老应用系统集成，对接各级医疗机构及养老服务资源。二是打通民政、公安和卫计等部门之间、部门内部的健康信息壁垒，实现老年人基本信息、社会养老服务信息、医院诊疗信息等的全面互联互通。三是区级平台功能模块建设向市级平台靠拢，最大限度地发挥市级平台统筹协调功能，以及注意市级平台与省级平台的融合。四是制定统一的平台信息使用规范，加强信息网络监管，消除老年人对网络数据安全问题的担忧，取得智能养老基础工程建设的新突破。

（四）优化投融资方案，不断拓宽资金来源渠道，提升老年人对智能养老服务的支付能力

一是智能化养老服务项目的投融资模式应当结合各地政府财政实力及政策支持力度、社会资本参与意愿、项目技术经济特征等方面统筹考虑，创造性地解决潜在参与方的风险分担、利益共享等核心诉求。二是探索将部分智能养老服务项目纳入医疗保险支付范围，切实减轻老年人利用昂贵智能设施的经济压力。三是积极发挥长期护理保险制度的作用，失能失智老年人采用智能设备进行基本护理服务的费用，可以由长期护理保险予以报销，用以解决居家、社区和机构护理服务中没有被医疗和养老保险涵盖的那部分费用。

（五）培育智能化养老服务专业技术人才和志愿者队伍，确保服务内容和服务方式的规模化、规范化

一是整合高校教育、职业教育和专业机构资源，为专职服务人员提供家政服务、紧急救助、基础护理、精神慰藉等方面的培训，不断提升服务人员的专业技能。二是创新"时间银行"制度，允分调动社会组织、志愿组织、行业协会等主体积极性，打造一支由党员干部、医疗人员、社区工作人员和志愿者组成的专兼职相结合的养老服务队伍。三是建立健全智能养老人才引进、培养、使用和激励机制，不断积聚互联网、智能制造、养老管理等多领域的复合型人才。

（六）深化智能养老服务省际合作，发挥城市群协同建设带动效应，打造国内一流养老服务集群

一是加强云贵川、成渝等地养老和社保等制度的衔接，完善区域服务共建机

制。二是加快成渝地区合作，建立面向整个西部地区的智能化养老服务大平台，系统性整合养老服务资源，打造形成以四川和重庆为中心，并逐步向贵州、云南等相邻省份扩散发展的智能养老服务大社区。三是探索建立智能养老技术协同创新中心，共同解决智能养老服务的关键共性问题和核心技术。四是共同筹建智能养老产业示范区，打造养老创业创新基地和孵化器，培育智能化养老产品和开发养老助老辅助器具等，深化智能养老关键技术应用。

负责人：李　梅（四川师范大学）

成　员：杨珂为（四川省统计局）

张　民（四川旅游学院）

雷鸿竹（四川大学）

楚慧芸（四川师范大学）

杨珂为（四川省统计局）